유아국악교육

–유아 · 아동을 위한 이론 · 실제 · 작품–

정 성 자 저

창지사

머 리 말

유아국악에 몸담은 지 어언 27년의 세월이 흘렀다.

1985년 저자가 어린이 국악교육에 뜻을 갖고 논문을 쓰던 때만 해도 어느 누구도 유아국악에 관심이 없었으며, 특히 교육현장에는 장구 1대도 보기 힘들었던 시기였다.

이를 계기로 1988년 어린이 국악교육이 창지사에서 처음 발간되어『어린이 국악교육의 실제』,『교육현장에 필요한 작품』,『어린이 국악동요』등 어린이 국악 관련 교재와 음반을 계속 저술해 왔다. 그동안 전국적으로 수많은 특강활동과 연구와 저서, 사단법인체인 협회를 통해 많은 심혈을 기울인 결과 이제는 유아 · 아동의 국악이 교육현장은 물론 대학에 이르기까지 어느 정도 보급되고 있다.

제 7차 교육과정의 초등학교 음악 교과서에서는 국악이 40% 이상을 차지하고 있으며 8차 교육과정에서는 양악과 국악이 5 : 5가 될 예정이었다.

이에 반해 정부는 2009년 적용될 즐거운 생활 실험본에 국악영역을 축소하였다. 이는 현장교사들이 국악을 지도하기 어렵고 재미없다는 설문조사 결과에 따른 것이다(경남도민일보. 2008. 9. 1). 그러나 유아 · 아동의 국악교육은 성인국악과는 달리 어린이의 눈높이에 따른 표현활동을 중심으로 한 무척 흥겹고 즐거운 국악활동 과정으로 지도할 수 있다.

현장 교사들이 국악은 어렵고 재미없다는 것은 체계적인 국악교육 지도과정을 잘 모르고 전문적인 유아 · 아동의 국악 눈높이를 접할 기회가 자주 없었기 때문이다.

근래에 와서는 유아 · 아동의 국악에 관심이 고조되면서 특강이나 단기교육 과정, 사회교육 과정 등을 통해 강좌를 듣고 있으나 아직도 어린이들에게 지도할 수 있는 국악 능력이 많이 부족한 것은 사실이라 할 수 있다.

최근에는 우리 문화와 국악에 대한 관심이 늘어나고 또 국제화 시대로 인해 국악의 세계화가 형성되고 있다.

단계적으로 현장교육은 물론 대학교의 유아교육과나 아동보육과에서 유아국악이 조금씩 개설되고 있으나 아직도 국악강좌가 많이 부족한 실정이다.

교육은 가르치면서 배운다는 말이 있다.

저자는 20여 년의 세월을 통해 수많은 학교의 특강을 해왔다. 특히 수 년간 수원여대 유아교육과에서 강의를 하면서 국악교육을 유아들에게 어떻게 접목할지를 연구하고 학생들에게 필요한 국악수업방법을 모색한 결과 오늘의 이 책을 발간하게 되었다. 그리고 부족한 점이 있는 것은 계속 연구, 수정 보완할 계획이다.

유아 · 아동의 국악은 국악을 전공했다고 터득되는 것이 아니라 유아 · 아동 교육과정의 연구를 같이 겸해야 한다.

『유아국악교육』은 교사들이 알아야 할 국악이론을 어린이 눈높이로 엮은 책으로 크게 이론편, 이론에 기초한 실제편, 작품편으로 모두 크게 3부로 구성되어 있다.

이론부분은 현장교육에서 지도해야 할 실질적인 이론을 담았고, 이론에 기초한 실제편은 이론에 따른 실기 지도로 접목하였고 작품편은 그동안 제 1회~제 11회 전국유아국악특별강습회에서 초연된 작품으로 현장에서 좋은 반응이 기대되는 곡들로 구성하였다.

이 책은 유치원부터 초등학교 저학년까지의 작품으로 구성되어 있으나 이외에도 중 · 고등학교, 대학, 주부, 실버 과정까지의 수업도 가능할 수 있도록 홍겹게 우리 국악의 흐름을 느낄 수 있는 작품으로 되어 있다.

아무쪼록 이 책이 대학교의 유아 · 아동 국악교육 자료로 많이 활용되길 바라며 현장교사, 국악강사들이 참고로 할 수 있는 귀중한 자료가 되길 바란다.

이 책의 발간의 위하여 많은 도움을 주신 수원여대 유아교육과 엄태식 학부장님, 두드락 대표 최익환 선생님과 창지사에 감사의 인사를 드린다.

2009년 己丑年 새해를 맞으며

협회연구실에서

제1부 이론편

제1장 유아 · 아동 국악교육의 이해 • 13

제2장 체계적인 국악교육의 방안 • 23

제3부 작품편

제5장 유아 · 아동의 노래 • 223

제 1 부

이론편

제 1 부 이론편

제 1 장

유아 · 아동 국악교육의 이해

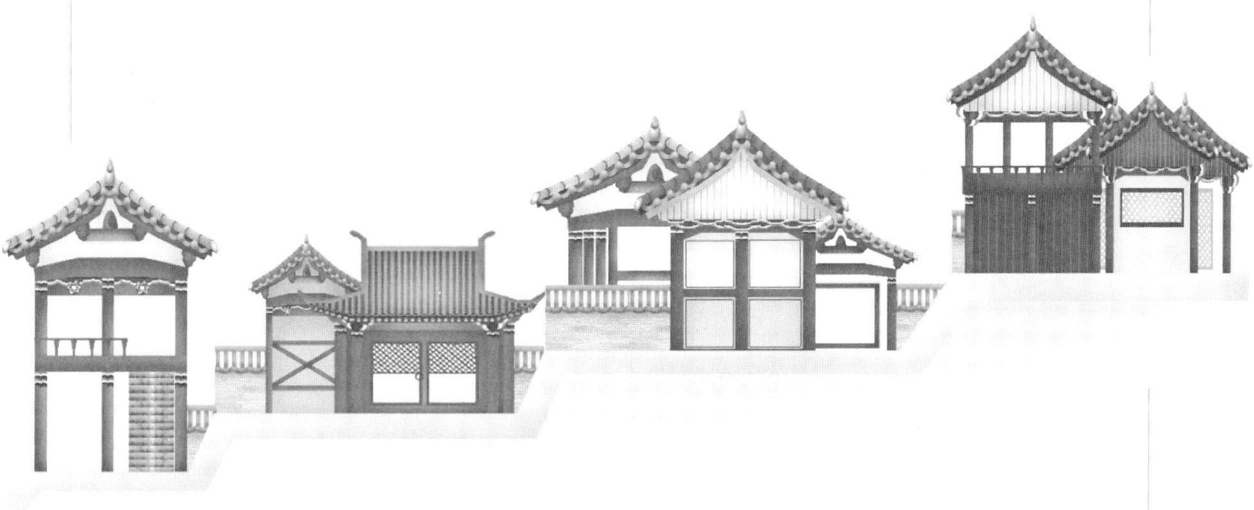

1. 유아 · 아동의 국악교육이란 무엇인가?

1) 민족문화와 조기 교육의 필요성

모든 인류는 그 민족만이 갖고 있는 민족고유의 음악이 있다. 어떠한 민족이든지 그들의 고유문화 안에서 어린이들의 교육이 이루어져야 한다.

국악은 우리의 민족음악이며, 전통음악이며 음악 그 자체이다. 우리의 음악은 歌 · 舞 · 樂의 음악으로 노래와 무용, 악기가 하나 되어 음악의 조화를 이루고 있다.

우리 민족은 예로부터 유난히 음악과 춤을 좋아했다. 국악은 우리 민족의 혼이 담긴 고유한 심성과 호흡문화를 바탕으로 이루어진 호흡의 음악이다. 우리에게는 우리 고유의 문화가 있다. 옛날부터 전해지는 민족의 문화적 특수성과 함께 조상의 삶을 이어왔다. 인류의 문화는 생존과 발전의 원동력이 되어왔고, 민족문화는 그 민족의 생존과 발전에 공헌해왔다. 이러한 관점에서 민족의 음악문화는 보존되고 촉진되어야 할 가치가 있다(정세문, 기청, 1986). 침대문화 대신 온돌문화, 삭혀서 먹는 음식문화, Tea대신 숭늉을 즐겨먹는 문화, 서양의 포크와 나이프 대신 숟가락 · 젓가락이 발달된 문화 그래서 리듬이 가장 발달된 문화이기도 하다. 노출을 즐기는 서양문화에 비해 치마에 속살을 보이지 않게 여민 한복문화, 뜨거운 음식과 온천을 즐기는 문화, 홀수를 좋아하는 문화 그래서 유난히 3이란 숫자를 좋아하는 문화이다(김준호, 이론과 실천, 1997). 한국의 전통음악은 3박 계통의 음악이 많다. 물론 4박, 5박 계열의 음악도 있지만 국악의 리듬에서 민속악 계통의 음악은 거의가 3분박으로 되어 있는 $\frac{6}{8}$, $\frac{9}{8}$, $\frac{12}{8}$박으로 구성되어 있음을 알 수 있다. 문화는 그 나라의 예술이고 예술은 음악과 연결되기 때문이다. 음악문화인 국악은 우리의 문화와 정서를 담고 있는 우리의 말을 음악으로 나타낸 모국어인 음악어법이라 할 수 있다. 우리의 말에는 고유의 표현방법인 리듬과 악센트가 있어서 말에 따라 리듬이 달라지고 강박과 약박이 정해진다.

우리 문화의 대표적인 농사는 조상의 삶을 대변해 주는 민족문화이다. 농사를 지을 때 반드시 쓰인 사물악기가 바로 그것이다. 사람 인체의 배와 가슴을 울리는 장구와 북소리, 사람의 머리부분을 울리는 꽹과리, 징의 소리는 우리 문화를 대변해 주는 악기이기도 하다(김준호, 이론과 실천, 1997). 이러한 한국의 문화와 음악 유산을 우리는 자라나는 다음 세대에게 이어주어야 할 책임이 있다.

유아는 일반적으로 신체적 발달과 사회적 발달이 미숙하나 발달속도가 매우 빠르기 때문에 인격의 기초가 확립되는 중요한 시기라고 할 수 있다.

유아는 일상생활에서 하루 종일 끊임없이 움직이는 활동을 하고 있다. 뛰고, 달리고, 뒹굴고, 돌고, 흔들고, 손뼉 치고, 흥얼거림을 통해 자신의 감정을 다양하게 표현하고 있다(문혜옥 · 박경선, 1996). 음악을 들으면 그 소리를 흉내 내보기도 하고 리듬에 따라 몸을 흔들고 표현한다. 국악에서의 움직임 활동은 걷기, 팔 흔들기, 엉덩이 흔들기, 손뼉치기, 잔결음하기 등의 동작을 통해 표현하여야 한다.

유아의 음악적 감각은 청각이 가장 먼저 발달하기 때문에 유아시절부터 우리의 음계와 장단으로 된 국악동요와 전래동요를 자주 부르고 들려주어야 한다(정성자, 1988).

어린이의 국악교육은 한국인의 심성을 갖고 인간성의 발전을 위한 기초기능의 성장을 근본으로 모색하여야 한다. 민족의 주체성 확립을 위한 바람직한 국악교육은 자기민족의 전통적인 것을 새로운 관점에서 재인식하여 새 시대와 조화를 이루어 어린이의 눈높이에 맞게 재창조되어야 한다(정성자, 1994).

흔히 국악은 어렵고 따분하다고 생각한다. 이것은 국악의 일부분 일뿐 특히 어린이의 국악은 누구나 한번 접해 보면 흥미를 느끼고 재미있는 국악으로 인식될 수 있다. 또한 어린이는 놀면서 배우는 시기이기 때문에 놀이형태의 국악지도안이 필요하다. 국악에 대한 흥미는 체계적이면서도 재미있고, 자연스럽게 접목할 수 있는 놀이활동의 교육과정을 통해 이루어져야 한다.

한국인의 피를 받고 태어난 사람이라면 당연히 한국어를 사용하고 한국음식을 먹고 한국문화에 접하여 살고 있듯이 음악교육에 있어서도 어려서부터 그 나라의 음악을 배우는 것은 당연한 일이라 할 수 있다. 자국의 음악은 음악교육의 시초가 되어야 한다.

21세기의 주역이 될 어린이들에게 국악은 스스로 재미있고 유익하고 흥겹고, 민족의 정체성을 알리는 음악교육이 되어야 한다.

우리의 것은 우리가 지켜야 하고 보존시켜야 할 의무가 있다. 이러한 의미에서 볼 때 국악교육은 조기교육의 필요성을 갖는다.

2) 교육의 목적과 효과

(1) 교육의 목적

현재 우리나라 유치원 교육과정은 전인발달을 그 기본목적으로 두고 있다. 이에 따라 6차 유치원 교육과정에서는 앞으로 우리 유아들이 살아나갈 21세기의 미래사회를 정보화, 세계화의 시대라고 보고 교육의 체제는 공급자 중심보다는 '수요자 중심' 으로 이루어질 것이라고 되어 있으며 초등학교 교육과정도 같이 21세기의 세계화, 정보화 시대를 주도할 자율적이고 창의적인 한국인 육성으로 설정하였다(교육인적자원부, 1999).

표현생활에서는 우리나라의 문화를 중심으로 세계화를 향한 현 시대적 요구를 반영하여 우리전통예술을 감상하기로 되어 있다. 국악을 듣고 그 소리에 반응하여 다양한 방법으로 표현하는 것은 어린이의 생활을 훨씬 아름답고 보다 더 한국적인 삶으로 살 수 있도록 풍요롭게 만들어주기 때문이다.

민족의 주체성 확립을 위한 바람직한 교육은 우리나라의 문화유산인 국악을 자라나는 어린이들에게 교육하는 것이다.

어릴 때부터 우리의 음악을 자주 들려주고 접하게 함으로써 국악의 감각을 형성시켜야 한다. 우리의 것이 무엇이고 남의 것이 무엇인가를 알게 하는 민족의 정체성을 확립해야 한다(정성자, 1994).

최근에는 중국과 북한으로부터 이주한 우리 동포나 그 외 다른 나라와의 국제결혼으로 인해 다양한 배경을 가진 가정의 자녀들의 수가 많아지고 있다. 따라서 국악도 다문화시대를 맞이하여 어린이들에게 우리 전통문화와 음악을 배우고 익히게 함으로 세계문화와 음악을 이해하고 수용하는 전인교육을 목적으로 하여야 한다.

어린이 국악교육은 전문가적인 능력을 키우기보다는 국악을 이해하고 사랑하는 마음을 갖게 하는 예술적인 감수성과 민족의 정서와 정체성을 길러주는데 그 목적이 있다. 국악교육의 목적은 체계적이며 효과적인 다양한 국악교육과정을 통해 다음과 같은 목적을 갖게 된다.

1 국악경험은 신체발달과 지적발달을 가져온다.

국악교육의 음악적 경험은 어린이의 눈과 손의 협응력뿐만 아니라 소근육, 대근육의 조절능력을 증가시킨다. 장구나 소고의 타악을 이용한 몸의 움직임, 즉 오른손과 왼손의 사용, 치고 돌리고 올리는 움직임의 동작 등은 어린이들에게 신체의 발달과 지적 성장을 촉진시킨다.

2 정서발달과 민족의 정체성을 형성한다.

국악동요와 전래동요, 민요 등을 노래하고 연주함으로 오는 정서적 발달은 우리문화와 음악에 대한 정체성을 형성시킨다.

우리의 것이 무엇이고 남의 것이 무엇이고 나는 어디에 살고 있고, 우리나라와 다른 나라의 음악을 구별할 수 있는 분별력이 생긴다.

3 언어발달과 생활관습을 알 수 있다.

동요를 통해 그 시대에 사용된 단어의 뜻과 문장 등을 학습하게 된다. 특히 전래동요의 가사는 그 시대의 언어와 민족관습을 알 수 있다. 국악동요나 전래동요의 노랫말에 우리민족의 표현법과 가락을 그대로 타악기로 옮겨서 표현한 말장단 놀이는 장단의 이해와 언어발달에 많은 도움을 준다.

4 창의성과 협동정신을 키운다.

노래 부르기, 연주하기, 표현하기, 게임놀이 활동, 국악 극 놀이 등을 통해 장단에 따른 다양한 표현활동을 나타낸다. 특히 장구장단의 속도에 따라, 다양한 표현법과 악기소리에 대한 탐색활동은 어린이들로 하여금 풍부한 상상력과 표현력을 신장시키는 창의적인 사고력을 키운다. 특히 악기연주의 셈여림, 표현하기, 나타내기, 쉬었다가 나오기, 친구들의 소리를 듣고 튀어나지 않게 고르게 연주하기, 몸동작을 같이 표현하기 등의 다양한 활동은 단체생활에서의 협력의 중요함을 알게 한다.

5 국악의 흐름을 흥겹게 나타낸다.

흥겨운 국악의 흐름을 느낀다. 즉, 장단에 따른 호흡법과 연주법을 통해 국악적 분위기를 느낀다.

춤 동작의 연결법, 끊어지지 않고 물 흐르듯이 이어지는 연주법, 호흡법을 통한 악기의 몸동작, 강박과 약박의 타법 익히기, 어깨춤과 몸 숙이고, 들기 동작 등은 음악과 동작이 아름답게 어우러지는, 흥겹고 재미있는 국악의 분위기를 느낄 수 있다.

(2) 교육의 효과

국악교육의 효과는 어린이들로 하여금 국악을 접함으로 체득하는 다양한 목표가 있으며 국악수업 활동을 통한 국악교육의 효과는 다음과 같이 분류할 수 있다.

① 국악동요와 전래동요를 통하여 가사 말을 익히고 노랫말에 따른 그 시대의 민속문화와 풍습을 알 수 있다.
② 장구나 타악의 장단을 통하여 다양한 우리 춤의 형태를 알 수 있고 직접 춤을 추어봄으로써 춤 동작의 흐름을 느낄 수 있다.
③ 느리고 빠른 장구장단을 통하여 속도의 흐름을 알 수 있고 장단의 이름을 익힐 수 있다.
④ 리듬악기(타악기)의 소리를 분별할 수 있다.
⑤ 국악 리듬악기와 양악 리듬악기 소리의 유사성을 알 수 있다.
⑥ 쇳소리와 가죽소리의 분별을 할 수 있다.
⑦ 노랫말에 따른 다양한 표현활동 형태를 알 수 있다.
⑧ 각 타악기의 춤 동작 표현활동을 할 수 있다.
⑨ 호흡을 통해 음악의 흐름을 몸으로 느낄 수 있다.
⑩ 민요와 동요, 전래동요의 차이점을 알 수 있다.
⑪ 국악기의 감상과 그림학습을 통해 국악기에 대해 이해를 할 수 있다..
⑫ 강박과 약박의 연주요령을 알 수 있다.
⑬ 악기연주 시 역할분담을 함으로써 독립정신을 키운다.
⑭ 악기연주 시 각 악기 소리의 조화를 느낀다.
⑮ 단체국악 활동을 통해 두레정신을 키운다.
⑯ 악기를 사용함으로써 소근육 · 대근육의 발달을 가져온다.
⑰ 흥겹게 연주함으로써 밝고 건전한 마음을 키운다.
⑱ 국악을 사랑하고 아끼는 마음을 가진다.

3) 교육활동의 내용과 지도방법

(1) 활동내용

유아기인 6~7세에는 주위사람들과의 의사소통이 분명해지고 자기의 감정을 표현할 수 있으며 7~11세에는 어느 정도의 논리적 조작을 할 수 있는 지능이 발달한다.

어린이의 신체, 지적, 정서, 성격 발달 등은 유아기부터 시청각교육을 통해 손발운동의 협응동작이 되는 운동발달로 나타난다. 이 시기에는 모든 감각이 협응될 수 있는 국악교육의 지도가 가능하기 때문에 연령별에 맞는 단계별 국악지도 방법으로 교육하여야 한다.

국악동요를 듣고 노래하면서 몸짓으로 자기의 감정을 표현할 수 있고 장구를 치면서 장구동작이 가능하며 여러 가지 형태의 창의적인 악기표현 방법을 익힐 수 있다.

일련의 국악활동에 어린이들이 직접 참여함은 사고력과 국악경험 학습이 가장 잘 일어난다고 할 수 있다.

이 교재에서 다루어지는 어린이 국악교육의 활동내용은 다음과 같다.

유아 · 아동 국악교육 활동				
歌(노래)	舞(춤)	樂(악기연주)	감상	놀이활동
• 국악동요 • 전래동요 • 민요 • 판소리 감상 (듣고, 표현활동하기, 역할극하기)	• 국악동요와 춤 동작 • 전래동요와 춤 동작 • 민요와 춤(춤 작품) • 악기에 따른 다양한 춤 동작(장구, 북, 소고, 바라, 꽹과리, 양악 리듬악기) • 기본무	• 장구놀이와 장구합주 • 사물악기 연주 • 양악 리듬악기 연주 • 국악동요와 기악 합주 • 전래동요와 기악 합주 • 민요와 기악 합주 • 북난타	• 국악기 감상 (관 · 현 · 악) • 국악곡 감상 (전통곡, 창작곡) • VTR감상	• 악보부호 놀이 (리듬보, 정간보) • 리듬에 따른 말공부, 말장단 놀이 • 장단에 따른 신체표현 활동 • 장단게임 놀이 • 동화 역할극 놀이 • 만들기 • 전래놀이

(2) 지도방법

바람직한 어린이 국악교육은 어린이의 내적표현 욕구를 자발적 · 창의적으로 표현할 수 있도록 일방적인 지도가 아닌 협력자 입장에서 지도하여야 한다.

어린이에게 국악적인 분위기와 환경을 만들어 주어야 하고 무엇보다도 자연스럽게 국악을 접목하는 도입과정을 중요시해야 한다.

교사는 먼저 지도내용에 대해 자신감을 갖고 즐겁게 참여하여야 한다. 교사가 국악에 대해 홍겨움을 갖고 다양한 지도방법을 모색하지 못하면 국악수업을 성공적으로 이끌 수 없게 된다. 수업활동은 자연스러워야 하며 수업주제에 따른 다양한 변형활동 즉, 주위에서 얻을 수 있는 주변의 물건을 매체로 모방하여 도입하여야 한다. 또한 국악수업 활동 외에 다양한 활동과 연계교육하여 통합교육으로 지도하여야 한다. 통합 국악교육 경험은 어린이들로 하여금 학습의 질을 높일 수 있는 교육활동의 지름길이 된다.

어린이 국악교육은 체계화된 교육과정으로 연령에 맞게 지도하여야 한다. 특히 유아 국악의 지도는 歌(노래), 舞(춤 동작), 樂(악기연주) 형태를 중심으로 지도하고 감상과 놀이활동으로 이어져야 한다.

수업지도는 1학기, 2학기로 나누어 지도하고 1학기는 이론과정과 놀이활동을 중심으로 2학기는 실기지도과정으로 지도한다. 실기지도과정은 특히 각 악기의 몸동작에 유의하여 지도하여야 한다. 다양한 몸동작 활동은 교사의 능력을 파악하는 중요한 요소가 된다.

제 1 부 이론편

제 2 장

체계적인 국악교육의 방안

1. 국악교육의 준비과정

1) 국악수업의 분류

우리의 미래는 교육에 달려 있다. 특히 유아기는 언어발달과 성격형성 등 인격의 기초가 확립되는 중요한 시기인 만큼 어린이국악교육의 비중은 매우 크다고 할 수 있다. 어린이국악교육은 다른 모든 예술교육이 그러하듯이 어릴 때부터 기본 바탕을 만들어 주어야 성장한 후에도 우리의 마음과 머리에 일생동안 남아 있게 된다. 이러한 교육은 효과적이면서 체계적인 교과과정에 의해서 지도되어야만 올바른 국악조기교육이 확립될 수 있다.

1 · 2학기의 주제를 정하고 매월별로 구분하여 체계적인 연간 수업지도계획안이 작성되어야 하고, 각 주제별로 주제망을 설정하여 활동할 수 있는 활동망과 수업계획안의 구성을 준비하여야 한다. 이러한 과정은 다음과 같은 활동방법을 통해 수업으로 연결시켜야 한다.

자유선택 활동	대 · 소집단 활동
• 언어영역 • 수 · 조작 영역 • 과학영역 • 조형영역 • 쌓기 영역 • 역할영역	• 이야기 나누기 : 국악극 감상 후 느낌 이야기하기, 악기감상 후 이야기하기 등 • 동화 · 동시 : 국악 동화 듣기, 동화내용, 악기 이름 등으로 동시 짓기 • 악기 소리, 진동음 파악하기 • 음악 활동 : 악기 연주하기, 노래 부르기 등 • 표현 활동 : 표현하기, 나타내기, 만들기 • 신체 활동 : 춤 동작 활동 • 게임 : 악보를 통한 놀이활동 • 견학 : 발표회, 악기 공장, 국악 유치원 • 실외 활동 : 풍물놀이, 민속놀이, 장구 춤, 소고 춤추기 등

(1) 학기별 주제에 따른 분류

1 1학기 주제

1학기 주제 선정은 아래와 같이 하고 이론을 중심으로 감상활동, 게임 및 놀이 활동 후 동요와 간단한 춤 동작과 기악 합주로 이어서 지도한다.

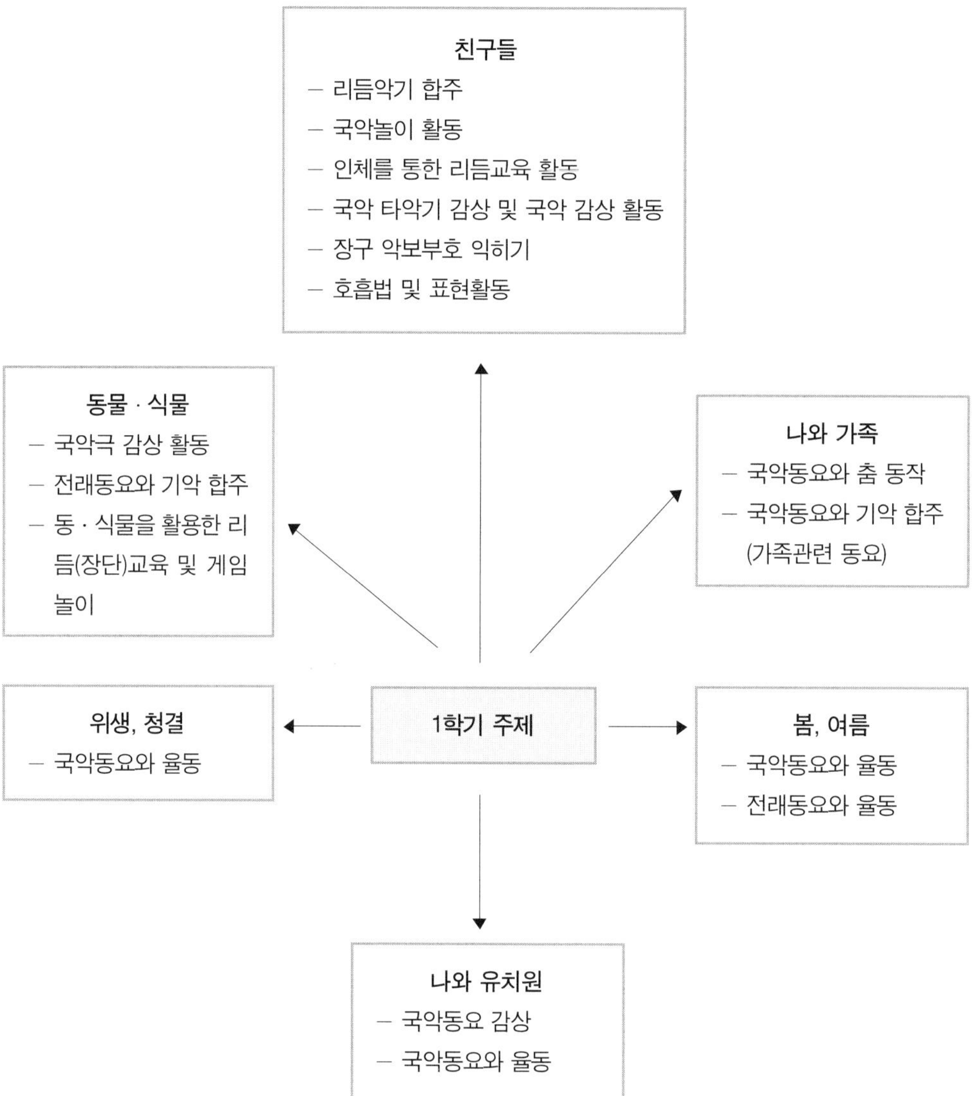

2 2학기 주제

2학기 주제 선정은 아래와 같이 하고 실기를 중심으로 장구, 소고, 북, 꽹과리의 타악 연주와 민속놀이, 리듬합주로 지도한다.

세계 여러 나라, 지구와 우주
- 국악동요와 기악 합주
- 양악 리듬악기를 통한 국악장단 지도

교통기관
- 교통기관을 통한 국악 장단 놀이활동
- 속도놀이 : 장구, 소고
- 국악동요, 기악 합주

크리스마스(성탄)
- 국악캐럴 기악 합주 : 장구, 소고, 심벌즈, 작은 북, 마라카스, 방울, 꽹과리 등,
- 북난타(캐럴)

2학기 주제

기계와 도구
- 소리 나는 악기 치기
- 타악기 탐색
- 꽹과리, 징 등 타악기 연주
- 국악동요와 리듬합주
- 사물놀이 악기연주
- 폐품을 활용한 난타
- 심바춤(심벌즈, 바라춤)
- 국악기 소개(관 · 현악기)

가을 · 겨울
- 국악동요
- 전래동요 (활동 : 리듬합주)

우리나라, 우리 마을
- 한국무용 기본동작과 기본무
- 민속놀이 활동
- 춤 동작
- 소고춤
- 사물놀이
- 장구놀이
- 부채춤
- 풍물놀이
- 국악동요와 리듬합주
- 전래동요와 리듬합주
- 장구 합주
- 북놀이
- 북난타
- 장구춤
- 국악체조 등

(2) 연간 국악교육 계획안

1 연간 국악교육 계획안(5, 6세)

월	생활주제	국악동요, 민요 (춤 동작, 놀이활동)	기악과 장단놀이	전래동요 및 놀이감상 활동
3	즐거운 유치원	• 유치원 가자 – 노래 부르기 및 율동	〈자진모리장단〉 • 인체 활동과 장단놀이 – 손뼉치기, 책상 치기, 발구르기	• 어깨동무 • 시청각교육
4	봄이 왔어요	• 개구리 – 노래 부르기 및 율동	〈굿거리장단〉 • 인체 활동과 장단놀이	• 시청각교육(VTR 및 감상 활동)
5	나와 우리 가족	• 즐거운 우리집 – 노래, 율동 • 사랑하는 엄마 아빠 – 춤 동작	• 소고탐색 활동 – 소고 호흡법 및 치기 • 즐거운 우리집 소고연주	• 국악극 CD 감상
6	동물은 내친구	• 엄마돼지 아기돼지 • 금붕어 – 율동	• 기악 합주 – 소고, 탬버린, 마라카스	• 남생아 놀아라 – 표현활동
7·8	여름과 물놀이	• 수박소리 • 천안삼거리	〈굿거리장단〉 • 기악연주 – 소고, 탬버린	• 민요 감상하기

월	생활주제	국악동요, 민요 (춤 동작, 놀이활동)	기악과 장단놀이	전래동요 및 놀이감상 활동
9	가을 · 교통기관	• 허수아비-노래 부르기 • 불조심-표현활동, 언어활동	〈세마치장단〉 • 인체 활동과 장단놀이 • 호흡하기	• 가마솥의 누룽지 (인체 활동)
10	우리나라 다른 나라	• 귀뚜라미-판소리풍 연출하기 • 풍년가(민요)-인체장단 놀이	〈굿거리장단〉 • 소고 춤추기(풍년가)	• 소고춤-민속놀이
11	도구와 기계	• 장단놀이-인체장단 놀이 • 악기 소리-춤 동작 표현하기	• 동요에 따른 장구 장단치기(기본박) • 동요에 따른 꽹과리, 징, 바라, 북, 연주하기	• 우리나라 타악기 소개(북, 꽹과리, 징)
12	겨울	• 꼭두각시(민요)-춤 동작	〈자진모리장단〉 • 기본장단-장구 • 변형장단-소고	• 민속놀이 활동
1·2	형, 언니가 되어요	* 발표회 연습 및 배운 작품 총연습	• 장구 및 소고 장단치기 • 리듬악기로 장단치기 • 악기연주 시 표현방법 익히기	• 국악극 CD 감상

* 각 원의 상황에 따라 다양한 방법으로 변형 · 선택 지도할 수 있다.

2 연간 국악교육 계획안(7세)

월	생활주제	국악동요, 민요 (춤 동작, 놀이활동)	기악과 장단놀이	전래동요 및 민속놀이 감상
3	나와 친구	• 유치원가자－말장단 및 춤 동작 • 내얼굴－노래 및 춤 동작	〈자진모리장단〉 • 손뼉치기, 무릎치기, 뛰기 활동	• 어깨동무 • 사물놀이 VTR 감상
4	봄	• 개구리－춤 동작 • 꿀벌－춤 동작	〈굿거리장단〉 • 악보 익히기－리듬보, 정간보(악보놀이 활동) • 장구타법 익히기	• 민속놀이(민요)
5	가족과 이웃	• 즐거운 우리집－율동 • 사랑하는 엄마 아빠－춤 동작	• 북 · 장구놀이－사랑하는 엄마 아빠 • 굿거리장단	• 북 · 장구놀이에 따른 다양한 춤 동작 표현하기
6	동물과 환경보호	• 엄마돼지 아기돼지 • 단모리장단－말장단 및 몸 동작 표현활동	• 기악 합주(단모리장단) • 국악기 · 양악기 병행연주	• 진드기타령－몸동작 표현활동
7 · 8	건강한 몸과 마음	• 바닷가－춤 동작 • 아리랑(민요)－인체장단	• 인사장단, 난타(장구, 소고) • 세마치장단	• 아리랑 민속놀이
9	가을 교통기관	• 고향 가는 날 • 귀뚜라미－노래 및 부채춤	• 자진모리장단 • 호흡법 익히기	• 도라지, 밀양아리랑, 민속놀이 * 사물놀이－꽹과리장단
10	우리나라	• 가야금타령 • 옹헤야－춤동작	• 소고장단 및 춤 동작 • 단모리장단(소고 치기)	• 우리마을 * 사물놀이－북, 징장단
11	세계 여러 나라 도구와 기계	• 타작－손장단 및 춤 동작 • 악기 소리－손장단 및 춤 동작	• 별달거리, 오방진장단 • 기악 합주(양악기, 국악기)	* 발표회 준비
12	겨울 즐거운 크리스마스	• 국악캐럴 노래하기 • 고드름 * 발표회 총연습	• 캐럴과 타악놀이 • 기악 합주 • 별달거리, 오방진장단	* 발표회 준비 • 국악극 CD 감상
1 · 2	설날 초등학교에 가요	〈국악극 놀이활동〉 • 할머니와 호랑이 • 코끼리의 코	• 악기장단별 복습 • 악보부호 복습	• 펑펑장서방 • 전래동요 감상

* 각 원의 상황에 따라 다양한 방법으로 변형 · 선택 지도할 수 있다.

3 연간 국악교육 계획안(8, 9세)

학교목표	국악에 대한 올바른 이해와 국악을 알고 사랑하는 마음을 갖도록 한다.			
학년	초등학교 1~2학년			
월	주	단원	지도내용	준비물
3	1	• 오리엔테이션	• 국악에 대한 이해, 도입과정－전래동요, 민요, 국악동요 감상 및 시청각교육	국악 VTR, 음악 CD
	2	• 인체를 활용한 장단 • 전래동요(인체를 활용한 자진모리장단 치기)	• 리듬(장단)익히기 : 12/8박 자진모리장단 (손뼉치기, 책상 치기, 무릎치기 활동)	
	3		• 자진모리장단 연습－3분박으로 네 번 치기 (기본) ♩.♩.♩.♩.→♩♪♩♪ 리듬변형→♩♪♪♩ →양손치기 →오른손, 왼손개념 알기	
	4		• 메기고 받기 연습(노래 및 장단) • 표현하기(가사에 따른 형태 표현하기, 가사 바꾸어 불러보기)	
4	1	• 전래동요(자진모리장단－춤 동작 표현, 소고치기, 세마치장단－손장단)	• 한국춤 동작지도 : 보법, 팔사위법(기본자세, 팔바꾸기, 감싸기, 팔벌리기, 어깨춤, 위로 흔들기, 엉덩이 흔들기 등)	소고, 전래동요 CD
	2		• 전래동요에 맞추어 춤 동작 표현하기, 손장단 치기(세마치장단)	
	3		• 소고 치기 활동 : 북면, 테면 치기, 준비자세, 인사장단, 난타	
	4		• 자진모리 기본박 연습－변형 장단치기	
5	1	• 난타(폐품활용)－여러 가지 물건으로 소리내어 보기 • 전래동요(단모리장단 치기)	• 폐품을 활용한 난타－페트병, 쓰레기통, 냄비뚜껑, 물컵, 빗자루, 나무 등	페트병, 쓰레기통, 냄비뚜껑. 물컵, 빗자루, 박자목
	2		• 자진모리장단 치기	
	3		• 동요에 맞추어 4박자 치기－단모리 기본장단	
	4		• 4박에 맞추어 몸동작 표현하기－동요에 적당한 표현방법	
6	1	• 난타(폐품을 활용) • 전래동요	• 페품을 활용한 난타－페트병, 쓰레기통, 냄비뚜껑, 물컵, 빗자루, 나무 등	페트병, 쓰레기통, 냄비뚜껑. 물컵, 빗자루, 박자목
	2		• 단모리장단(4박 기본 치기, 변형 장단)	
	3		• 동요에 맞추어 4박 기본 장단치기(팔돌리기, 흔들기 등 표현하기)	
	4		• 동요에 맞추어 단모리장단 치기(몸동작 활동 병행)	

월	주	단원	지도내용	준비물
7	1	• 사물악기 감상 • 장구악보 배우기 • 농요에 대하여 알아보기	• 사물악기 설명 및 시청각교육 · 악기 소리(장구, 북, 꽹과리, 징) 파악하기	악보(리듬보, 정간보) 사물놀이 VTR 장구－작은북 북－큰북 징－징 꽹과리－트라이앵글 소고－탬버린 자바라－심벌즈 목탁－박자목, 우드블록
	2		• 서양 리듬악기와 소리의 유사성 찾기활동(비슷한 소리 찾아서 쳐보고 비교하기)	
	3		• 장구에 대해 설명하기－악보(리듬보, 정간보) 박자, 오른손, 왼손 구별하기	
	4		• 리듬보와 정간보 악보부호 설명 및 이해하기, 농요 감상하기	
9	1	• 장구 연주하기	• 자진모리장단－구음 및 말장단 놀이활동 타법－채편, 궁편, 합장단 치기	장구
	2		• 자진모리 기본 상단치기	
	3		• 단모리장단－구음 및 말장단 놀이활동, 기본박 치기	
	4		• 단모리 변형 장단치기	
10	1	• 전래동요(장구, 소고치기)	• 전래동요 음악에 맞추어 소고치기(몸동작 활동)	전래동요 CD, 장구, 소고
	2		• 전래동요 음악에 맞추어 장구치기(몸동작 활동)	
	3		• 자진모리 변형 장단치기－소고	
	4		• 자진모리 변형 장단치기－장구	
11	1	• 풍물놀이 • 민속놀이	• 풍물놀이 악기, 말장단 활동	풍물놀이, 전래동요 CD, 소고
	2		• 장구, 꽹과리, 징, 북의 구음	
	3		• 말장단 놀이 후 악기 쳐보기	
	4		• 소고 춤 추기 놀이활동(풍물놀이) • 민속놀이 활동하기(대문놀이, 기와밟기 활동)	
12	1	• 작품연습 • 발표회	• 그동안 배운 곡과 악기 치기, 춤 동작 연습하기	국악기, 양악기
	2		• 발표회 작품 마무리	
	3		－흥겨운 우리 국악 연주하기－	
2	1	• 국악동요	• 국악동요 설명, 감상하기, 노래 부르기	국악동요 CD, 소고
	2		• 국악동요를 부르면서 창의적 표현하기	
	3		• 국악동요에 맞추어 활동하기(춤 동작, 소고 치기)	

4 연간 국악교육 계획안(10세)

교육목표	국악에 대한 이해와 연주를 통해 국악의 리듬과 흐름을 느낀다.			
학년	초등학교 3학년			
월	주	단원	지도내용	준비물
3	1	• 전래동요 (참새노래)	• 노래 부르기(돌림노래), 자진모리장단 기본박 치기－구음, 리듬보 활용	전래동요 CD 및 악보 교사장구,
	2		• 노래가사 바꾸어 부르기, 묻고 답하기 활동	
	3		• 춤 동작 표현하기(손뼉치기,양손 흔들기 등)	
	4		• 자진모리 변형 장단치기, 손장단치기	
4	1	• 전래동요 (실구대소리) 민요감상	• 장구의 구음과 리듬보 이해하기	전래동요 CD 및 악보, 소고, 장구악보－정간보, 리듬보
	2		• 노래 부르기－국악의 특징(국악풍으로 부르기)	
	3		• 시김새배우기－전성, 요성, 퇴성	
	4		• 소고로 자진모리장단 치기, 모내기 감상하기	
5	1	• 전래동요 (자장가) (둥개둥개)	• 시김새 활용하여 노래 부르기	전래동요 CD 및 악보, 자장가 음악 CD, 윷가락, 장구
	2		• 윷가락과 소고로 장단치기(자진모리장단)	
	3		• 중중모리장단 기본박 쳐보기	
	4		• 동요에 따른 표현활동하기 · 서양음악 자장가와 비교하기	
6	1	• 전래동요 (메롱이) • 창작곡	• 시김새 활용하여 노래 부르기	전래동요 CD 및 악보, 장구, 창작곡 CD
	2		• 중중모리장단－장구 연주하기(기본박)	
	3		• 중중모리장단 변형 장단치기	
	4		• 창작곡 감상하기, 음악에 따른 창의적 표현활동	
7	1	• 풍물놀이	• 풍물놀이 악기 이해－장구, 북, 징, 꽹과리, 소고, 태평소	장구, 북, 꽹과리, 소고, 태평소, 시청각 자료
	2		• 태평소 소리 이해하기, 태평소 악기 설명	
	3		• 북가락 익히기(연주방법 등)－자진모리장단, 단모리장단	
	4		• 꽹과리 익히기(연주방법 등)－자진모리장단, 단모리장단	

월	주	단원	지도내용	준비물
9	1	• 장구 연주하기 • 민요	• 굿거리장단 • 세마치장단 악보 이해, 타법설명	장구, 민요 CD
	2		• 굿거리장단 • 세마치장단 기본박 및 변형 장단치기	
	3		• 굿거리장단 • 세마치장단 북, 꽹과리로 치기(기본박)	
	4		• 아리랑, 밀양아리랑에 맞추어 악기 치기 활동	
10	1	• 전래동요 (청어엮자) (남생아 놀아라)	• 노래 부르기,인체장단 치기(손뼉, 무릎치기)	전래동요 CD 및 악보 장구, 꽹과리, 북
	2		• 노래 부르면서 민속놀이 활동(꼬고 풀기)	
	3		• 자진모리장단－꽹과리, 북장단 치기	
	4		• 동물놀이 활동－각 동물의 모양과 소리를 내면서 활동하기	
11	1	• 판소리 • 민요	• 흥보가 중 '박타령 감상하기' /판소리에 대한 설명하기	판소리 CD, 민요 CD, 역할가면
	2		• 표현하기(가사에 적당한 동작놀이)	
	3		• 판소리를 듣고 춤 동작 표현하기(발동작, 팔동작)	
	4		• 민요와 판소리의 다른점 이해하기/아리랑을 듣고 춤 동작하기	
12	1	• 민요 • 국악기 • 전래동요 (색시풀)	• 아리랑의 종류 이해하기, 불러보기	국악기 CD(단소, 피리, 대금), 민요 CD, 전래동요 CD, 장구, 북, 꽹과리, 징
	2		• 국악기 감상(관악기－단소, 피리, 대금 등)	
	3		• 색시풀 노래 부르기－굿거리장단에 맞추어서 악보 이해하기 • 굿거리장단 연습(장구, 북, 꽹과리, 징)	
2	1	• 국악동요 • 발표회	• 국악동요 이해하고 부르기, 발표회 준비	발표회 준비
	2		• 발표회 작품 연습	
	3		－흥겨운 우리국악 연주하기－	

※ 악보는 음악교과서를 준비한다.

(3) 작품 지도내용

어린이의 국악은 특히 기교 · 기술적인 면에 치중하는 것이 아니라 원박을 중심으로 한 여러 장단의 변화 형태에 따른 다양한 몸동작이 뚜렷이 표현되어야 한다. 몸동작 표현에 있어서는 한국의 춤사위에서 나오는 아름다운 몸동작의 선이 살아 있어야 한다. 몸동작은 각 악기에 따라 다양하게 변하기 때문에, 교사는 많은 표현기법을 알아두어야 한다. 어린이의 국악 작품은 여러 가지 형태로 분류하고 있다. 어린이 눈높이에 맞는 국악 작품은 아래와 같이 다양하게 나눌 수 있다.

〈지도내용〉

① 국악동요, 전래동요(노래 및 합창곡)
② 국악동요와 기악 합주(서양 리듬악기 포함)
③ 국악동요와 춤 동작
④ 전래동요와 기악 합주(서양 리듬악기 포함)
⑤ 전래동요와 춤 동작
⑥ 민요와 장구놀이, 소고놀이
⑦ 동요와 장구놀이, 소고놀이(전래동요 포함)
⑧ 민요와 기악 합주
⑨ 장구놀이
⑩ 장구 합주
⑪ 인체를 활용한 춤 동작(민요, 동요)
⑫ 난타—장구난타, 북난타, 두드림, 북소리
⑬ 폐품을 활용한 난타
⑭ 캐럴과 타악놀이
⑮ 사물놀이, 풍물놀이
⑯ 민속놀이(민요)
⑰ 가야금 합주
⑱ 한국춤 : 기본무(I, II), 소고춤, 장구춤, 부채춤, 심바춤(바라), 북춤, 한삼춤, 막대춤, 리본춤, 딱춤(짝짝이 춤), 국악체조

2) 장르별 분류

(1) 작품 분류

모든 음악이 다 그러하듯이 음악은 즐거워야 한다. 특히 국악은 우리 고유의 멋이 있는 음악으로 어깨춤이 절로 나는 흥겨움을 갖고 있다. 우리나라의 음악은 가(노래), 무(춤), 악(악기)의 종합적인 예술형태로 이루어져 있다고 할 수 있다.

어린이 국악교육 형태에서 노래는 국악동요와 전래동요 그리고 감상하기에 적합한 민요가 있다. 춤은 한국무용으로 표현활동을 나타낸다. 어린이에게 적합한 춤 동작은 동요와 민요에 따른 춤사위를 노래나 악기에 따라 다양하게 표현하는 동작을 말한다.

악은 악기를 다루는 형태로 국악기에 따라 소리 탐색하기를 통해 우리의 리듬을 장단으로 엮어서 연주하는 기악 합주의 형태라 할 수 있다.

이러한 모든 교육활동은 통합적인 국악교육으로 지도하여야 한다. 이에 따른 내용을 정리하면 다음과 같다.

〈통합적인 국악교육 활동 내용〉

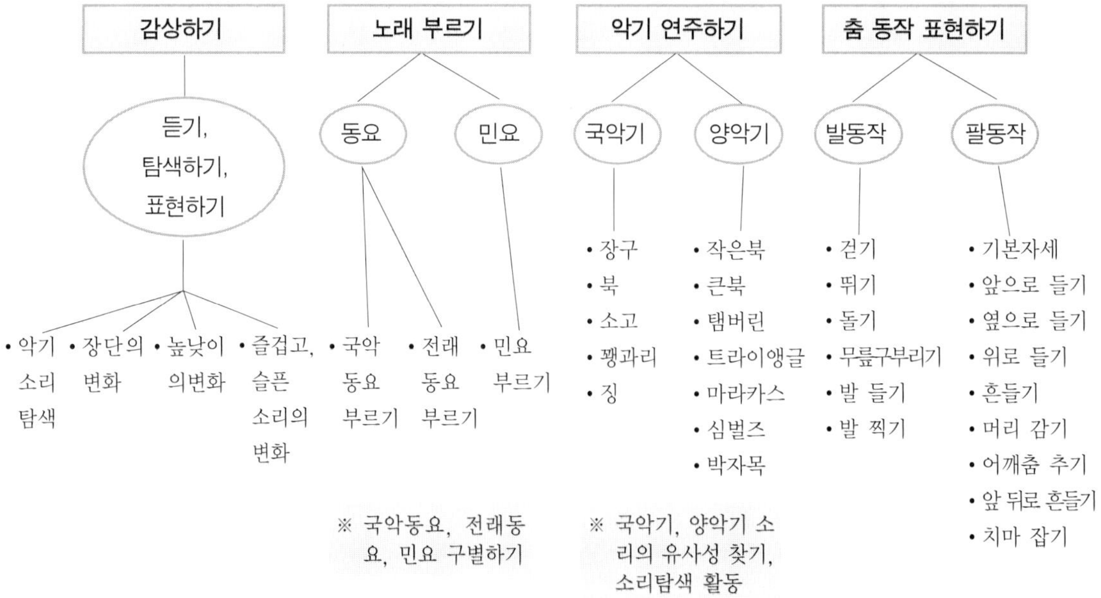

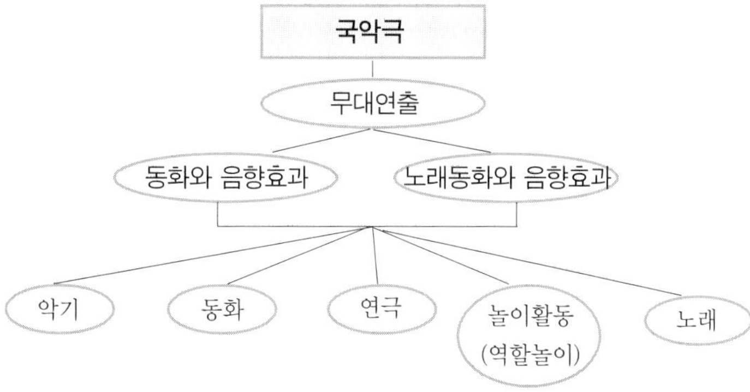

가. 노래

1 국악동요

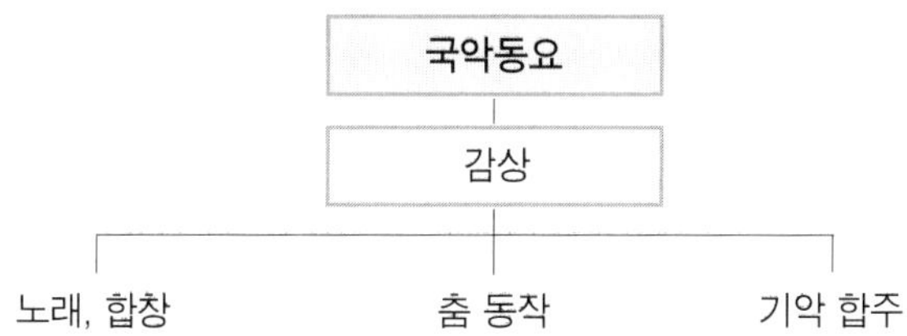

2 전래동요

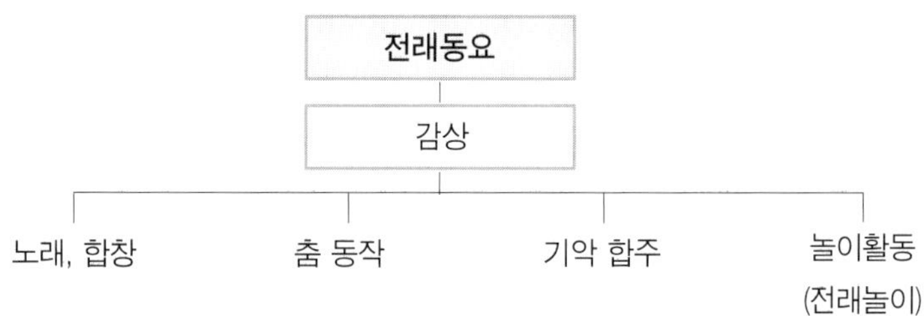

3 민요

- 민요
  - 감상
    - 장구놀이
    - 소고놀이, 북놀이
    - 기악 합주
    - (놀이활동) 민속놀이
    - 춤 동작, 인체놀이 활동

나. 악기 연주

- 타악놀이
  - 타악놀이
  - 타악 합주
    - 장구놀이
    - 장구 합주
    - 캐럴과 타악놀이
    - 사물놀이
    - 풍물놀이
    - 장단놀이, 폐품을 활용한 장단놀이
    - 심바춤
    - 두드림
    - 장구난타
    - 북난타

※ 타악놀이 : 악기연주 시 다양한 춤 동작이 포함된 활동
타악 합주 : 춤 동작보다는 연주중심 활동

기악 합주

다. 춤 동작표현

한국춤
- 춤 동작
  - 동요와 춤 동작 / 악기와 춤 동작
  - 기본무
  - 민속놀이
  - 장구춤
  - 소고춤
  - 심바춤
  - 부채춤
  - 딱춤
  - 북춤

※ 기악 합주의 형태

① 국악 타악기(리듬악기)+양악 타악기(리듬악기)

② 국악 타악기

장구 춤

(2) 지도방법에 따른 작품 분류

1 작품 분류

국악동요 (노래, 합창곡)	• 아침 해 • 꽃나무 • 연필 • 엄마손 • 시골길 • 전선줄 정거장 • 연 • 비눗방울 • 딸기 • 농촌 • 가을 길 • 소방차 • 귀뚜라미 • 허수아비	• 고추잠자리 • 풍년놀이 • 바람 • 할머니 안경 • 골목길 • 연못 • 안경 • 수박 소리 • 고드름 • 장구 소리 • 타작 • 부모님 • 물레방아 • 대추나무	• 낙엽 • 산들바람 • 아기염소 • 바닷가 • 고향 가는 날 • 봄바람 • 가야금 타령 • 풍년가 • 뱃노래 • 농부가 • 허수아비 • 식사기도 • 개미 • 내고향
판소리풍 동요	• 귀뚜라미 • 고드름 • 타작 • 가야금 타령 • 풍년가	• 무지개 • 나비 • 둥근달 • 대추나무	• 뱃노래 • 잠자리 • 별나라 • 농부가
동요와 손동작	• 손을 씻어요 • 손가락이 춤춰 • 저녁식사 • 즐거운 우리 집 • 송아지 • 아롱다롱 나비	• 딸기 • 생일노래 • 고추잠자리 • 비눗방울 • 꼬부랑 할머니 • 엄마손	• 안경 • 정리합시다 • 안녕 • 준비됐나요 • 할머니 안경

<table>
<tr><td>동요와 춤 동작
• 장구춤
• 소고춤
• 부채춤
• 율동
• 딱춤
• 리본춤</td><td>• 유치원 가자
• 흔들어 봅시다
• 나처럼 해봐요
• 개구리
• 사랑하는 엄마 아빠
• 풍년놀이
• 풍년가
• 봄바람,</td><td>• 가야금 타령
• 내얼굴
• 금붕어
• 장구소리
• 뱃노래
• 뛰뛰자
• 바닷가
• 시골길</td><td>• 내고향
• 농부가
• 손놀이
• 귀뚜라미
• 바람
• 가야금 타령
• 꿀벌
• 아롱다롱 나비</td></tr>
<tr><td>기악 합주
• 양악 리듬악기+국악 리듬악기
• 국악 리듬악기</td><td>• 시계
• 유치원 가자
• 어깨춤
• 즐거운 우리 집
• 시골길
• 사랑하는 엄마 아빠
• 악기 소리
• 꿀벌</td><td>• 타작
• 누룽지
• 개미
• 엄마돼지 아기돼지
• 앞으로 앞으로
• 장구소리
• 풍년놀이
• 즐거운 우리 집</td><td>• 수박소리
• 고드름
• 오리의 행진
• 불조심
• 산들바람
• 소방차
• 장단놀이
• 고향 가는 날</td></tr>
<tr><td>극 놀이
• 동화
• 동요
• 연극
• 등장인물
• 악기
• 배경</td><td>• 코끼리의 코
• 사랑의 빛
• 은혜 갚은 두꺼비
• 평온한 숲속</td><td>• 지옥에 간 심술쟁이
• 도깨비감투
• 할머니와 호랑이</td><td></td></tr>
<tr><td>어린이 사물놀이
• 풍물놀이</td><td>• 사물놀이 기초
• 웃다리 풍물
• 비나리 노래</td><td>• 호남 우도풍물
• 영남 풍물
• 북과 장구놀이</td><td>• 장구놀이 I (궁글채를 활용한 장구놀이)
• 장구놀이 II
• 장구 합주</td></tr>
<tr><td>민요
• 장구놀이와 춤
• 소고놀이와 춤
• 부채춤
• 북춤
• 민속놀이 활동
• 한삼춤</td><td>• 아리랑
• 몽금포 타령
• 풍년가
• 밀양 아리랑
• 천안삼거리
• 꼭두각시
• 도라지 타령</td><td>• 진도 아리랑
• 옹헤야
• 늴리리야
• 군밤타령
• 쾌지나 칭칭나네</td><td></td></tr>
</table>

<table>
<tr>
<td>전래동요
• 춤 동작
• 기악 합주
• 놀이활동
• 장구 · 소고놀이</td>
<td>• 꿩꿩 장서방
• 두껍아 두껍아
• 잠자리
• 앞니 빠진 중강새
• 대문놀이
• 찐득아
• 남생아 놀아라</td>
<td>• 숨바꼭질
• 나무노래
• 꼬방꼬방
• 여우야 여우야
• 꼭꼭 숨어라
• 실구대 소리</td>
<td>• 어깨동무
• 우리 마을
• 바람
• 가마솥의 누룽지
• 이거리 저거리
• 줘야 줘야</td>
</tr>
<tr>
<td rowspan="2">기타
• 발표회(식전, 식후)행사 및 환경 묘사 곡</td>
<td colspan="3">• 시골길, 전선줄 정거장, 바람, 연, 고드름
• 가야금 타령, 무지개, 산들바람, 귀뚜라미, 바닷가
• 고향 가는 날, 장구 소리, 풍년가, 뱃노래</td>
</tr>
<tr>
<td colspan="3">* 연－Opening 시 무대에서 연 날리는 모습
* 가을－전선줄 정거장, 고향 가는 날, 귀뚜라미
* 농촌－시골길, 고향 가는 날, 풍년가
* 여름－바닷가, 산들바람
* 겨울－고드름
* 길놀이－민요, 웃다리, 호남우도, 영남 풍물놀이, 사물놀이
* 한국적인 멋－가야금타령, 장구 소리
* 어촌－뱃노래</td>
</tr>
</table>

※ 위의 음악은 정성자의 어린이 국악동요, 어린이 국악마당 CD에 수록되어 있음.

(3) 연간 동요곡 분류

1 동요곡 분류

생활주제	월주제	활용노래(국악동요, 전래동요)
즐거운 유치원 (새로운 시작)	• 유치원에 왔어요 • 나와 친구들 • 나는 유치원의 어린이 • 유치원에서의 안전생활 • 유치원에서의 약속 • 유치원에서 나의 하루 생활	• 국악동요–식사기도, 유치원 가자, 뛰뛰자, 생일노래 • 전래동요–숨바꼭질, 꼬방꼬방, 꼭꼭 숨어라, 어깨동무, 이거리 저거리
봄(자연)	• 봄이 왔어요 • 봄의 변화 • 변화에 따른 색깔 · 모양 • 봄의 식물과 곤충 • 동물의 세계 • 자연과 친구	• 국악동요–꽃나무, 개구리, 개미, 아롱다롱 나비, 고추잠자리, 연못, 바람, 오리의 행진, 봄바람, 금붕어, 무지개, 나비, 꿀벌 • 전래동요–꿩꿩 장서방, 두껍아 두껍아, 잠자리, 찐득아 찐득아, 남생아 놀아라, 바람, 나무 노래, 쥐야 쥐야
나의 가족 이웃 사람 나의 신체	• 사랑하는 나의 가족 • 엄마 아빠 사랑해요 • 더불어 살아요 • 사이좋은 이웃 • 함께 사는 우리 이웃 • 나는 누구인가 • • 몸속이 궁금해요(인체)	• 국악동요–나처럼 해봐요, 손가락이 춤춰, 흔들어 봅시다, 사랑하는 엄마 아빠, 저녁식사, 엄마손, 즐거운 우리 집, 꼬부랑 할머니, 내얼굴, 손놀이, 부모님 • 전래동요–앞니 빠진 중강새, 꼬방꼬방, 실구대 소리, 어깨동무, 이거리 저거리, 숨바꼭질
환경 동물 음식 건강생활 우리 동네	• 자연 속의 동물들 • 우리 생활 • 우리 동네 • 환경보호 • 음식들 • 지구, 공기, 환경 • 운동과 휴식	• 국악동요–손을 씻어요, 골목길, 송아지, 아기돼지 엄마돼지, 전선줄 정거장, 딸기, 아기염소, 오리의 행진 • 전래동요–여우야 여우야, 두껍아 두껍아, 찐득아, 남생아 놀아라, 쥐야 쥐야, 꿩꿩 장서방,
여름	• 여름철 놀이와 안전 • 여름의 음식과 안전생활 • 여름을 시원하게	• 국악동요–수박소리, 고추잠자리, 무지개, 연못, 꿀벌, 비눗방울 • 전래동요–잠자리
방학 (산, 바다)	• 즐거운 여행 • 바다 • 시원한 바람	• 국악동요–산들바람, 물레방아, 바닷가, 시골길 • 전래동요–바람

생활주제	월주제	활용노래(국악동요, 전래동요)
우리나라 (문화, 풍습, 악기) 교통안전 추석	• 우리나라가 좋아요 • 교통안전 지키기 • 여러 가지 탈 것들 • 가을운동회 • 쌀(농사) • 자랑스러운 우리나라 • 민속놀이	• 국악동요–어깨춤, 앞으로 앞으로, 악기 소리, 시골집, 농촌, 풍년놀이, 내 고향, 누룽지, 타작, 가야금 타령, 장구소리, 풍년가, 장단놀이, 고향 가는 날, 골목길 • 전래동요–대문놀이, 가마솥의 누룽지, 우리 마을
다른 나라(문화) 가을	• 풍요로운 가을 • 벼가 익어요 • 세계는 하나 • 세계 민속 의상과 습관(음악, 악기)	• 국악동요–귀뚜라미, 가을 길, 전선줄 정거장, 대추나무, 낙엽, 귀뚜라미, 농부가, 허수아비
우주 편리한 도구 기계	• 육지 · 바다 · 하늘의 교통수단 • 우리가 사는 지구는? (태양, 달, 별) • 신나는 우주여행 • 기계와 도구들 • 에너지, 불	• 국악동요–시계, 연필, 안경, 낙엽, 뱃노래, 할머니 안경, 소방차, 별나라, 물레방아, 둥근달, 타작 • 전래동요–실구대 소리
겨울	• 겨울 날씨의 변화 • 겨울 준비는? • 불과 우리의 생활 • 겨울방학 • 성탄절	• 국악동요–아침 해, 고드름, 불조심 • 국악 캐럴
설날(새해)	• 민속놀이 • 세시풍속 • 전통놀이 • 국악극 놀이	• 국악동요–연, 고드름, 고향 가는 날 • 농촌
즐거웠던 날들	• 졸업 • 즐거웠던 유치원 • 이만큼 자랐어요 • 혼자서도 할 수 있어요 • 초등학교에 가면	• 국악동요 • 전래동요 • 국악극(동요)

제 1 부 이론편

제 3 장

국악교육이 유아 · 아동에게 미치는 영향

1 교육의 효과

사람이 동물하고 다른 점은 지적인 면과 정서적인 면이 있기 때문이다. 어린이에게 있어서 정서란 인격형성을 좌우하는 매우 중요한 부분이기도 하다.

정서는 외적인 자극을 받았을 때 나타나는 현상으로 정서발달은 주로 어린이의 도덕성 발달과 밀접한 관계가 있으며 모든 사물의 옳고 그름을 판가름 할 수 있는 원만한 성격형성을 가져다 준다.

음악교육의 목적은 단순히 음악교육을 위한 것이 아니라 음악을 통해 어린이의 생활 전체를 발달시키는 일상생활로서의 학습이 음악교육의 목적이 된다고 존 듀이(J. Dewey)는 말한 바 있다. 이와 같이 어린이의 음악은 음악 이외에 인지적 · 신체적 · 사회적 성장을 증진시키기 때문에 가정에서나 교육현장에서의 국악교육은 자연스러운 음악학습의 한 형태로 모색되어야 할 것이다.

유아 · 아동기의 국악은 기능의 연습이라기보다는 국악을 친숙하게 느끼고 같이 호흡하고 표현하며, 우리의 음악을 자연스럽게 좋아할 수 있도록 체계적인 교육과정에 따라 지도하여야 할 것이다. 특히 우리 음악의 조기경험은 어린이에게 전래동요를 통한 모국어의 인지, 국악동요를 통한 언어발달과 국악의 흐름을 이해하고 장단에 따른 다양한 춤 동작(팔 · 발 동작)을 통해 신체적 · 표현력 발달을 가져온다.

저자는 수십여 차례의 유아 국악특강과 강습회, 유아 국악발표회, 그리고 유치원이나 어린이집 현장의 국악발표회를 통해 어린이들이 정말 한국의 피를 이어받은 우리의 뿌리임을 절실하게 느꼈고 마음속 깊이 스며드는 감동의 기쁨은 현장에 있는 모든 사람들이 함께 공감했었던 사실이다.

단지, 그동안 정부의 무관심과 교사들의 국악에 대한 무관심, 실기능력의 부족 때문에 국악교육을 외면해 왔었고, 어린이들에게 적극적으로 지도를 하지 않았던 것은 사실이라 할 수 있다. 그러나 지금은 많은 국악강습회와 전문교육기관에서의 국악교육을 통하여 현장의 원장과 교사들은 적극적으로 국악교육에 참여하고 있으며 자체적으로도 교사들이 국악을 매주 한 번씩 지도능력 향상을 위하여 국악강사를 초빙하여 수업을 받는 곳도 있다. 이로 인하여 현장 어린이들의 성격형성과 정서도 다음과 같이 점점 변화되고 있음을 알 수 있다.

1) 성격형성과 정서의 변화

(1) 성격형성

1 국악을 좋아하게 된다.

- 특히 국악기(타악기) 접하길 좋아한다.
- 국악수업을 통해 국악에 대한 어색한 분위기가 자연스러운 자신감으로 형성된다.
- 타악기 외에도 현악기, 관악기에 관심을 갖는다.
- 우리의 음악과 서양의 음악을 비교할 수 있다.

2 개인주의 성향에서 단체 집단교육을 통해 협동심을 갖게 된다.

- 요즘의 어린이들은 자기중심적이고 이기적 성향이 강하다. 국악은 서양음악의 소수 수업에 비해 단체적인 공동연주로 이어지기 때문에 친구와 서로 조화롭게 함께 연주할 수 있는 협력적 분위기를 갖게 된다.

3 국악을 접함으로써 성격변화를 가져온다.

- 협동정신과 남을 배려하는 마음을 갖는다.
- 애국적인 마음이 생긴다.
- 국악을 사랑하고 아끼는 마음을 갖는다.
- 한국적인 심성을 갖게 된다.
- 우리의 것과 남의 것에 대한 변별력이 생긴다.

(2) 정서의 변화

1 한국음악의 민족 정서를 느낀다.

- 한국음악의 종류와 연주 등에 관심을 보인다.

- 국악을 듣고 다양한 느낌을 나타낸다.
- 전통문화에 대한 이해와 적극적인 수용의 태도를 갖는다.
- 한국의 예의범절에 대해 관심을 갖는다.
- 한국의 의상과 민속놀이 등에 호기심을 갖는다.

2 전통문화에 관심을 갖게 된다.

- 전래동요를 통해 우리의 문화관습을 알려고 한다.
- 한국의 도구와 연장 등 쓰임새에 대한 관심을 갖는다.
- 음식문화와 건축물 구조에 대해 관심을 갖는다.

3 국악을 통한 창의적 표현력을 나타낸다.

- 국악동요나 전래동요를 통해 몸의 흐름을 나타낸다.
- 악기연주를 통해 다양한 몸동작을 표현한다.
- 장단을 통해 호흡의 느낌을 나타낸다.
- 음악에 따른 다양한 춤 동작을 표현한다.
- 국악에서만 나올 수 있는 어깻짓, 엉덩이춤 등과 함께 노래표현 기법을 알게 된다.

4 민족의 정체성을 알게 된다.

- 우리의 것이 무엇이고, 다른 나라의 것이 무엇임을 알게 된다. (음악, 의상, 음식 등에 대한 관심)
- 우리의 것을 아끼고 사랑하는 자긍심을 갖게 된다.

5 국악적 음악 발달성을 갖게 된다.

- 동요를 통해 시김새 형태를 표현하려고 한다.
- 모든 동요와 기악 합주의 첫 박에 힘을 주어 표현한다.
- 한 장단의 흐름을 인지한다.
- 춤 동작 표현을 나타내려고 한다.
- 장단의 변화를 느낀다.
- 호흡의 흐름을 느낀다.

(3) 교사의 자세

교사는 단순한 학급 운영자가 아니고 협조자로서, 어린이에게 가장 가까운 위치에 있는 사람이다. 또한 어린이에게 숨겨진 잠재성을 일깨워 무한한 가능성을 열어주는 배움의 인도자이기도 하다. 성공적인 교육을 위해서 교사는 어린이 국악교육 분야에 끊임없이 배우고 도전하여야 한다.

교사는 어린이들에게 국악을 재미있게 접목시키는 매개체 역할을 하여야 한다. 국악의 다양한 교육과정을 모르면 재미있게 국악을 접목하기가 어렵다. 국악이란 매개체를 통해 어린이들의 흥미를 유발시켜 능동적으로 즐겁게 참여할 수 있는 분위기를 조성하여야 한다.

먼저 지도할 내용에 대한 정보를 많은 교구와 자료를 통해 제공하고 국악에 대해 무엇을 알고 있는지, 어떤 것에 호기심을 갖고 있는지, 어떤 것을 배우기 원하는지를 먼저 조사하고 수업내용을 선정하여야 할 것이다. 특히 어린이에게 있어서 첫 수업은 매우 중요하다.

교사의 좋은 인상과 흥미유발의 재미있는 수업은 어린이들에게 국악을 좋은 마음으로 받아들이는 계기가 되기 때문이다.

국악수업을 진행하는 교사로서의 자세를 살펴보면 다음과 같다.

〈교사의 자세〉

① 국악에 대한 열정과 사명감을 가져야 한다.
② 어린이들을 사랑하여야 하고 특히 유아에 대한 발달영역 및 인지 · 정서적 발달 등 폭넓은 지식이 있어야 한다.
③ 어린이에 관한 국악교육 교과과정을 체계적으로 알아야 한다.
④ 타악을 중심으로 한 한국 춤, 소리, 작곡 등에 대한 다양한 실기능력을 소유하여야 한다.
⑤ 연간 국악교육 계획안을 체계적으로 계획 · 작성하여 지도한다.
⑥ 국악단체 연주시간을 통해 어린이들이 서로 상호작용을 할 수 있도록 하여야 한다. 특히 칭찬과 격려로 사회성을 키울 수 있도록 분위기 조성에 힘써야 한다.

⑦ 국악교사로서의 인품을 갖추어야 한다.

⑧ 악기관리를 철저히 해야 한다.

⑨ 수업시간을 엄수하여야 한다.

(4) 현장실습 사례

유아 · 아동의 교육현장에서 체계적인 국악교육의 교과과정을 통해 지도한 국악교사들의 다양한 경험사례를 제시하고자 한다.

〈현장실습 사례〉

사례 1

처음 대하는 국악선생님을 보고 우는 유아의 변화
(첫 수업으로 유아의 흥미를 유발한다)

A원의 달님반 5세 H는 국악강사를 보고 처음부터 울었다.

교사는 기존의 경험을 바탕으로 그 유아의 울음소리를 무시하고, 다른 친구들과 국악놀이 중에서 전래놀이를 하면서 개인 활동으로 수업을 시작하였다. 10여분이 지난 후에는 H의 울음소리가 점점 들리지 않더니 국악수업에 관심을 보이기 시작했다. 다른 친구들이 즐겁게 국악놀이를 하는 것을 보고 울던 H는 잠시 후에 여기저기 눈치를 보더니 멋쩍은 듯이 국악수업에 관심을 보이기 시작했다.

시간이 지나면서 국악교사를 향해 빤히 계속 쳐다보더니 미소를 지으며 수업에 빠져들기 시작했다.

끝마침 인사를 하고 가는 유아들에게 볼에 뽀뽀를 하며 꼭 안아주고 이름을 알아보고 다음 주에 만나자고 약속하며 헤어졌다.

달님반의 국악수업은 전래놀이를 통한 개인 활동 놀이를 주로 한다.

큰 목소리로 말을 하고 신체표현도 하고 생활 속의 폐품을 활용한 놀이를 하고 소고놀이도 한다. H는 우리의 소리에 흥미와 즐거움을 느꼈으며, 국악수업에 관심을 보였다. 첫 수업을 마치고 다음 수업에서 만나면, 점점 가까이 다가와 수업에 참여하고, 3개월 후에는 친구들이 잘못하면 알려주기도 한다. 국악수업에서 선생님이 다른 표현을 하면 다른 유아에게 가르쳐 주기도 하고 자신감이 형성되는 유아로 변화하게 됨을 보면서 첫 만남의 중요함을 느꼈다.

사례 2

통합교육을 통한 정신지체아의 행동 · 정서의 변화

B원 토끼반 5세 G는 국악수업뿐만 아니라 다른 수업에서도 수돗물에만 집착하는 버릇이 있어 담임교사가 힘들어했다.

이 G를 처음 보았을 때, 학습장애로 느껴져서 담임과 상담을 하게 되었다. 담임은 지적장애아로 통합교육을 하는 중이라고 알려 주었고, 나의 경험을 바탕으로 물 대신 참여할 수 있는 교구를 만들어 제시하게 되었다. 담임과는 상담 후 교실영역 활동으로 할 수 있도록 지도를 부탁하였다.

처음에는 30초 관심을 보이더니 다른 친구들의 도움으로 몇 분간 흥미를 보였다. 만날 때마다 함께 어우러진 즐거운 국악수업이 되어야 한다고 국악동화를 통해 이야기했고, 다른 친구들의 도움으로 통합 지도할 수 있었다.

G는 손으로 치는 것에 특히 관심을 보였고, 국악동요 듣기를 흥미로워 했다. 만날 때 마다 맨 앞좌석에 앉게 했고, 다른 놀이를 할 때도 북을 치도록 지도했다. 5개월 후에는 박자를 맞추며 다른 친구들에게 관심을 보이는 듯 했고, 1년 후 발표회 때에는 소리를 들으며 4분 정도의 발표시간을 훌륭히 마쳤다.

5세의 통합 교육시간의 국악수업을 통해 G는 행동의 변화(물놀이에서 다른 영역활동을 함)와 차분한 정서를 갖게 되었다. 그리고 국악강사인 나는 통합교육에 대한 교수활동 프로그램도 교육받게 되었고, 지금은 각 원에서 활동이 부진한 어린이를 찾아내어 기관수업 및 담임교사의 개별지도를 의뢰하는 상담을 하기도 한다.

사례 3

왕따 유아가 국악수업을 열심히 참여하다.

C원에 다니고 있는 한 여아(만 4세)는 유독 산만하며 다른 아이들에게 공격적인 언어와 행동으로 왕따를 당하는 아이였다. 국악 시간에도 집중을 잘 못하고 수업을 방해하는 일이 종종 있어 어려움이 있었으나 장구를 시작한 날부터 수업에 집중력이 높아져서 칭찬을 특히 많이 해주었다.

그 결과, 이 유아는 규범을 지킬 줄 알고 친구를 배려하는 마음을 갖게 되는 변화가 왔다. 지금은 장구가 아닌 다른 국악수업에도 모두 흥미를 느껴 열심히 참여한다.

그리고 현재는 왕따가 아닌 전혀 눈에 띄지 않는 어린이로 수업에 임하고 있다.

사례 4

조기교육일수록 국악에 대한 흥미도가 높다

성인들에게 국악을 들려주고 몸으로 표현해 보라고 하면 가르쳐 주는 동작도 무척 어색해하고 장단조차도 제대로 익히지 못하는 경우가 많다. 그러나 만 3~5세 유아들은 노래에 맞추어 흥겹게 동작으로 표현하고 장단만으로도 그 장단의 변화에 따라 다르게 표현해낸다.

만 3세에 처음 국악을 접했던 유아들은 국악에 대한 친밀감이 더 높았으며, 만 5세에 처음 접한 유아들은 상대적으로 낮은 것을 보였다. 이러한 현상은 국악교육이 어릴 때부터 시작하는 것이 효과적임을 보여주는 것이다. 또한 국악교육을 직접 받지는 않더라도 국악적 환경을 제공해 주는 원의 유아들은 그렇지 않은 곳보다 국악에 훨씬 흥미를 보였다.

사례 5

부모와 떨어지지 않으려고 하는 미적응 유아의 변화
(부모의 염려를 덜어준 국악수업)

D원의 사슴반 6세 E유아는 태어나서 처음으로 부모와 떨어졌고 유치원교육 또한 처음이었다. 2주일 동안 부모도 유아도 적응을 못한 경우였다.

국악수업에 어떤 부모가 밖에서 안절부절하는 모습을 목격한 나는 부모님을 교실 안으로 모셨다. 그리고는 아무것도 묻지 않고 국악수업을 진행하였다.

장구 잡는 법과 장구구조에 대하여 설명하는 수업이었는데, 동화구연을 통해 목소리에 변화를 주면서 유아들이 어렵지 않고 쉽게 익힐 수 있도록 도왔다. 5분이 지난 후, 여아가 뒤를 돌아보게 되고 엄마랑 눈이 마주치면서 얼굴이 변화됨을 느낄 수 있었다. 나는 그 부모를 앞으로 불렀고, 함께 악기를 할 수 있도록 지도했고, 보조교사로 참여시켰다.

마침내 수업은 끝났고, 부모는 내게 다가오면서 "○○가 제 딸아이인데…" 하시면서 다른 수업에도 참여 못하고 해서 그만 둬야겠다고 마음먹었는데 오늘 국악수업을 통해 우리 아이도 좋은 교육을 접할 수 있도록 해야겠다며, 다음 시간에도 참여할 수 있냐고 문의를 하셨고, 5개월 후에는 부모참여수업을 하게 되었다.

단체발표에서 '장단을 통한 자신감'과 '구음을 통한 국악교육은 유아들의 발표력 향상과 언어활동에 큰 변화를 보여주었고, E유아는 개인발표를 많은 부모님 앞에서 독주를 하게 되었으며, 그 변화에 놀란 부모는 감사의 인사를 하였다.

사례 6

악기 선택의 기회를 부여한다.
(좋아하는 악기를 선택하게 한다)

E원의 장미반 7세 K유아는 사물놀이 배우기를 매우 좋아했다.

발표회를 위한 악기 선정에 있어서 고심하다가 유아의 부모 입장이 되어 생각하게 되었다. 유아들에게 자기가 좋아하는 악기를 선정하게 하였고, 본인이 선택한 악기에 만족하여 연주를 할 수 있게 하였다.

그리고 각자가 지금까지 배운 실력과 맡은 악기에 대한 책임감을 최대한 발휘하면서 공연 연습을 하기로 하였다. 처음부터 선택한 악기를 계속한 것이 아니어서 한 주간의 어려움은 있었지만, 책임감이라는 약속을 자꾸만 이야기할 때 유아들은 자신의 악기를 최선을 다해서 연주하였다.

이렇듯 사물놀이 연주는 협동심과 책임감, 소속감을 느끼게 함을 알 수 있었다. 그리고 부모님들도 유아가 선택한 악기와 연주에 만족하였다.

사례 7

산만한 아이의 변화
(산만하고 유별난 유아들에게는 꽹과리를 준다)

F원의 별님반 7세반은 국악수업을 할 수 없을 정도로 매우 산만한 유아가 있었다.

산만한 유아의 국악수업 태도는 개인별 수업을 할 때, 장단이나 악기 연주방법을 물어보면서 수업에 참여하려는 의지가 있음을 볼 수 있었다. 그래서 그 유아에게 꽹과리를 쥐어주며, 교사의 악기 소리를 흉내 내게 하였다.

그 유아에게 자신감을 반복하여 심어주고 여러 가지 쉬운 소리를 흉내 내게 하고, "네가 꼭 필요해, 너도 할 수 있어!"라는 칭찬으로 국악수업에 참여하게 하였다.

1개월이 지나자, 유아는 다른 친구가 잘못되면 지적하고, 다음 국악시간이 언제인지 기약하는 등의 변화가 왔다. 5개월이 지난 후에 담임교사와 상담을 통해서 산만한 유아의 변화에 국악수업이 큰 영향력을 미쳤다고 말하면서 감사하다고 하였다.

변화에서 보듯이 굉장히 산만하거나, 소란하거나, 귀가 잘 안 들리는 아이들이나, 장애요인이 조금 있는 아이들에게는 칭찬과 테스트를 통한 국악수업이 정서와 생활면에서 변화를 느낄 수 있음을 알 수 있다.

사례 8

장구수업이 아닌 국악극의 수업 결과
(국악 동화구연과 교재·교구로 스트레스 해소를…)

G원의 코끼리반(7세)에서는 맞벌이 가정이 대부분이고 할머니로부터 양육을 받는 유아가 조금 있었다. 종일반이 대부분인 코끼리반 유아들은 장시간 지내야 하는 어린이집에서는 부적응 행동을 일으키는 일이 많았고, 다양한 해소방법과 대처방안을 연구하게 되었다.

대부분의 국악수업은 장구를 중심으로 사물놀이 수업을 지향하여 왔지만, 이외에 다른 교과과정인 국악수업을 시각적이고 청각적인 수업으로 바꾸어 눈과 귀가 협응하여 즐거운 수업을 할 수 있도록 교재·교구와 언어구사력을 연구했다.

할아버지나 할머니나 도깨비 소리를 매우 좋아하는 유아들에게 그에 맞는 이야기를 만들어 국악동화를 시켰고, 교재·교구는 동화극의 다양한 것 중 택일하여 지도하였다. 그리고 우리 전통문양을 활용해 동화책을 만들고 정간보와 음보를 함께 만들어 교육이 끝난 후에는 영역활동을 할 수 있도록 도왔다.

그 결과, 유아 개인은 스트레스를 대처하고 적응하는 능력을 키울 수 있었고, 여러 국악 프로그램을 연출하는 과정은 국악으로 활동할 수 있다는 큰 변화를 볼 수 있었다. 이제는 국악이 하나의 수업시간의 일환이 아니라 유아의 정서변화에 큰 영향력을 발휘한다는 것을 알아야겠다. 굳이 장구수업만 고집할 것이 아니라 국악극 놀이활동을 시도함으로 다양한 장르를 접목하여 유아들에게 즐거움을 줄 수 있어야 할 것이다.

사례 9

산만한 분위기에서도 질서와 규범을 지킨다

A원은 가정주택이 많아 환경적으로 아이들의 놀이공간이 부족한 맞벌이 가정이 많은 지역에 위치하고 있다. 대체적으로 매우 산만한 분위기였다. 30분~1시간씩 진행되는 수업은 20~30분밖에 진행하지 못할 정도로 특강교사들이 유아들을 다루기 힘들어 했다.

그러나 만 5세를 중심으로 한 국악수업은 집단교육과 더불어 소그룹 교육을 통해 개인적인 성취감과 만족감을 높여 주었다. 그리고 전체의 연주와 노래를 통해 개인주의 성향에서 일체감을 느끼고 질서와 규범을 지킬 줄 아는 어린이들로 변화되었다.

개인적인 수업형태보다 단체교육, 소그룹의 국악교육 형태가 질서나 조용한 분위기로 집중적인 교육효과를 올릴 수 있다.

사례 10

연령이 낮은 반은 소고로 수업하세요.

슬기반(5세) H는 신체발달과 언어발달이 다른 친구들보다 특히 늦는 어린이였다.

발달이 늦는 유아를 보고 나는 소고를 꺼내서 소리 내게 해 보았다. 소고 잡는 것도 어려워했고, 치는 것은 더욱 안 되었지만 특히 다른 친구들과의 경쟁심을 많이 느끼는 유아임을 알게 되었다. 4주가 지나 H는 소고 잡는 방법을 잘 알게 되었고, 6개월이 지나 다양한 신체표현을 통해 소고치는 법을 정확히 익히게 되었으며, 소고를 치면서 하는 속담놀이에서는 언어능력향상의 변화를 보였다.

소고놀이는 소리 내고 장단을 치고 율동을 함께 하는 놀이라 5세 유아에게는 손과 눈의 협응력을 키워주는 기본생활 활동에 큰 도움이 됨을 알게 되었다. 연령이 낮은 5세, 6세의 유아는 장구수업보다는 간단한 소고를 접목하여 신체표현과 더불어 국악의 장단을 지도하면 더 좋은 국악교육 효과를 가져올 수 있다.

사례 11

무사히 연주를 마친 학습지진아

B원의 학습지진아인 발달장애를 가진 만 5세 남아는 모든 수업시간에 미적응하는 학습 지진아이다. 그러나 특히 국악수업 시간에는 다른 수업시간에 보이지 않는 집중력을 보여주었다. 방학 이전에 배운 장단도 모두 암기하여 방학이 지난 후에도 틀리지 않고, 연주하는 모습을 본 나는 국악강사로서의 보람을 느꼈다. 배운 장구는 쉬는 시간 틈틈이 혼자 연습해 보곤 하였다. 이러한 모습을 본 담임교사는 국악수업이 학습지진아에게 많은 도움이 되었다고 놀라워 하였다.

강사수업 현장(교구활용)

사례 12

참여국악수업에 참석한 부모님들의 변화 (부모님과 함께 하는 국악교육)

C원의 백합반 5세 A유아는 한 학기 국악수업을 부모님에게 보여주는 참여수업을 하였다.

교사는 미리 준비한 교제를 칠판에 붙였고, 국악실이 부족하여 환경구성을 준비하였다. 부모님이 먼저 입장하여 자리를 잡았다. 유아들이 들어오는 시간이 많이 걸리자 교사는 신체표현을 통해 장단 익히기를 하고, 수업시간에 부모님의 참여도를 미리 예측할 수 있게끔 사전교육을 한다.

유아들이 입장하자 부모들은 박수로 환영하고 유아들은 자리에 앉아 기존에 배운 국악수업을 뽐내고, 부모참여마당으로 진행된다. 이때 특이사항을 발견했다.

처음 접하는 꽹과리를 동화구연을 통해 들려주고 교사는 꽹과리장단을 흉내 내보기로 약속했다. 음감을 테스트하기 위함이고 부모님께 유아들이 얼마나 국악에 흥미를 느끼고 즐거워하는 지를 보여주기 위한 의도된 교사의 수업이었다.

쉬운 단모리장단을 들려주고 체험할 유아들은 손들게 하여, 나와서 똑같이 치게 했고 두 번째는 신명나게 자진모리장단을 연주하고 똑같이 연주하게 했다. 몇 명은 조금 흉내 내고, 몇 명은 틀리게 연주했지만 거의 대부분은 그 장단의 소리만 듣고 흉내를 냈다는 사실이다. 부모들은 감탄했다.

이번에는 부모들을 참여시켰다. 그러나 기존에 장단을 배운 부모들은 어려워했다.

어린이들은 우리의 국악에 쉽게 접근하고 쉽게 익히고 변화를 준다는 사실을 알게 된 부모들은 모두들 감사해 하였고, 국악강사인 나에게 상담을 요청해 온 일도 있었다.

사례 13

부모님과 함께 하는 아동 음악회 (우리의 장단이 무척 흥겹네요)

우리 피아노학원에서는 부모님과 함께하는 열린 음악회를 매주 3회 실시한다. 국악 프로그램 순서로는 독도는 우리 땅(유치부~1학년), 단모리장단(2학년), 사물놀이팀(웃다리 풍물), 단소(4~6학년) 등으로 프로그램을 만들었다.

양악 프로그램은 부모님의 입장으로 감상하는 정도였지만, 국악 프로그램에서는 부모님과 함께하는 시간을 가졌다. 연주회 마지막에 부모님과 함께하는 시간으로, 유치부~2학년 부모님이 나오셔서 유치부~1학년 친구들이 발표한 '독도는 우리 땅', 2학년 부모님은 '단모리장단'을 신명나게 쳤다.

물론, 부모님 모두가 장구를 친 것은 아니지만, 우리 장단의 흥겨움을 함께하여서 즐거워했고, 부모님들도 처음해 보는 장구가 조금 어려웠지만 무척 신명이 났다고 하였다. 그리고 연주한 어린이들에게 대견함을 표현하였고, 우리의 가락을 접해본 것에 대해 뿌듯한 자부심을 가졌다.

사례 14

학습능력 · 사회성 발달 – 학습능력 지진아의 변화 (표현할 수 있도록 도와주자)

달님반 7세 유아는 언어 · 사회성 · 학습능력 · 행동발달 · 지능이 또래에 비해 늦고 부족하다. 이 유아는 공부시간에는 집중을 하지 못하고 책상 위나 아래에 눕기도 하고 친구와 어울리지 못했다. 또 한 가지 뜻대로 되지 않으면 자해(머리를 벽에 부딪침)를 했다. 한번 울기 시작하면 그치지 않았으며, 고집이 세며 물건을 집어던졌다.

1차적으로 원내 생활하는 모습을 관찰하고 적응시킨 다음, 부모와 의논하여 전문적인 언어치료를 받게 했다. 말이 늦는 아이들은 마음의 표현을 하기 힘들기 때문에 성격장애가 올 수 있기 때문이다. 언어치료와 함께 흥미 위주의 수업을 모색하여 유아가 가장 많은 반응을 보이는 것을 관찰했다. 관찰결과, 국악수업을 아주 흥미로워했고 신기하게도 국악의 박자와 리듬을 탔다.

자주 반복되는 전래동요를 재미있어 하고, 그로 인해 언어발달에도 도움이 되는 국악동요도 접목하였다. 또한 여러 가지 국악 악기를 연주해 보면서 소고장단, 장구장단을 흥얼거리며 외우기도 하였다. 두드림을 통해서 마음의 표현도 하고 리듬감각을 자연스럽게 익히게 되면서 칭찬을 통해 자신감과 학습능력, 집중력도 향상되었다.

친구들과 함께 손을 잡고 돌아보는 강강술래 등 국악수업을 통해 나 혼자가 아닌 친구들과 어울림으로써 느끼는 감정을 느끼게 하고, 협동심도 알게 했다. 무엇보다 또래아이들과의 자연스러운 친구관계를 만들어 줌으로써 사회성 발달에도 도움이 되었다.

생각은 있는데 표현이 되지 않을 때, 아이들은 고집과 때로는 분노로 감정을 표현하게 되는데, 이를 적절하게 표출할 수 있는 방법을 아이들에게 제공해 주는 교육이 중요하다고 본다.

사례 15

소리를 무서워하는 아동의 성격변화

소리를 무서워하고 성격이 무척 예민하며 물건에 심한 집착을 보이는 10세의 한 어린이는 어렸을 때부터 소리 나는 장난감을 보면 소스라치게 울고 싫어하였다. 너무 민감해 주위 사람들도 스트레스를 받을 정도였으며, 동생도 소리 나는 장난감을 가지고 놀지 못하는 상태였다. 소리에 공포를 느끼는 듯 했다.

그러던 중, 6세 때부터 장구를 접하면서부터 점차적으로 소리에 예민한 반응을 보이지 않게 되었다. 부모의 맞벌이로 인한 분리불안 증세도 호전되었으며, 무엇보다 집중력이 강화되었다.

현재 학교에서는 학업성적도 우수하며, 소리에 대한 민감한 반응도 전혀 보이지 않는다. 이 학생의 부모로부터 항상 감사의 인사를 듣곤 한다.

성격적으로 걱정했던 부분들이 국악을 통해 치료가 되고 무엇보다 학업 성적이 우수해지게 되었으며, 국악을 하면서 집중력과 인내심이 길러졌기 때문이라고 생각된다.

이와 같은 사례는 일하는 엄마, 갑자기 생겨난 동생, 주어진 환경에 스트레스를 받은 사례이다.

장구를 치면서 이러한 스트레스에서 벗어날 수 있었으며, 지금처럼 밝은 모습의 어린이로 자랄 수 있게 되었다.

어린이들은 재미있는 이야기나 소리를 들으면 매우 흥분한다. 말의 뜻이 있거나 없거나 상관없이 반복되는 것을 좋아한다. 그런 면에서 볼 때, 장단을 통한 리듬교육은 어린이들에게 재미와 흥미 그리고 집중력을 기르는데 많은 도움이 된다.

※ 사례 제시 단체 : 한국어린이 국악교육협회「명지국악 강사단」, 명지대학교 사회교육대학원(아동국악)
제시자 : 김미정 · 최성윤 · 박정희 · 윤혜자

제 2 부

이론에 기초한 실제편

제 2 부 이론에 기초한 실제편

제 4 장

유아 · 아동의 국악기

1. 리듬 타악기

우리나라의 전통악기는 약 60여종의 악기가 있으나 이 중에는 연주법과 음향효과, 악기제작의 문제 때문에 최근에 쓰여 지지 않는 악기도 많다.

악기가 어느 계통의 음악에 쓰이는 가에 따라서 악기의 분류가 나누어지고 악기의 제작 재료, 즉 금(金), 죽(竹), 석(石), 사(絲), 토(土), 혁(革), 목(木), 포(匏) 8가지의 재료로 악기의 종류를 나눌 수 있다. 그러나 우리나라 대부분의 악기는 연주하는 방법에 따라 선율악기와 리듬(장단)악기로 분류하고 있다.

선율악기는 불어서 소리를 내는 관악기, 줄로 소리를 내는 현악기 그리고 채로 쳐서 소리를 내는 타악기로 구분된다. 이 책에서는 유치원이나 초등학교 저학년에서 사용할 수 있는 리듬타악기와 시청각 자료로 활용할 수 있는 감상악기로 나누어 구분한다.

〈리듬 타악기〉

장구, 북, 꽹과리, 징, 소고, 바라, 목탁

〈감상악기〉

- 현악기 : 가야금, 거문고, 해금, 양금, 아쟁
- 관악기 : 대금, 소금, 피리, 단소, 태평소
- 타악기(장단악기) : 박, 어, 축

유아 · 아동의 국악기 부분에서는 어린이들이 직접 연주할 수 있는 리듬 타악기를 중점으로 다루어 보기로 한다.

1) 장구

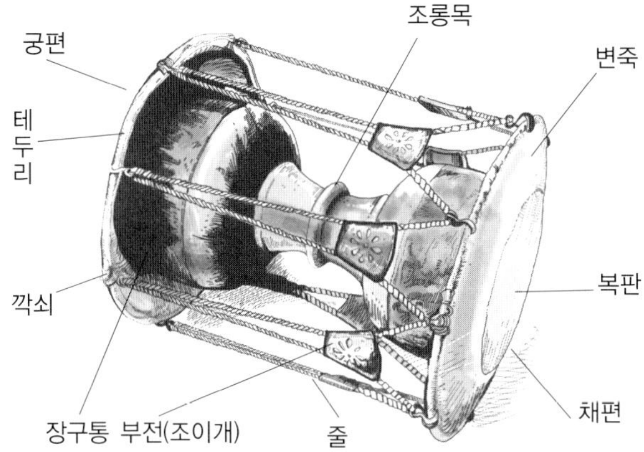

장구

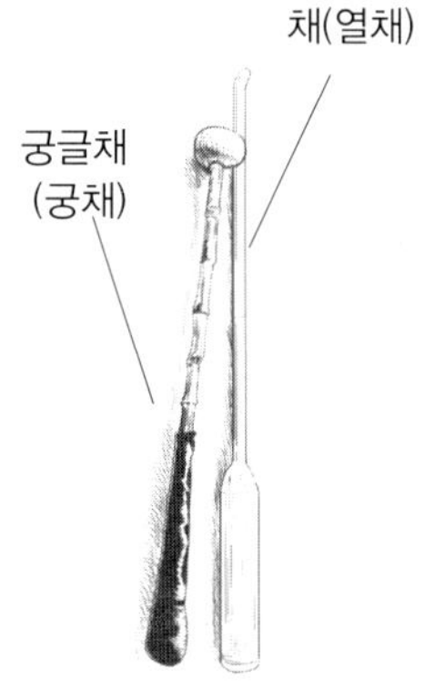

장구채

장구는 우리나라 북계통의 악기를 대표하는 장단(리듬)악기이다. 일명 세요고라고도 하며, 고려 때부터 사용한 모든 음악에 광범위하게 쓰이는 타악기이다. 장구는 가죽이 얇고 높은 소리를 내는 채편과 가죽이 두껍고 낮은 소리를 내는 궁편(북편)이 있다. 오동나무로 된 장구통 위에 채편과 궁편 사이를 줄로 연결시키고 그 줄은 가죽으로 된 조이개(부전)로 연결되어 있다. 조이개는 장구 소리의 음량(강 · 약)을 조절하는 역할을 한다.

장구의 오른쪽은 오른손으로 채(열채)를 잡고, 왼쪽은 왼손으로 궁글채(궁채)를 잡고 친다.

장구는 사용 용도에 따라 앉아서 치기도 하고, 끈으로 묶어서 어깨에 메고 서서 연주하기도 하며 자연의 비유에서는 비로 비유되기도 한다.

※ 유아용 타악기인 장구, 북, 징, 바라 등은 정성자 교수의 활동 이후부터 유아용으로 제작되기 시작했다.

(1) 장구 관리법

어린이용 장구는 일반 장구의 규모를 작게 하여 제작되었다. 어린이용 장구는 국악동요와 리듬합주, 전래놀이와 리듬합주, 장구놀이, 장구 합주, 민요와 장구놀이, 장구춤, 사물놀이, 풍물놀이 등에서 광범위하게 활용된다.

유아 · 아동의 장구놀이는 성인위주의 기교를 탈피하고 어린이의 성장발달에 맞는 신체적 표현(춤 동작)을 중심으로 지도해야 한다. 기교위주의 장단보다는 박자의 원 박을 다양하게 변형하여 몸동작으로 표현할 수 있는 호흡법을 중심으로 교육하여야 한다.

장구는 양악 리듬악기와 함께 소리의 유사성으로 지도하는 것도 바람직하다. 양악 리듬악기와 국악기의 자연스러운 병행지도법은 어린이에게 친밀감과 리듬악기의 소리 분별력을 가져다주며, 국악동요의 리듬합주에 같이 병행하여 연주함으로써 다문화시대의 공통적인 점을 찾을 수 있다.

※ 악기 소리의 유사성은 리듬합주에 많이 활용되고 있음.

가. 채편과 궁편의 분별방법

① 채편 : 가죽이 얇고 높은 소리
줄 조이개를 올리는 쪽(오른쪽)
표현방법—엄마의 높은 목소리, 양손 높이 들기, 높이 뛰기, 양볼 치기

② 궁편 : 가죽이 두껍고 낮은 소리
줄 조이개를 푸는 쪽(왼쪽)
표현방법—아빠의 낮은 소리, 양손에 낮게 들기, 낮게 뛰기, 배치기

※ 오른쪽(채편)과 왼쪽(궁편)을 쳐봄으로 소리의 음색을 이해하고 느낄 수 있도록 한다.

나. 장구의 관리와 보관방법

모든 악기가 그러하듯이 장구도 쓰는 사람이 어떻게 관리를 요령 있게 하느냐에 따라서 악기의 손상이 적어질 수 있다. 특히 어린이들에게는 장구 치기 이외에도 악기를 관리하는 방법, 쓰는 방법을 정확히 알려 주어야 장구수업을 차질 없이 진행할 수 있기 때문이다.

1 장구 집(케이스)에 보관하는 방법

장구의 보관법에는 장구대를 만들어 그 위에 진열하거나, 바닥제를 깔고 그 위에 놓거나, 장구 집에 넣은 채로 보관하는 방법이 있다. 장구 집에 넣고 보관할 경우는 연주

장구 보관방법

가 끝난 후 악기를 장구 집에 넣고 채는 채집에 넣어서 지퍼를 다 채운 후 손잡이를 들고 가서 그대로 세워서 정리한다. 이때는 장구를 차례로 배열한 후 장구 뚜껑 지퍼를 반드시 2/3정도 열어 놓아야 공기가 통해 악기의 부패를 막을 수 있다.

2 장구를 꺼내서 보관하는 방법

장구를 보관하는 것은 원(현장) 상황에 따라 많은 차이가 있다. 공간이 좁을 경우에는 밑바닥에 두툼한 습기제거용 바닥재를 깔고 그 위에 장구를 차례로 놓는 방법이 있다. 이럴 경우에는 두꺼운 북면이 아래로 깔리게 하는 것이 좋다. 좁은 공간을 효과 있게 사용하는 방법이기도 하다.

주의점

- 장구 대를 짜거나, 바닥재를 깔고 놓을 경우는 어린이의 키를 참고하여 높이를 조절하여야 한다. 교사가 직접 정리할 경우는 높여도 가능하다.
- 정리된 악기를 갖고 올 경우에는 반드시 장구 지퍼를 채운 후 들고 온다.
- 장구 집에 넣은 상태에서 보관할 때는 통풍이 잘 안 되기 때문에 햇볕을 자주 쐬어 주는 것이 좋다.

3 채와 궁채 보관하는 방법

오른쪽의 채와 왼쪽의 궁채는 채통에 같이 넣어 보관할 수 있다. 그러나 분별상 따로 보관하는 것이 좋다. 보관함이나 바구니 등에 열채, 궁채로 크게 써 붙여서 사용한다. 이러한 보관방법은 어린이들에게 다시 한번 채에 대해 익힐 수 있는 시간이 되기 때문에 효과적인 방법이라 할 수 있다.

다. 장구 드는 방법

어린이들이 장구수업을 할 때 장구를 어떻게 들게 해야 될지 교사들이 난감할 때가 많다. 어린이들이 장구를 들고 무대나 교실에 들어올 때 잡는 부분이 대부분 장구 줄이나 장구피를 잡고 나올 수 있다. 그러나 장구 줄을 잡을 경우는 줄이 늘어나 소리에 나쁜 영향을 줄 수 있고, 장구피를 잡는 경우는 장구에 부딪치고 넘어질 수 있기 때문에 안전한 방법은 장구의 몸통 사이, 즉 조롱목을 오른손으로 깊게 넣어 잡고 허리에 받쳐서 이동하는 것이 가장 안전하다고 할 수 있다. 이때에는 조이개가 풀린 상태에서 조롱목을 잡아야 한다.

장구 드는 방법

(2) 연주법

가. 앉는 자세

앉아서 장구를 치는 자세는 장구의 타법과 연주방법이 성인과는 조금 달리 양반다리(아빠다리)를 하고 왼발 끝으로 오른쪽 채편의 안쪽을 받혀주고 왼쪽 무릎은 장구 사이에 넣고 앉는다. 오른쪽 무릎은 장구 치기에 불편하지 않도록 뒤로 많이 벌려준다.

장구 집은 장구 위의 뚜껑을 방석으로 사용해서 앉고 장구 집 몸통은 장구가 굴러가지 않게 받침대로 활용하여 그 위에 장구를 놓고 친다.

연주 시에는 줄의 조이개를 올리고(조이고) 끝났을 때는 조이개를 반드시 왼쪽으로 내린다(푼다).

나. 장구채(열채와 궁채 잡기)

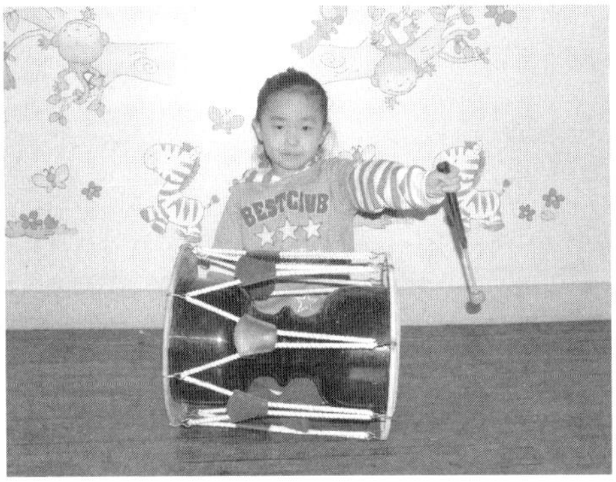

궁채 잡는 법

채 잡는 법

- 채편은 반질하게 깎인면이 안쪽으로, 바깥쪽은 대나무 색 모양으로 된 면이 바깥쪽으로 가게하고 엄지로 안쪽을 누르고 2, 3, 4, 5번 손가락은 바깥 면에서 엄지를 받쳐주듯이 잡는다.
- 궁편은 엄지와 식지 사이에 수직으로 궁글채를 넣어서 엄지와 소지를 안쪽으로 2, 3, 4번 손가락은 바깥쪽으로 감싸주듯이 잡는다.

※ 작품 참고 : 채편, 궁편을 활용한 장구놀이
장구 호흡법(정성자, 2000, 어린이 국악작품집)

(3) 프로젝트 접근법의 준비과정

프로젝트 접근법은 사람 개인의 지적능력을 다양한 영역으로 설정하여 활용하는 학습방법이라 할 수 있다. 배울만한 가치가 있는 주제를 정하고 어린이들이 그 주제를 갖고 관심과 흥미로 궁금해서 알고 싶어하는 방향으로 나가는 다양한 탐색활동, 즉 지식을 심화시켜 주는 활동과정이라 할 수 있다. 교사는 주제망 예비구성이란 프로젝트 활동에 들어가기 전에 프로젝트 준비단계에서 교사 나름대로 주제에 관한 모든 생각을 나름대로 조직하여야 한다(지옥정, 2000).

국악교육에서는 어린이들이 직접 치고 홍겹게 다룰 수 있는 리듬타악기인 장구와 꽹과리, 북, 징 등을 여러 가지 활동과정으로 실행할 수 있도록 예상하여 예시해 보기로 한다.

1 주제 : 장구

2 활동의 교육적 효과

- 우리나라 악기를 접해봄으로 친근감을 느낀다.
- 악기 이름을 안다.
- 가죽소리의 느낌을 안다.
- 장구의 모양을 이해한다.
- 쓰이는 곳을 알 수 있다.
- 악기 재료를 알 수 있다.
- 장구의 장단을 알고 연주할 수 있다.
- 장구의 보관방법을 알 수 있다.

3 주제망 짜기

〈브레인스토밍〉

*가죽소리 *구음(덩(떵), 쿵, 덕, 더러러, 기덕) *정간보 *리듬보 *빗소리 *높은 소리 *낮은 소리 *사물놀이 *둥글다 *길다 *깍쇠 *마당 *공연장 *농촌 *말굽 소리 *쿵소리(북소리) *사람 *장구채(궁채, 열채) *가죽(소가죽, 개가죽, 말가죽) *장구장단(굿거리장단, 세마치장단, 자진모리장단, 별달거리장단, 오방진장단, 동살풀이장단, 단모리장단, 인사장단, 난타) *재미있다 *홍겹다 *장구춤 *어깨춤 *서서 치기 *앉아서 치기 *발표회장 *행사장 *바지, 저고리(사물복) *옷색깔(검정, 빨강, 파랑, 흰색, 노랑) *풍물놀이 *세요고 *조롱목 *부전(조이개) *절구통 *모래시계 *컵라면 *거미줄 *회초리 *꽹과리 *징 *북 *소고(춤) *딱딱하다 *가죽느낌 *한복 *전래동요 *민요 *국악동요 *장고 *쇠철 *끈 *나무(오동나무, 소나무, 미루나무, 대나무) *장구색깔(아이보리

색(엷은 살색), 갈색, 나무색) * 채편 * 원철(테) * 장구통 * 테두리

〈유목화〉

연주법	앉아서 치기, 서서 치기
느낌(악기 연주)	딱딱하다, 가죽, 느낌, 재미있다, 흥겹다, 어깨춤이 저절로 난다, 시끄럽다
의상	한복, 바지, 저고리(사물복)
음악(쓰임)	사물놀이, 풍물놀이, 전래동요, 민요, 국악동요
입소리(구음)	덩(떵), 쿵, 덕, 기덕, 더러러러, 따
다른 이름	세요고, 장구(고)
재료	나무(오동나무, 소나무, 미루나무, 박달나무, 대나무(채)), 가죽(양가죽, 개가죽, 소가죽), 쇠철, 줄, 끈,
장소	공연장, 마당, 농촌, 발표회장
장단	굿거리, 세마치, 자진모리, 단모리, 인사장단, 별달거리, 난타, 오방진, 동살풀이
색깔	옷색깔(검정, 흰색, 빨강, 파랑, 노랑), 장구색깔(갈색, 아이보리색(엷은 살색), 나무색)
닮은꼴(모양)	모래시계, 절구통, 회초리, 뚜껑, 컵라면, 거미줄, 둥글다, 길다
소리	말굽소리, 빗소리, 쿵소리(북소리), 높은 소리, 낮은 소리, 가죽소리
구성	장구채(열채, 궁채), 조롱목, 부전(조이개), 줄, 궁편, 채편, 장구통,
사물, 풍물놀이 악기	꽹과리, 징, 북, 소고(춤), 장구, 태평소
비유	비(소리)
악보	정간보, 리듬보

사람	장구잽이
타법	복판치기, 변죽치기, 궁편치기

〈주제망〉

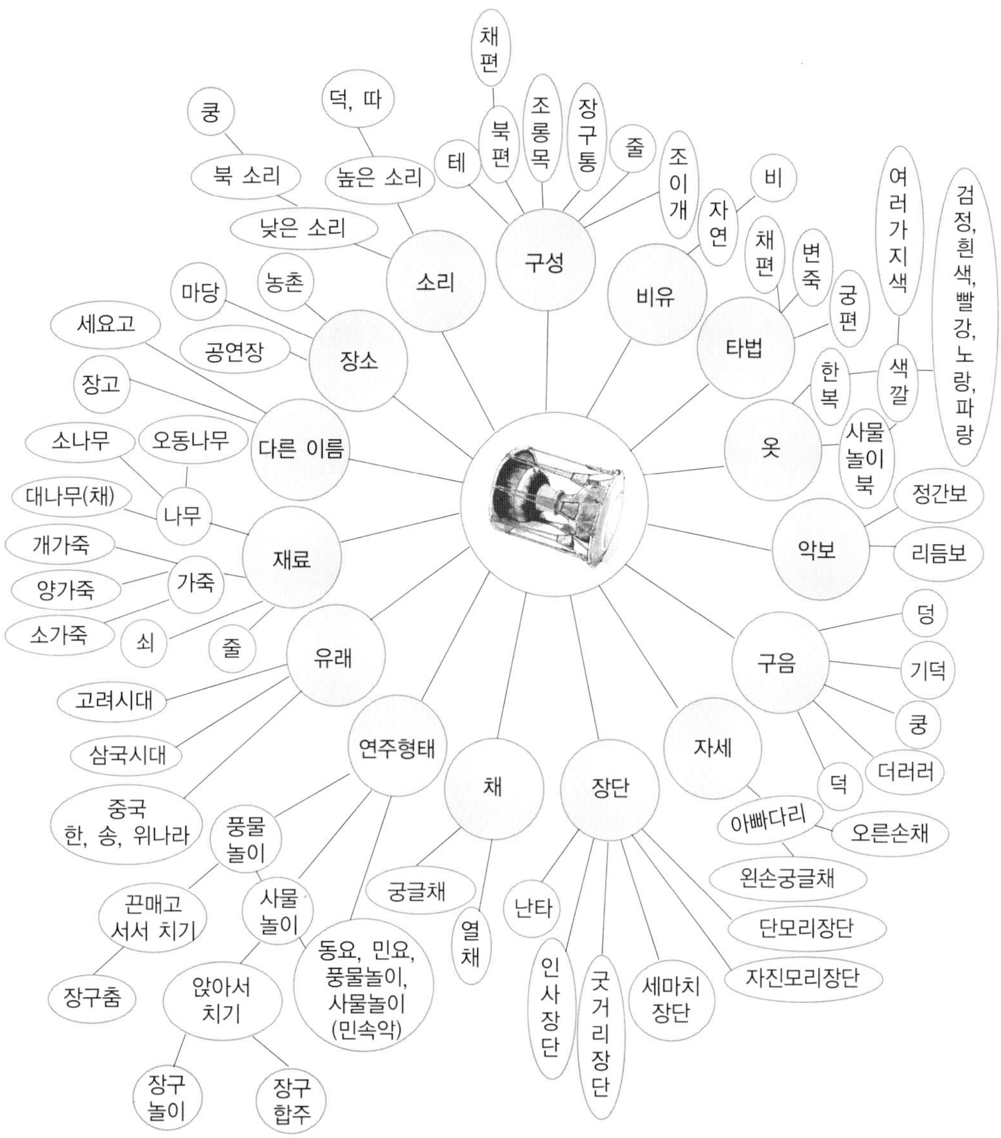

4 질문 목록 작성하기

- 장구는 어떤 소리가 날까?
- 장구는 오른손과 왼손에는 무엇을 들고 치나요?
- 가죽은 무엇으로 만들었을까?
- 나무는 어떤 나무일까요?
- 장구줄 위에 달려 있는 것은 무엇일까요?
- 장구의 입소리는 어떻게 소리날까요?
- 장구는 어떻게 보관해야 할까요?
- 장구채는 왜 두 개가 다르게 생겼을까요?
- 장구는 언제부터 만들이지고 사용되었나요?
- 북편과 채편의 소리가 왜 다른가요?
- 어디서 파나요?
- 조이개는 왜 조이고 풀까요?
- 왜 장구를 보관해야 하나요?
- 장구는 왜 절구통모양일까요?
- 어떤 옷을 입고 연주하나요?
- 공연이 무엇인가요?
- 공연은 어디에서 하나요?
- 장구를 잘 치려면 어떻게 해야 하나요?
- 장구의 친구들은 누구일까요?, 양악 리듬악기에서 비슷한 악기는 무엇일까요?
- 장구의 크기는 다 똑같은가요?

5 사물악기 및 소고 영역별 학습내용

건강생활

- 연주를 통해 소근육 대근육의 발달에 도움을 준다.
- 연주를 통해 눈과 손의 협응력을 기른다.
- 오른손(채), 왼손의 채(궁채)를 사용함으로써 좌 · 우의 뇌발달을 가져다 준다.
- 오른손 채를 사용하여 타점을 보고 연주함으로써 특히 좌뇌의 발달을 가져다 준

다. (북, 징, 꽹과리, 소고)

- 연주를 통해 즐거운 마음을 갖는다.
- 장단과 호흡을 몸으로 느낌으로써 몸의 균형유지를 갖게 된다.
- 자유롭게 움직임으로써 신체의 조절능력을 기른다.

표현활동

- 악기를 통해 자신의 느낌을 자유롭게 표현한다.
- 장구의 다양한 장단을 표현한다. (채편 치기, 궁편 치기, 채편 돌리기, 궁편 돌리기, 양손 올리기, 어깨춤 추기, 밀고 당기기 등)
- 악기의 다양한 동작을 표현한다. (징, 꽹과리, 소고, 북－장단별, 소리별 다른 동작을 표현한다.)
- 장단의 호흡법을 알 수 있다.
- 채편의 변죽과 복판을 사용할 수 있다.(장구)
- 타법을 알 수 있다.
- 강박과 약박의 흐름을 나타낸다.
- 악기의 모양을 그림과 만들기를 통해 창의력을 나타낸다.
- 악기가 되어 표현해 볼 수 있다.
- 악기를 연주하면서 동물들의 속도나 소리 등을 표현할 수 있다.
- 동화를 듣고 극놀이로 표현해 본다.
- 악보를 보고 연주 할 수 있다.

사회생활

- 연주 시 칠 때와 동작할 때, 쉴 때의 규칙을 알 수 있다.
- 친구들과 함께 연주하면서 협동심을 기른다.
- 연주 시에는 연주에만 집중할 수 있는 공동규칙을 지킨다.
- 악기놀이를 통해 사회성을 기른다.
- 우리나라 음악에 관심을 가진다.
- 우리나라 악기를 사랑하는 마음을 기른다.
- 연주를 통해 친구를 이해한다.

- 동극을 통해 친구와의 협동심과 개인차를 이해한다.
- 연주를 통해 애국심을 기른다.
- 연주를 통해 자아존중감을 기른다.

언어생활

- 악기의 부분 명칭을 알 수 있다.
- 악기의 구음(입소리)을 알 수 있다.
- 동화를 통해 이야기 나누기를 한다.
- 악기에 대해 설명할 수 있다.
- 악기에게 편지 쓰기를 통해 쓰기 능력을 기른다.
- 악기에 대한 이야기 나누기를 통해 의사소통 능력을 키운다.
- 구음을 통해 말하기 능력을 돕는다.
- 악기별 삼행시 짓기를 통해 글자에 대한 관심과 글짓기 능력을 기른다.
- 브레인스토밍 질문작성을 통해 창의적 사고를 기른다.
- 장르별 연주를 통해 어휘력을 향상시킬 수 있다.

탐구생활

- 악기의 소리를 분별한다.
- 채편과 궁편의 소리를 분석한다(장구).
- 장구피 둘레를 측정해본다.
- 악기 소리와 비슷한 양악 리듬 악기를 탐색한다.
- 소리의 크기(진동)를 탐색한다.
- 몸통(나무통)의 울림을 탐색한다(장구)
- 채와 가죽이 몇 개인지 수학적 탐구력을 기른다.
- 모양은 어떻게 다른지 과학적 탐구력을 기른다.
- 장구소리와 쇳소리와의 차이점을 탐색한다.
- 악기와 비슷한 소리 찾기를 한다.
- 반복되는 구음과 장단을 통해 리듬의 형태를 이해한다.
- 악기와 대체되는 물건 찾기를 한다.

- 악기를 연주해 보고 진동의 차이점을 느낀다. (징, 꽹과리)
- 악기를 만져보고 느낌을 말할 수 있다.
- 양악 리듬악기와 소리의 유사성을 찾아본다.
- 퍼즐 맞추기(사물악기 그림)

(4) 동화

국악동화

행복한 장구나라

옛날 옛날에 왼쪽방향을 향하고 있는 궁나라와 오른쪽방향을 향하고 있는 덕나라가 평화롭지 않게 살고 있었답니다.

궁나라는 "우리나라의 쿵소리가 세상에서 가장 아름다워!"

덕나라는 "우리나라의 덕소리가 세상에서 가장 아름다워!" 하며 서로 소리싸움을 했답니다.

그런데 궁나라의 왕이 "어떻게 하면 우리들이 서로 싸우지 않고 평화롭게 살 수 있을까?" 생각하다가 덕나라의 왕께 먼저 평화협상을 제의하려고 결심을 하고 궁나라의 왕자를 평화협상 사신으로 보내기로 하였습니다. 그런데 조롱목이라는 움푹 패인 강이 있어 건너가기가 어려웠답니다. 그러나 다행히 부전이란 배가 있었습니다. "제가 부전(조이개)이라는 착한 배인데요 저를 타고 가세요. 저는 여덟 척의 배인데 모두 건너가야 아름다운 목소리를 낼 수 있답니다." 하고 씩씩한 소리로 말하였습니다. 왕자님은 얼른 부전(조이개)이라는 배를 타고 '조롱목'이라는 강을 열심히 건너

갔습니다.

쿵쿵쿵쿵 아름다운 노래를 부르며 덕나라에 배가 도착하였습니다. 궁나라 사신들은 숨을 죽이며 조용한 덕나라 왕을 불러 보았답니다.

"쿵쿵쿵쿵 덕나라 대왕님 계세요?" 목소리가 작았는지 덕나라에서는 아무도 소리를 알아듣지 못했답니다. 또 "쿵쿵쿵쿵" 아름다운 노래를 부르며 덕나라에 배 두 척이 도착하고 또 그렇게 여덟 척의 배가 모두 도착하여 덕나라에 다다랐습니다.

숨을 가다듬고 큰소리로 "쿵쿵쿵쿵 궁나라 왕자님입니다. 덕나라 대왕님을 찾아뵈러 왔습니다."

"어서 오세요!" 하고 큰소리가 들려 쳐다보니 바로 덕나라 왕이었습니다.

굵고 허스키한 목소리로 궁나라 왕자님은 덕나라 대왕님께 "사실은 우리가 서로 잘난 목소리를 함부로 떠들고 싸움을 해서 다른 나라에 피해가 간다는 것을 알게 되었습니다. 죄송하지만 궁나라의 아버지 같은 목소리와 덕나라의 어머니 같은 목소리가 만나 아름다운 나라 하나 만들면 어떨는지요?"라고 말했답니다.

"예! 그거 참 좋은 의견이군요. 우리 그럼, '덩'이라는 나라를 만들어 행복하게 살아 봅시다."

"그것 참 좋군요" 그래서

궁나라 왕과 덕나라 대왕님은 행복한 나라 '덩나라'를 만들어 "궁나라 사랑해! 덕나라 사랑해! 행복한 덩나라 사랑해!" 하며 행복하게 아름다운 목소리를 자랑하며 살았답니다.

※ 이 이야기는 저자가 20여 년 전에 수업시간을 통해 자주 예를 들어 사용한 동화이야기를 재구성함. 지금은 많은 강사들이 활용하고 있음.

질문하기

- 덕나라의 소리는 어떻게 날까요?
- 궁나라의 소리는 어떻게 날까요?
- 궁나라에서 덕나라로 갈 때 타고 간 배의 이름은 무엇일까요?
- 궁나라와 덕나라 사이에 있는 강의 이름은 무엇일까요?
- 궁나라와 덕나라가 평화협상을 해서 만든 나라의 이름은 무엇일까요?

(5) 내 이름은 장구(국악동요)

가. 악보소개

쉽게 부를 수 있는 음률로 '장구' 라는 악기의 특징을 내용으로 한 악보를 제시하여 음률을 익힌다.

장 구

정성자 작사 · 작곡

나. 노래 익히기(국악동요 '장구')

- 피아노 반주로 재미있게 불러본다. 또는 음악 CD를 들려준다.
- 허밍 음으로 따라 불러본다.
- 가사의 내용(운지법과 장구 소리)을 이해하며 불러본다.
- 팀별로 주고 받기를 하며 국악동요를 학습한다.

다. 노래에 따라 악기 치면서 율동하기

장구 치기 (리듬에 맞게 치기)	– 덩덩덕덕 쿵덕덕 – 채편소리 덕덕덕 – 궁편은 쿵–쿵 – 같이 치면 덩–덩덩 – 덩덕쿵 장구 소리
율동	– 오른손에 채들고 : 오른손 앞으로 내어 흔들면서 채를 위로 높이 든다. – 왼손에는 궁글이채 : 왼손 앞으로 내어 흔들면서 왼손 궁채를 위로 높이 든다. 〈나머지 부분〉 양팔 벌려서 흔들기, 양팔 위로 올리고 흔들기

(6) 나는 어떤 악기일까요?

가. 수수께끼놀이

국악기중 어떤 악기인지 수수께끼를 통하여 호기심과 흥미를 높인다. 악기의 특성을 이해하고 수수께끼놀이를 통해 어휘력을 향상시키고 사고력을 높인다.

- 나는 앉아서도 서서도 칠 수 있어요!
- 나는 몸통이 빨간색도 있고 나무색도 있어요!

- 내 소리를 들으면 어깨춤을 추는 사람이 많이 있어요!
- 나는 왼손엔 방망이를 들고 오른손엔 날씬하고 길쭉한 채를 들어요!
- 나는 왼손방망이로 소리를 내면 낮은 소리가 나고 오른손 채로 치면 높은 소리가 나요!
- 나는 운우풍뢰(雲雨風雷)중에서 우(雨), 즉 빗소리에 속하지요!
- 내 몸 가운데는 날씬한 날씬한 허리가 있고 양옆은 둥근나무로 연결되어 있어요!
- 나는 왼쪽 가죽과 오른쪽 가죽 사이에 줄로 이어져 있어요!

나는 누구일까요?

나. 탐색놀이

개인별, 그룹별로 탐색시간을 가지며, 준비된 탐색상자나 커튼 또는 눈가리개 등으로 숨기는 악기 탐색시간을 가진다.

간단한 탐색시간을 통해서 어린이들에게 악기 모양과 색깔, 촉감, 음색 등을 알아보게 한다.

- 교사가 장구 소리를 쳐주고 소리를 알아맞힌다.
- 소리를 기억하고 촉감놀이로 장구를 만져 보고 알아맞힌다.
- 탐색물건이 무엇인지 확인한다.
- 직접 연주해 본다.
- 자유선택 활동시간에 그림 그리기와 만들기 놀이로 연결하여 확장수업을 할 수 있다.

(7) 놀이활동

가. 장구 악보 익히기

신체활동을 통한 악보 익히기

- 덕 · 쿵 · 덩 놀이활동 -

장구는 오른손으로 채를 잡고 치는 채편이 있고 왼손으로 궁글채를 잡고 치는 궁편이 있고 오른손과 왼손을 같이 치는 덩(합장단)이 있다. 이에 대한 자세한 설명을 한 후 다음과 같이 악보로 연결 지도한다.

〈악보〉

리듬보	♪ (줄 위)
정간보	[|]
구음	덕

※ 유의점 : 반드시 리듬보와 정간보를 병행하여 유사성으로 지도하면 외울 필요 없이 이해하기 쉽다. (눈으로 보고 확인하는 시각적 교육)

※ 구음(口音)이란 장구의 입소리를 말한다.

- — 줄은 장구의 오른손과 왼손의 경계선 표시
- — 위에 음표가 있으면 오른손으로 장구 치기 (채편)
- 리듬보는 줄긋고 위에 리듬이 있기 때문에 (♪)에 오른손임을 알고 오른손에 든 채를 확인하게 한다. (반대로 — 밑에 리듬이 있으면 장구의 왼손임을 인지시킨다.)

T : 자!! 오른손에 든 것이 장구채인데 채의 모양은 어떻게 생겼나요?

C : 길어요. 일자모양이에요.

T : 그래요. 이 채는 | 모양으로 생겼죠? 그래서 정간보에도 | 를 넣으면 오른손 채로 치는 표시에요.

C : 와!! 모양이 같다.

T : 그럼 구음으로는 덕이라고 해요. 다 같이 말해 볼까요?

리듬보	♪ (줄 밑)
정간보	[○]
구음	쿵

T : 이번엔 — 을 긋고 음표가 줄 밑에 있네요? 그럼 장구의 오른손일까요 왼손일까요?

C : — 밑에 있으니까 왼손이요.

T : 그럼 정간보에 부호를 넣어야 되는데 왼손에 들고 있는 궁글이채 끝 모양이 어떻게 생겼어요?

C : 둥글게 생겼어요!! 동그래요!!

T : 맞아요. 그럼 정간보 □안에 동그라미를 그려볼까요?

C : 와~ 왼손모양이네.

T : 그래서 왼손으로 치는 거예요. 그럼 장구 입소리는 어떤 소리가 나죠?

C : 쿵이요!!

리듬보	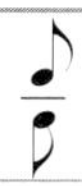
정간보	
구음	덩

T : 그럼 오른손과 왼손으로 치는 악보를 아니까 이번엔 같이 합치면 어떻게 되는지 볼까요? 어! 이번엔 줄 위에도 음표가 있고, 아래에도 음표가 있네.

그럼 이것은 어떻게 쳐야할까?

C : 오른손, 왼손 같이 쳐요!!

T : 맞아요!! 줄 위, 아래에 리듬이 있으니까 오른손, 왼손 같이 치는 거예요. 그럼 정간보에 이 부호를 옮기면 어떻게 될까요?

C : 오른손, 왼손 같이 그려요.

T : 그럼 오른손부터 │모양을 그리고, 왼손 ◯모양을 그리면 ⦶가 되네?

C : 네!! 맞아요!!

T : 잘했어요!. 그럼 장구 입소리는 어떻게 소리 날까요?

C : 덩이요.

T : 맞아요. 잘했어요.

리듬보	
정간보	
구음	더러러

※ 원래 기본법은 인데 어린이에게는  세 개를 그어서 통일시킨다. (설명 참고) 구음과 정간보도 '더러러'로 통일한다. (수업을 쉽게 하기 위한 교사와 어린이와의 약속)

T : 이번에는 좀 다른 음표친구에요. 조금 전 친구와는 다르게 생겼는데 어디가 다를까요?

C : 줄이 그려져 있어요.

T : 맞아요. 몇 개의 줄이 있죠?

C : 세 개요.

T : 그럼 오른손, 왼손 중에 어떤 손으로 치는 걸까요?

C : 오른손이요.

T : 네. 맞아요. 오른손으로 장구를 치는 건데 줄은 치는 횟수, 즉 몇 번 치느냐를 나타내는 거예요. 그럼 오른손을 몇 번 치는 걸까요?

C : 세 번이요.

T : 맞아요. 오른손을 세 번 치는 건데 짧게 세 번 치는 거예요.

그럼 장구 입소리는 어떻게 소리 날까요?

C : 더러러요.

T : 아주 잘했어요!!

리듬보	
정간보	
구음	넘김쿵

T : 어! 이번엔 화살표 표시가 있네? 화살표 표시는 무슨 뜻일까?

C : 잘 모르겠어요.

T : 화살표는 방향을 가리키는 거에요. (방향쪽으로 가라는 뜻이에요.)

C : 네.

T : 그럼  표시는 오른쪽으로 넘어가라는 뜻이겠죠?

C : 네.

T : 그럼 어떤 손이 오른쪽으로 넘어가야 할까요?

C : 왼손이요, 오른손이요.

T : 이 화살표 표시는 왼손, 즉 궁편이 오른쪽 채편으로 넘어가라는 표시에요.

C : 아~ 그렇구나.

T : 우리 다 같이 왼손을 오른쪽으로 넘겨볼까요?

C : 네!!(다 같이 넘겨보기)

T : 그리고 이 표시의 장구입소리는 쿵을 넘기라고 해서 넘김쿵이라고 해요.

나. 과일 이야기와 악보 부호

정간보와 구음에 대해 흥미를 느낄 수 있도록 어린이들이 좋아하는 악보부호와 비슷한 모양의 과일과 연결하여 연상교육으로 지도한다.

국악동화를 통한 악보 익히기
– 과일 이야기 –

옛날 과일나라에서는 배, 체리 귤, 바나나가 살고 있었어요. 그들은 노래하기를 무척 좋아 했답니다 넷이 함께 모이면 자기들의 이름으로 노래를 지어 덩, 기덕, 쿵, 덕, 더러러로 부르곤 하였어요.

그러던 어느 날 배 친구가 우리만 재미있게 노래 부르지 말고 이웃 친구들에게도 알려주자 라고 배가 말했어요. 이 말을 들은 친구들은 자신의 얼굴을 그려놓은 칸 안의 악보를 만들었어요.

		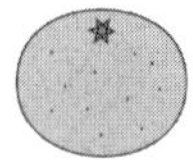	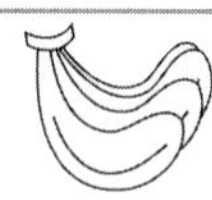	
배(⦶)	체리(ⅰ)	귤(◙)	바나나(┆)	오이(│)

야! 너무 너무 우리의 모양과 비슷하다. 그런데 체리야 너는 왜 거꾸로 서 있니! 으응! 부호와 비슷하게 하려고 일부러 이렇게 서 봤어. "정말 너는 똑똑해"하고 귤이 칭찬해 주었어요.

배는 네 개의 과일보다 크고 꼭지가 있어 강박인 첫 박에 '⦶', 체리는 배보다 작고 꼭지가 있어 'ⅰ'으로(체리를 거꾸로 세운 모양), 귤은 동그라니 ◙, 바나나는 ┆으로 오이는 │으로 약속을 정했어요.

(그림카드를 제시한 후 보드에 붙인다.) 그리고 예쁜 이름도 붙여 보았어요.

'덩(⦶), 쿵(◙), 기덕(ⅰ), 더러러(┆)' 라고 말입니다. 그리고 각자의 방까지 □을 만들어서 그 칸에서 각자의 소리를 아름답게 불러 보았어요. 그리고 그들은 이웃 참외에게 악보를 만들어서 보내기로 했어요.

그들이 이웃 참외에게 보낸 악보는 아래와 같이 생겼어요.

배		체리	귤	바나나		귤		체리	귤	바나나	
⦶		ⅰ	○	┆		○		ⅰ	○	│	
덩		기덕	쿵	더러러		쿵		기덕	쿵	덕	

참외는 악보 그림을 보고 쉽게 따라 불렀습니다.

과일나라의 친구들은 늘 행복했고 즐거운 노래를 부르며 세상 사람들의 아픔을 치료하는 봉사자들이 되었답니다.

1 교구제작

- 이야기에 나오는 과일들의 모양판과 굿거리장단 판을 만든다.
  어린이들은 응용을 통해 장단을 쉽게 익히고 또한 다음단계로 동화 짓기를 응용함으로써 창의력과 말하기를 통한 언어, 생각, 느낌의 발달이 최대한 어린이들의 사고력을 향상시킬 수 있다.
- 그림 카드와 과일 악보, 정간보를 제작한다.

2 활동내용

- 어린이들에게 이야기를 통해서 자연스럽게 정간보와 구음에 익숙해질 수 있도록 지도한다.
- 교사가 굿거리장단에 맞춰서 장구를 치며 구음을 불러주면 더욱 좋다.
- 인체놀이 활동 : 손뼉치기, 발구르기, 책상 치기 등을 활용하여 장단을 친다.
  (구음은 반드시 부르면서)

3 확장활동

- 과일뿐만 아니라 여러 국악기 또한 서양 리듬악기를 적용한다.
- 여러 가지 장단을 활용한다. (세마치, 자진모리, 단모리 등)
- □을 사용하여 여러 가지 다양한 박자를 활용(1칸~3칸)하여 박자개념을 익힌다.
  예 ⦶, ⦶□, ⦶□□
- 칸(□)안에 악보부호 대신 어린이들이 좋아하는 다양한 모양 형태를 칸 안에 넣어 박자개념을 익힌다.

정간보 교구

다. 모양이 비슷하네요 !

[세마치장단의 악보]

세마치장단의 악보를 활용하여 부호와 비슷한 모양을 어린이들이 좋아하는 과일과 채소를 통해 비슷한 부호로 연상시켜 자연스러운 악보부호 익히기 수업으로 연결한다.

- 세마치장단에 맞는 과일 그림 스티커 붙이기

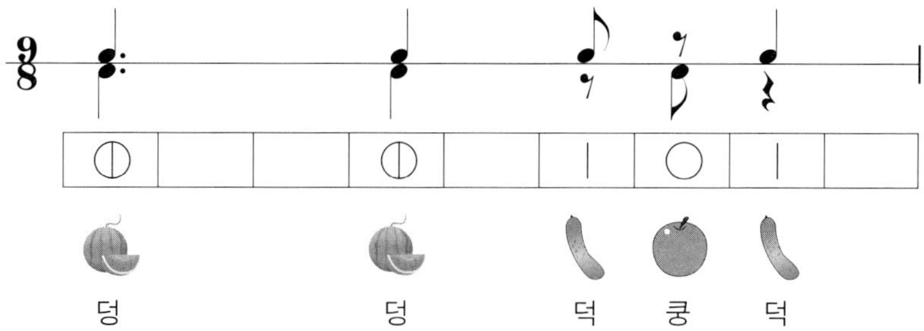

[과일 · 채소 수수께끼]

- ⦶와 비슷한 모양의 과일과 채소는 어떤 것들이 있을까요?
- ｜과 비슷한 모양의 과일과 채소는 어떤 것들이 있을까요?
- ○과 비슷한 모양의 과일과 채소는 어떤 것들이 있을까요?
- 과일 이외의 물건(시계, 젓가락, 접시, 스픈, 소시지)은 어떤 부호와 비슷할까요?

[부호와 비슷한 과일]

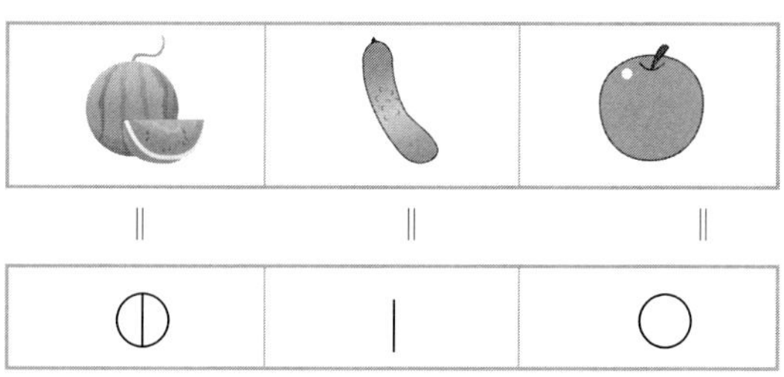

[확장활동]

굿거리, 자진모리, 단모리장단에 과일 스티커 붙이기

[비슷한 물건 찾기]

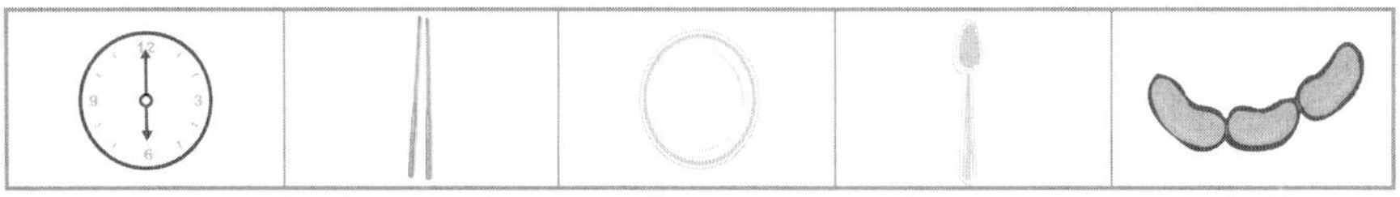

시계(6시 방향)	젓가락	접시	수저	비엔나 소세지
‖	‖	‖	‖	‖
⦶	│	○	ｉ	¦
덩	덕	쿵	기덕	더러러

라. 정간보 박자 익히기

1 과일이 몇 개일까요?

정간보(□) 1칸에 과일이 하나 있으면 1박, 2개 있으면 2박, 3개 있으면 3박의 개념으로 지도한다.

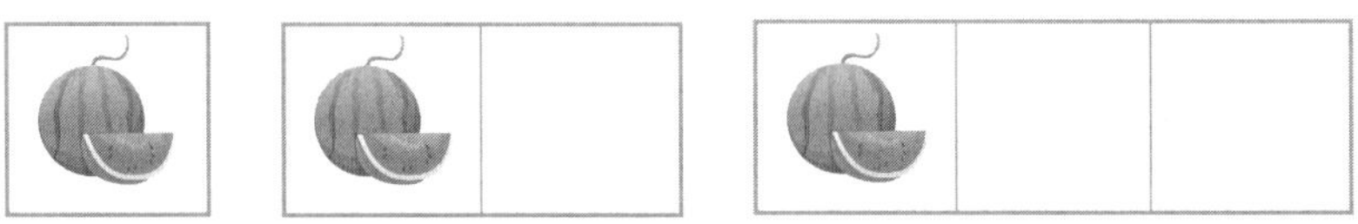

수박 한칸 =1박자	수박 두칸 =2박자	수박 세칸 =3박자

[확장활동]

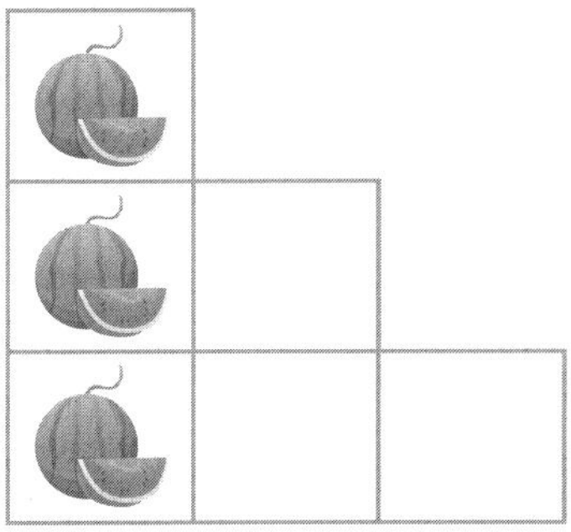

⦶ : 덩이 한 박자

⦶ : 덩이 두 박자

⦶ : 덩이 세 박자

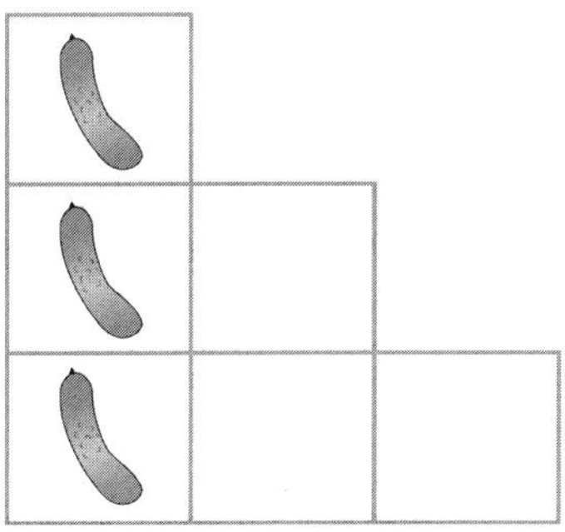

| : 덕이 한 박자

| : 덕이 두 박자

| : 덕이 세 박자

※ 각 박자별 와 도 같은 방법으로 지도한다.

2 즐거운 한삼놀이

- 한삼놀이의 활동으로 정간보를 익힐 수 있다
- 바닥에 어린이들이 발로 뛸 수 있는 놀이판 2개를 만든다.
- 각 부호와 구음이 쓰여 있는 카드를 찍찍이 카드로 만든다. (자유자재로 활용할 수 있도록)
- 왼쪽과 오른쪽에 있는 부호와 구음이 일치하도록 한다.

  예 ⦶ – 덩, ◎ – 쿵, | – 덕
- 한삼을 준비한다. (색깔을 달리 사용해도 무방함)

|	
○	
⦶	
|	
○	
¦	
부호놀이판	

	덕
	쿵
	덩
	덕
	쿵
	더러러러
구음놀이판	

[활동방법 : 5~6세]

- 어린이들은 2팀으로 나누어 장구의 입소리를 크게 말하면서 바닥에 있는 놀이판을 디딘다. (부호놀이판, 구음놀이판)
- 교사는 한삼을 활용해서 아래와 같이 신호를 한다.
- '덩' 은 양팔 벌리기, '쿵' 은 왼손 내밀기, '덕' 은 오른손 내밀기, '더러러' 오른손 흔들기로 어린이들과 같이 해본다. (발도 손과 같은 방향으로 디딘다.)
- 교사의 신호에 따라 2팀의 어린이가 나와서 활동한다.
  (양손 한삼의 색깔을 달리 해도 됨)
- 부호놀이 놀이판과 구음 놀이판을 번갈아 실행한다.
- 교사 대신 어린이가 나와서 한삼으로 신호를 한다.

한삼놀이 활동

[확장활동 I : 7~9세]

- 교사가 양쪽 어린이의 놀이판 가운데 선다.
- 교사의 신호(장구를 치거나 징으로 신호한다)에 맞춰 부호 판에 있는 어린이는 앞으로 전진하며 한삼춤을 추고 구음 판에 있는 어린이는 구음을 크게 읽으며 두 어린이가 같이 칸을 맞추어 나아간다. (교사는 두 어린이의 속도를 조절해 준다.)
- 부호 놀이판과 구음 놀이판의 두 어린이가 동시에 구음을 읽으면서 같이 한삼의 팔 동작을 하면서 전진한다.

[확장활동 II]

- 3박 게임 리듬 익히기.
- 찍찍이 카드 다시 붙이기. (변형부호)
- 1칸에 1박이라는 개념, 한 부호에 3칸씩(3박자 익히기)
- 구음을 읽으면서 양팔을 올리고 내리기 동작하기(덩-양팔 올리기, 쿵-왼손 내리기, 덕-오른손 내리기)

※ 계속 이어질 때는 팔 올리기로 연결한다.

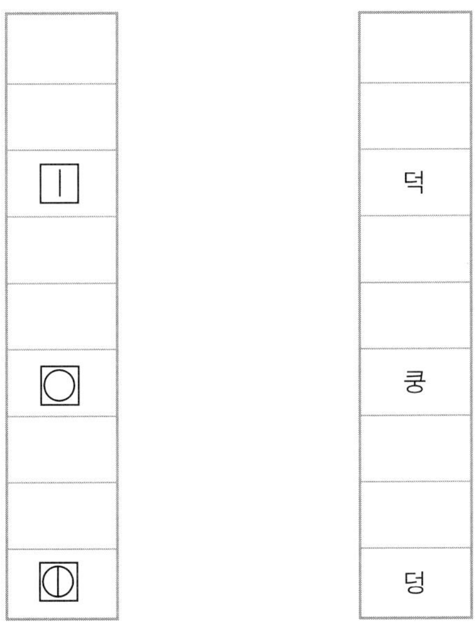

부호놀이판 -출발- 구음놀이판

[확장활동 Ⅲ : 7~9세]

- 장단을 붙여준다. (예 세마치장단 및 각 장단별)
- 교사가 장단을 쳐준다.
- 신호는 '징' 으로 한다.

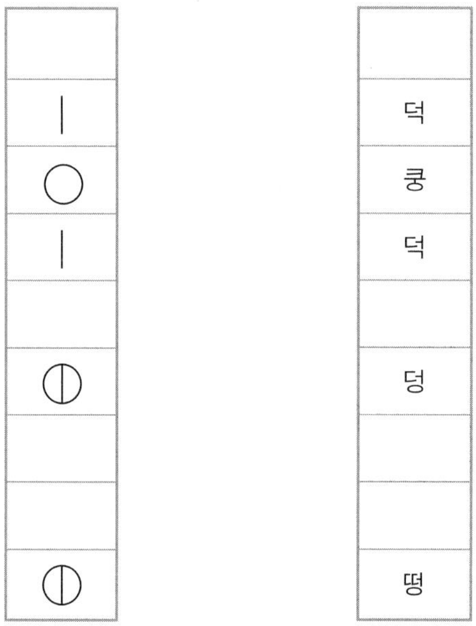

부호놀이판 —출발— 구음놀이판

마. 나는 몇 개일까요?

1 리듬 익히기

우리나라 음악은 복합 3박자 계열의 박이기 때문에 ♪/8, 즉 ♪음표를 1박으로 기준하여 크게는 8분음표 3개(♪♪♪)가 큰 한 박(♩.)의 느낌을 갖고 호흡하여야 한다. 그러나 어린이에게는 이러한 복잡한 리듬이 이해하기 힘들기 때문에 ♪=1박이라는 개념에 접근하면 된다.

2 나는 몇 개일까요?

- 나는 동그라미가 몇 개일까요?

  ♪ = ○가 하나입니다.

  ♩ = ○○가 두 개입니다.

  ♩. = ○○○가 세 개입니다.

- 나는 별이 몇 개일까요?

  ♪ = ★이 하나입니다.

  ♩ = ★★이 두 개입니다.

  ♩. = ★★★이 세 개입니다.

[확장활동]

어린이들이 좋아하는 모양들을 택해서 스티커를 붙이도록 한다. (하트 모양, 삼각형 모양 등)

교구자료(리듬보)

바. 교구제작(7~9세)

돌림판 돌려서 발뛰기 활동해요

[목표]

① 협동심과 사회성을 키운다.

② 장구구조를 알고 궁편, 채편을 안다

③ 리듬보를 알고 발로 표현할 수 있다.

④ 몸의 균형감각을 느낄 수 있다.

⑤ 규칙을 알고 기다릴 수 있다.

⑥ 박자를 알 수 있다

⑦ 장구에 대해 친근감을 갖게 된다.

[제작방법]

〈제작 1—바닥 교구(장구모양)〉

- 부직포로 장구모양을 오려내어 판을 만든다.
  (활동 인원 수에 따라 장구 크기는 변형될 수 있다.)
- 부직포로 장구줄과 조이개를 만들어 붙인다 (장구줄과 조이개는 박음질하여 붙인다).
  (장구줄에는 어린이의 발이 닿을 수 있는 줄 1, 줄 2 등을 표시하여 조이개는 줄보다 크게 만든다.)
- 부직포로 궁편에는 쿵이라는 정간보를 채편에는 덕이라는 정간보를 붙인다.

〈제작 2—돌림판 교구(원모양)〉

- 손잡이가 있는 원모양의 돌림판을 만든다.
- 추를 만들어 돌림판 복판에 달아놓는다.
- 손잡이를 만든다.
- 각 칸을 만들어서

(오른발, 왼발, 양발) 뛰기 활동을 박자대로 줄건너기 활동을 할 수 있도록 그리고, 쉼표도 그린다.

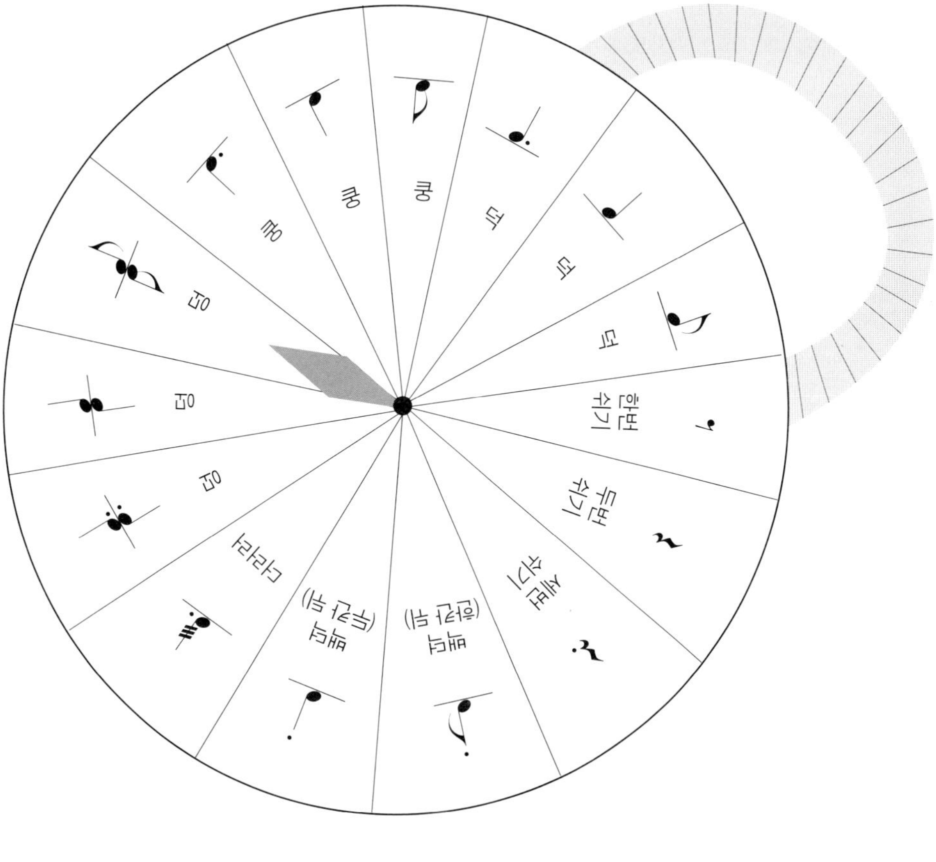

돌림판

[활동방법]

- 순서를 정한다.
- 교사는 징을 쳐서 시작한다.
- 돌림판은 청, 백 두 팀의 어린이 2명이 나와서 자기 팀 순서에 돌림판을 돌린다.
- 게임을 시작한 어린이는 돌림판에 나온 리듬(박자)대로 발을 이동한다(뛰기 활동).
- 돌림판에서 ♩♩이 나오면 줄에서 양발로 2칸을 뛰어 건너고 ♪이 나오면 오른발로 1칸, ♩.이 나오면 왼발로 3칸을 뛴다. (각 리듬의 박자대로 칸 이동하기)
- 장구 조이개(부전)에 도착하거나 지날 시에는 꽹과리를 쳐줌으로 위치를 알린다. (교사)
- 게임은 두 팀 중 한 팀이 먼저 시작하고 교사는 도착 시까지 걸린 전체 시간을 정확히 재어서 빨리 들어온 팀이 승자임을 알린다.
- 게임 인원은 장구의 크기에 따라 인원 수 조정은 자유롭게 정해도 된다. (예 한 팀 ; 대표팀 참가, 5~6명 참가, 1명씩 전체 참가)

[유의점]

- 각 리듬의 박자대로 줄을 건너 뛴다.
- 쉼표는 박자대로 제자리에서 쉰다(예 𝄽는 게임에서 두 번 쉰 후 시작한다).
- ♪♩ 백덕(1, 2박)은 장구줄 건너기 활동에서 뒤로 1칸, 2칸 후진한다.

[확장활동]

- 장구놀이판을 축소시켜 말판놀이를 한다.
- 암 · 수 찍찍이를 붙이면서 위와 같은 방법으로 활동한다.

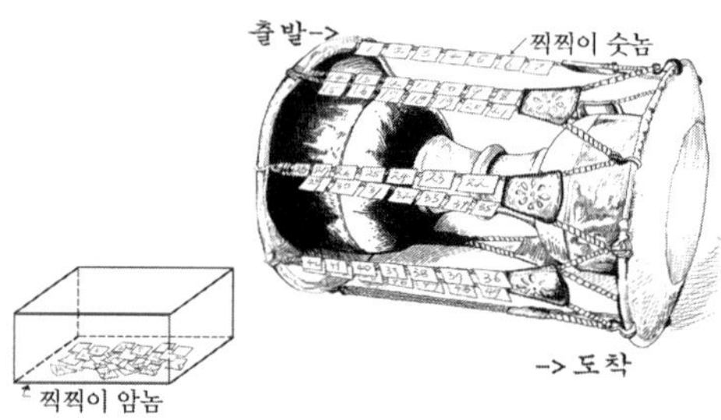

장구 말판놀이

정간보 사방놀이

[목표]

① 협동심과 사회성이 발달된다.

② 정간보의 박자 개념을 알 수 있다.

③ 몸의 균형감각을 느낄 수 있다.

④ 규칙을 알고 기다릴 수 있다.

⑤ 우리의 민속놀이 사방치기 놀이를 활용한 정간보 놀이임을 안다.

⑥ 수 개념을 알고 몸으로 표현할 수 있다.

⑦ 구음을 알 수 있다.

<제작 1>

– 파란 상자, 빨간 상자 두 개의 상자를 만든다.

<제작 2>

– 부직포로 발자국 모양을 만든다.

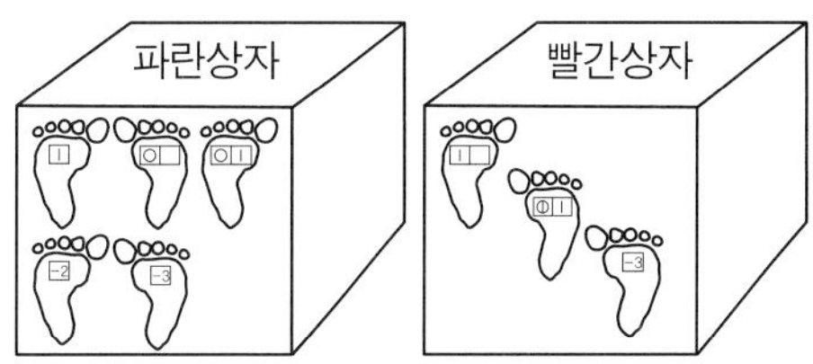

발자국 상자

<제작 3>

– 부직포로 사각 정간보와 -1, -2, -3 숫자가 있는 사각 모양을 만든다.
(주의점 : 발자국 안에 들어갈 수 있는 작은 크기의 정간보를 만든다.)

– 만들어진 사각 정간보를 발자국의 넓은 부분에 박음질하여 고정시킨다.

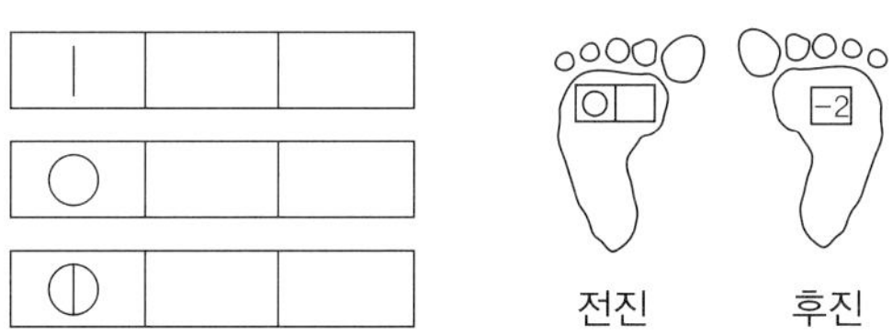

<제작 4>

– 부직포로 사방치기 모양틀을 만든다.
(교실 바닥놀이나 실외놀이를 할 수 있을 크기)

– 정간보 모양을 만들어 박음직한다.

– 정간보에 출발과 번호표시를 박음질한다. (부직포로 할 수도 있고 시트지 등 재료는 다양하게 할 수 있다.)

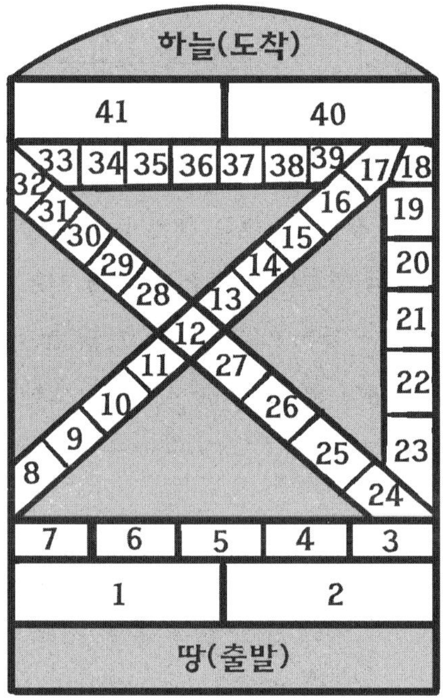

[활동방법]

- 순서를 정한다.
- 팀의 색이 다르게 점수박스를 나눈다(빨강색, 파랑색).
- 한 명의 어린이는 박스 안에서 발자국 정간보를 한 개 꺼낸다.
- 정간보에서 나온 박자를 다른 편 친구에게 보여준다.
- 정간보를 본 어린이는 정간보에서 나온 박자대로 칸 건너기를 한다.
  (주의점 1 : 이때 번호대로 건너갈 수 있도록 한다.)
  (주의점 2 : 덕이 나오면 오른발을, 쿵이 나오면 왼발을, 덩이 나오면 양발을 뛰고, 구음(입소리)을 부르면서 활동한다.)
- -1, -2, -3이 나오면 뒤로 숫자만큼 후진한다.

[확장활동]

- 실내놀이를 마치면 실외놀이로 활동할 수 있다.
  (활동 1 : 땅바닥에 그려서 놀 수 있다.)
  (활동 2 : 사방놀이 그림을 나무판자로 크게 만들어 놀이활동 할 수 있다.)

장구부호 면허증 따기(놀이를 통한 악보 익히기

- 음표의 리듬과 정간보의 박자 개념을 놀이를 통해 자연스럽게 익힌다.
- 장구부호 그림 자료를 이용하여 면허증을 딸 수 있는 놀이활동이다.
- 장구부호의 내용 중 사전에 충분한 반복학습이 이루어져야 한다.
- 교사는 장구부호 그림 자료를 보여주며 면허증에 대한 이야기를 나눈다.
- 놀이방법을 익힌다.
- 놀이규칙을 정한다.
- 한 팀이 나와서 시범으로 활동해 본다.

[활동방법]

- 리듬 1박 2박 3박의 개념을 정확히 익힌다.
- 오른발, 왼발, 양발의 개념을 익힌다.
- 교실바닥에 또는 실외바닥에 S자 2개, T자 2개, V자 2개 등을 정간보 형태로 크게 그려 놓는다.
- 비밀상자 속에 앞면에는 리듬보 카드와 뒷면에는 정간보 카드를 준비한다.
- 정해진 팀의 대표와 첫 게임에 참여하는 면허자가 한 명씩 나온다.
- 교사의 지시에 따라 팀의 대표는 상자 속에서 카드를 하나씩 꺼내들고 면허자는 잠시 카드를 확인한다.
- 바닥의 정간은 1정간이 1박자임을 지도한다. (1칸이 1박자임을 확인시킨다.)
- 바닥의 칸수는 두 팀이 동일하게 한다. 교사는 감독관이 되고 어린이는 면허자가 된다.
- 확인한 면허자는 바닥에 그려진 출발점에서 순서대로 한발, 두발, 세발을 뛰면서 장구의 구음(입소리)을 크게 외치면서 도착점까지 향한다. 그리고 먼저 도착한 면허자가 면허증을 확보한다.
- 늦게 도착한 면허자는 2차를 준비한다.
- 징을 치며 시작하고 도착 시에는 꽹과리를 치면서 환영한다.

[활동 자료]

<바닥그림>

–비밀상자 속의 카드–

	리듬보(앞면)	정간보(뒷면)
오른발 딛기		
		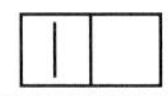
		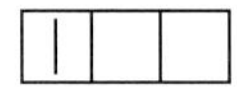
왼발 딛기		

		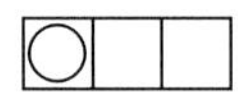
양발 딛기		
	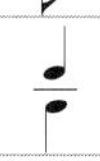	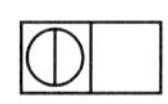

팀의 대표 어린이가 비밀상자 속의 카드를 꺼내면 면허자는 지시대로 박자에 맞추어서 활동한다.

- 2개의 S자 정간보를 양쪽에 두고 게임을 한다.
- T, V자형도 2개씩 준비한다.

[확장활동]

- 바닥에 그려진 정간보대로 발을 디디면서 구음을 동시에 말한다.
- 2팀도 동시에 같이 활동한다.
- 먼저 도착한 팀이 승자가 된다.

바닥에 정간보를 붙이고 뛰는 활동

<면허증과 확인증>

장구부호 면허증 따기 과정(S자, T자, V자 코스)을 무사히 통과한 어린이에게 코스 확인증을 확인한 후 장구부호 면허증 주기. (확인 : 장구 스티커를 붙여준다.)

장구부호 코스 확인증		
코스명	1차시	2차시
S자 코스	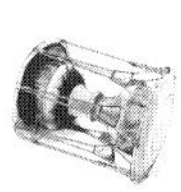	
T자 코스		
V자 코스	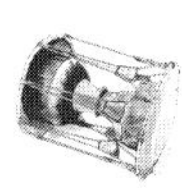	

장구부호 면허증

위 어린이는 장구 부호 익히기에 합격하여 본 면허증을 수여합니다.

2008년 12월

한국어린이국악교육협회유치원

※ 참고 : 운전면허증 방식 도입

(8) 장구장단

우리에게는 한민족의 영토 속에서 살아온 자연발생적으로 생성된 고유의 음악양식인 특유의 장단이 있다

장단이라는 말은 고려 이래로 음악의 절주를 뜻하는 말로 쓰여 왔다.

장단은 일정한 길이의 리듬형으로 규칙적으로 반복되는 박자형태를 말하는 것으로, 일정한 리듬의 틀을 가지고 있다. 그러나 국악에서는 우리 장단의 특징이라 할 수 있는 불규칙한 장단이 많고 다양한 변형장단이 가능하다. 또한 아주 느린 박에서부터 아주 빠른 박으로 된 다양한 리듬으로 구성되어 있다.

한국 전통음악은 정악이나 민속악을 막론하고 대부분 3분박 중심(1박자를 3등분한 것)과 2분박 중심(1박자를 2등분한 것)으로 구성되어 있는데 주로 1박 3분법(♩.=♪♪♪) 계통의 음악이 많으며, 산조와 민요 같은 민속악 계통의 음악과 전래동요 등이 포함된다.

현재 정악과 민속악에 쓰이고 있는 장단은 반복되는 박자의 단위에 따르면 2 · 3 · 4 · 5 · 6 · 8 · 10 · 12 · 16 · 24박 장단 등으로 나눌 수 있다.

장구는 한국전통악기 가운데 혁부(革部)에 속하는 체명악기(體鳴樂器)에 속하며 한자로는 장고(杖鼓)라고도 한다. 장구는 가죽으로 된 타악기의 일종으로 양편 머리가 크고 허리가 가늘다 하여 세요고라고도 한다. 어린이의 눈높이에 적합한 장단은 난타, 인사장단, 굿거리장단, 세마치장단, 자진모리장단, 별달거리장단, 동살풀이장단, 단모리장단 등이 있다. 이러한 장구장단을 통해 어린이는 신체표현을 나타낼 수 있는 장단놀이로 리듬활동을 전개할 수 있다.

국악을 이해하는데 가장 기초가 되는 타악기인 장구장단으로 리듬교육을 하는 것은 우리의 리듬을 이해하는데 중요한 요소가 되기 때문이다. 이에 따라 우리의 민속악 장단 중 어린이에게 적합한 장구의 장단을 소개하고 아울러 변형장단의 리듬보와 정간보도 같이 표시하고자 한다.

가. 난타(일채)

사물놀이나 장구연주를 할 때 호흡을 서로 맞추어 보는 가락으로 음악의 시작과 끝을 알리는데 사용하면 효과적이다.

리듬					
입장단(구음)	덩덩덩덩덩덩	덩덩덩덩덩덩	덩…………	더…………	따!
악보부호	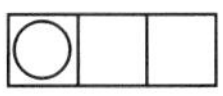	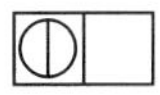			따!
장구 몸동작	⌒⌒×6번 양손 둥글게 원 그리기	⌒⌒×6번 치고 양손 둥글게	←→ 양손 옆으로	숙이면서 치기	⌒ 야! 오른손은 번죽 치고 왼손은 장구테 위에 놓고 숙이면서 오른손 채를 왼쪽으로 올린다.
숫자장단	하나둘셋 / 둘둘셋 / 셋둘셋 / 넷둘셋 / …	하나둘 / 둘둘 / 셋둘 / 넷둘 / …	하나 / 하나 / 하나 / ×12	하나……	야!
손뼉장단(리듬대로)	짝짝……	짝짝……	짝짝짝짝……	…………	짝!
손동작	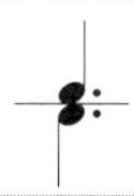 양손 돌리기	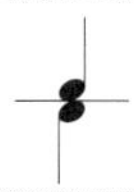 양손 돌리기	 앞에서 치기	양손 손뼉치며 올라가기	위에서 한 번 치기
말장단	쿵쿵쿵쿵쿵쿵 갱갱갱갱갱갱	쿵×6 갱×6	쿵×12 갱×12	쿵구구…… 갱갱갱……	쿵! 갱!
발구르기	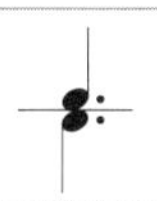 양발 돌리면서 구르기	 양발 돌리면서 구르기	 양발 구르기	리듬대로 오른발 · 왼발 빨리 구르기	…… 양발 구르고 옆으로 벌리기
무릎장단	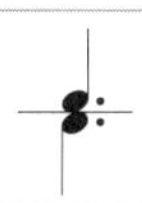 ⌒⌒ 오른쪽 · 왼쪽 무릎 같이 치고 양손 위로 돌리기	 ⌒⌒ 오른쪽 · 왼쪽 무릎 같이 치고 양손 위로 돌리기	 오른쪽 · 왼쪽 무릎 같이 빨리 치면서	리듬대로… 오른쪽 · 왼쪽 무릎 빨리 치면서	⌒ 야! 야! 양손 무릎 치면서 왼쪽으로 펴기 ←→

※ 말장단은 여러가지 소리로 활용할 수 있다.

1 장구부분 동작

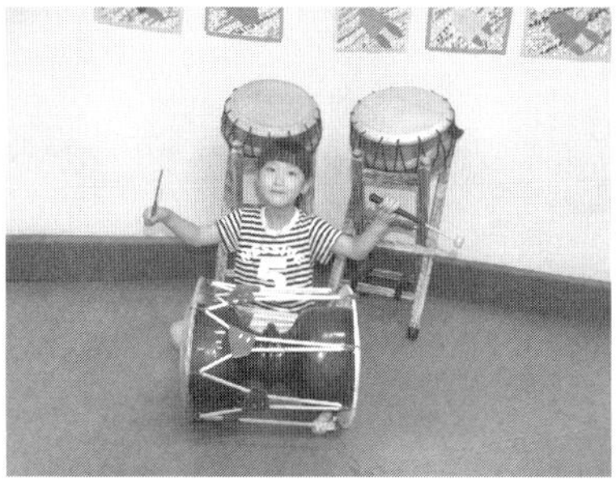

덩( ): 양손 돌리기

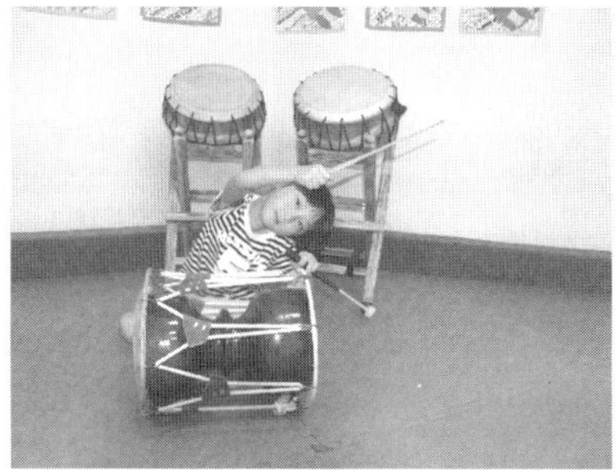

따( ): 왼쪽으로 올리기

2 난타놀이 활동

[활동주제] 난타장단 배우기

[대상연령] 5~7세

[집단형태] 대집단

[소요시간] 30분

[교육과정] 표현생활

[활동목표]

① 난타장단을 다양한 방법으로 익힌다. (동물의 소리, 손뼉치기, 발구르기, 무릎치기 활용)

② 장단의 빠르고 느림을 안다.

③ 장단의 강 · 약을 구별한다.

④ 흥겹고 즐거운 말장단 활동을 활용한다..

[준비물]

장구(교사용, 유아용), 정간보, 리듬 카드

[음악적 관련요소]

- 장단의 빠르고 느림을 느끼게 한다. (느린 속도, 중간 속도, 점점 몰아가는 속도, 빠른 속도 등).
- 장단의 강 · 약을 구별하고 느끼게 한다. (아주 여리게, 조금 여리게, 여리게, 조금 세게, 세게, 아주 세게 등)
- 소리 탐색하기 : 장구 소리에 관심을 갖고 강 · 약을 구별한다.
- 리듬 악기 다루기 : 장단에 맞추어 장구를 연주해 본다.
- 전통 음악에 친숙해지기 : 우리나라의 전통 음악을 접해 보고 이에 친숙해지며 관심을 갖는다.

[활동방법]

손뻑치기 : 악보 궤도(빔프로젝트)로 제시하기

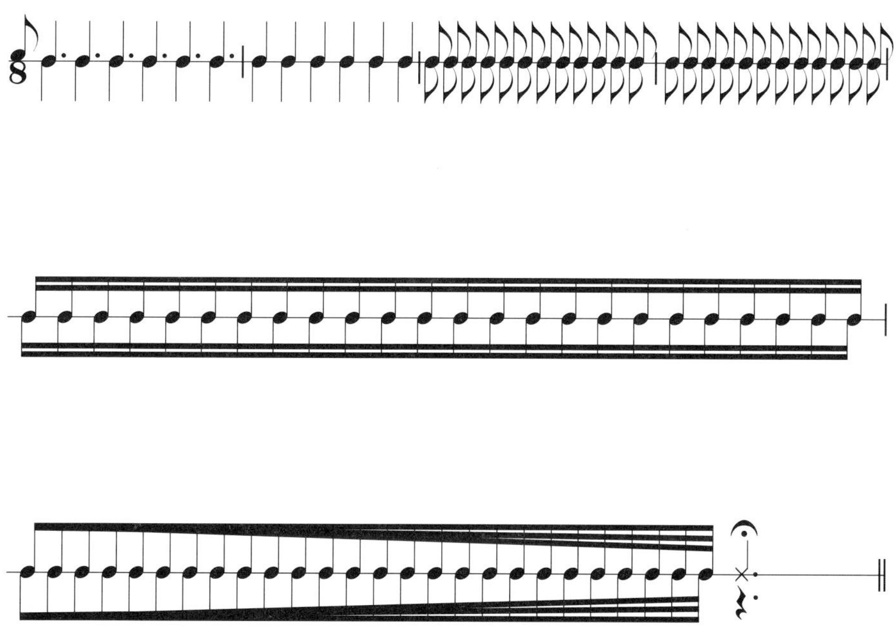

[확장활동]

① 무릎치기, 책상 치기, 발구르기, 배치기 등

② 그림 카드 활용(박자의 이해)

리듬	동물	속도
♩.		아주 느리게
♩		조금 느리게
♪		빠르게
♬		아주 빠르게

③ 난타장단의 속도에 대해 알아보기

어린이들과 함께 동물들이 점점 빨리 달리는 모습을 말장단을 통해 장구를 재미있게 표현해 본다. (예 거북이, 오리, 강아지, 토끼)

♩.	⦶			⦶			⦶			⦶			⦶			⦶		
	엉			금			엉			금			엉			금		

♩	⦶		⦶		⦶		⦶		⦶		⦶	
	뒤		뚱		뒤		뚱		뒤		뚱	

♪	⦶	⦶	⦶	⦶	⦶	⦶	⦶	⦶	⦶	⦶	⦶	⦶
	살	금	살	금	살	금	살	금	살	금	살	금

♬♬	⦶⦶	⦶⦶	⦶⦶	⦶⦶	⦶⦶	⦶⦶	⦶⦶	⦶⦶	⦶⦶	⦶⦶	⦶⦶	⦶⦶	⦶⦶	⦶⦶	⦶⦶	⦶⦶	⦶⦶
	우다다다다다다다다다다다다다다다다다다다다다다다다다다다다다다다 · · · · · · · · · · · · · · · · ·																

※ 위의 말장단 놀이 대신 장구의 입소리"덩"덩덩덩덩더더더더…로 표현해 본다.

④ 표현해 보기(다른 동물 표현해 보기)

거북이 흉태	♩.		느리게 엉금엉금 기어가는 모습
사슴 흉내	♩		덩실덩실 어깨춤 추는 모습
토끼 흉내	♪		깡충깡충 빨리 뛰는 모습
치타 흉태	♬		아주 빠르게 달리는 모습

- 교사는 장단을 치고 어린이는 그림 악보에 맞추어 몸동작으로 표현한다.
- 율동과 악보를 보고 익히고 장구를 앞에 놓고 장단 익히기 놀이를 실제로 반복 학습한다.

● 강약과 호흡에 실린 율동을 넣어서 연주하면 더욱 멋진 난타 치기가 될 것이다.

[확장 및 유의점]

어린이가 흥미를 갖고 적극 활동할 수 있도록 격려하고 장단의 빠르기와 강약을 구분하여 동작에서 연주로 장구, 소고, 북 등의 악기를 활용한다.

나. 인사장단

장구놀이나 기악 합주 시 음악의 처음과 끝을 알리는 신호로 관객에게 인사 할 때 치는 가락으로 난타와 번갈아서 사용할 수 있다.

리듬	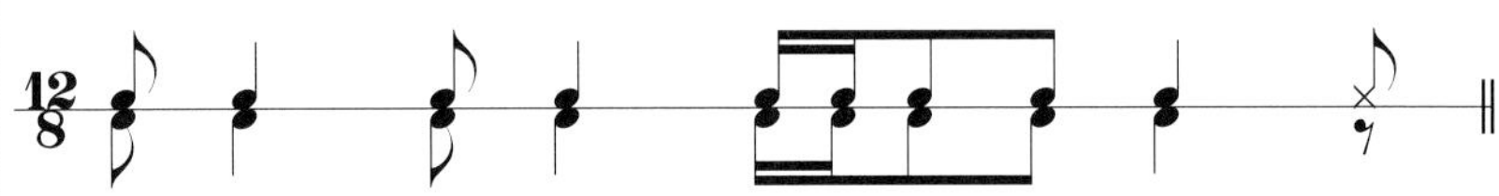			
입장단(구음)	덩덩(허이)	덩덩(허이)	더더 덩덩	덩－따!
악보부호	⦶⦶□	⦶⦶□	⦶⦶⦶⦶	⦶□×
장구 몸동작	←→ 숙이고 두 번 치고 허이 때 양팔 들기	←→ 숙이고 두 번 치고 허이 때 양팔 들기	숙여서 치기	⌒ 양손 치고 왼손은 테에 놓고 오른손은 변죽 치면서 왼쪽으로 꺾기
숫자장단	하나 하나 둘 ♪ ♩	하나 하나 둘 ♪ ♩	하나하나 하나 하나 ♬ ♪ ♪	하나 하나 둘 ♪ ♩
손뼉장단 (리듬대로)	짝 짝(허이)	짝 짝(허이)	짜자짝짝	짝－짝
손동작	두 번 치고 양손 위로 올리기	두 번 치고 양손 위로 올리기	리듬대로 치기	가슴 앞에서 양손 치고 위로 올린 후 내리면서 인사
말장단	안녕(허이) 안녕(허이)	안녕(허이) 안녕(허이)	선생님－ 여러분－	안－녕 안－녕
발구르기	←→(허이) 양발 2번 구르고 양 옆으로 벌리기	←→(허이) 양발 2번 구르고 양 옆으로 벌리기	리듬대로 양발 4번 구르고	한 번 구르고 앞꿈치로 찍는다. (오른발)
무릎장단	양손으로 무릎 2번치고 양팔 옆으로 벌리기(허이)	양손으로 무릎 2번치고 양팔 옆으로 벌리기(허이)	리듬대로 4번 치고	무릎 치고 양팔 앞 으로 포개서 인사

다. 굿거리장단

$\frac{12}{8}$박으로 되어 있고 조금 느리고 흥겹게 치는 가락으로 국악동요와 민요장단, 장구놀이, 기악 합주, 사물놀이 등에 쓰인다.

리듬	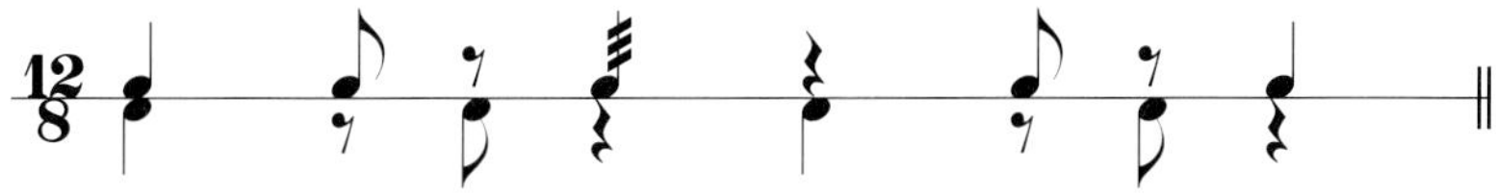			
입장단(구음)	덩 덕	쿵 더러러	쿵 덕	쿵 덕
악보부호	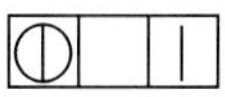			
장구 몸동작	⌒ '덩' 치며 왼손 돌리기	→⌒ 오른손 옆으로 펴고 왼손 돌리기	⌒ '쿵' 치고 돌리기	→↑ 오른쪽 손 펴서 '덕' 치면서 왼손 앞으로 펴서 들기
숫자장단	하나 둘 하나 (하나 둘 셋) ♩ ♪	하나 하나 둘 (둘 둘 셋) ♪ ♩	하나 둘 하나 (셋 둘 셋) ♩ ♪	하나 하나 둘 (넷 둘 셋) ♪ ♩
손뼉장단 (리듬대로)	짝 짝	짝 짜자자	짝 짝	짝 짝
손동작	양손 같이 치고 / 오른손 한 번 치기	왼손 치기 / 오른손으로 세 번 치기	왼손 치기 / 오른손 치기	왼손 치기(몸을 오른쪽으로 움직이기) / 오른손 치기(몸을 정면으로 움직이기)
말장단	① 참 새 ② 돼 지 ③ 염 소 ④ 황 소 ⑤ 방 울	짹 째째재 꿀 꿀꿀꿀 음 메헤에 음 무우우 쨍 째르르	염 소 붕 어 울 고 노 래 소 리	음 메 뻐 꿈 있 네 하 네 나 네
발구르기	양발 굴리고 왼발 돌리면서 오른발 한 번 굴리고	왼발 · 오른발 세 번 굴린다.	왼발 돌리고 오른발 한 번 굴리고	왼발 · 오른발 굴리면서 왼발 들기
무릎장단	양손으로 무릎 치고 왼손은 돌리면서 오른쪽 무릎치고	왼쪽 · 오른쪽 무릎을 세 번 친다.	왼쪽 · 오른쪽 무릎 한 번 치고	왼쪽 · 오른쪽 무릎 치면서 왼손 위로 들기

※ ♩는 어린이 장구 치기 눈 높이에 맞추어 ♩[⁝]로 기보함.

리듬 주의점

♩.의 리듬은 크게는 한 박으로 하고 동작은 크게 한다. 그리고 작게는 ♪♪♪가 세 개로 분할되는 3분박 리듬에 유의한다.

▶ 장구부분 동작

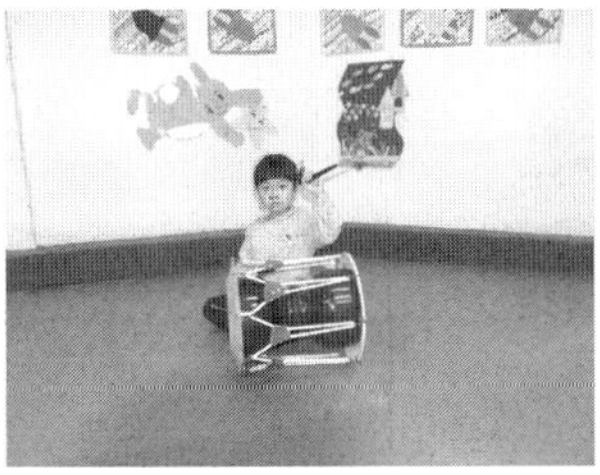

덩 덕

쿵 더러러

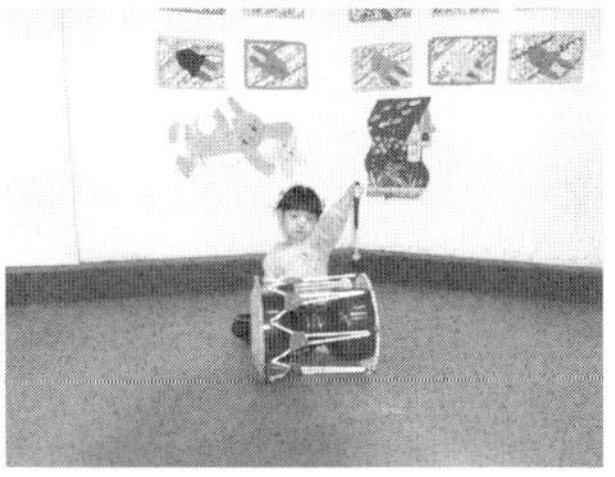

쿵 덕

라. 세마치장단

$\frac{9}{8}$박으로 보통빠르기로 연주한다. 보통 12박의 속도로 장단을 치다가 9박으로 장단을 치면 장단이 빠진 듯 한 느낌이 들기도 해서 연결해서 장단을 칠 때 특히 유의해야 할 박자이기도 하다.

세마치장단의 대표적인 민요는 아리랑을 비롯한 진도 아리랑, 도라지, 밀양아리랑 등이 있고 동요에도 자주 쓰이는 장단이다. 일명 양산도장단이라고도 한다.

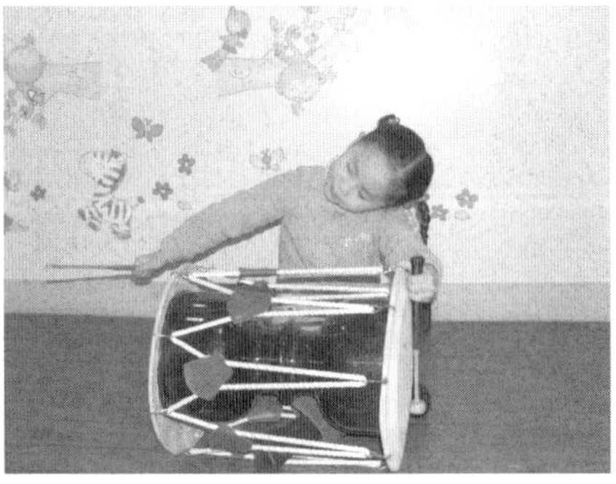

리듬	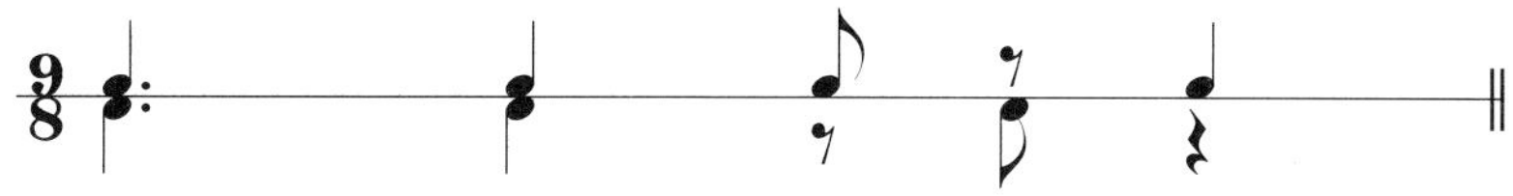		
입장단(구음)	덩	덩 덕	쿵 덕
악보부호	⦶ | |	⦶ | | ｜	○ ｜ |
장구 몸동작	⌒ 왼손 돌리고 숙이고	⌒ 일어나고	오른쪽 보고 정면으로 보면서 왼손은 궁편 테 위로 살짝 올린다.
숫자장단	하나 둘 하나 (하나 둘 셋) ♩.	하나 둘 하나 (둘 둘 셋) ♩ ♪	하나 하나 둘 (셋 둘 셋) ♪ ♩
손뼉장단 (리듬대로)	짝	짝 짝	짝짝
손동작	숙이면서 양손 돌린다.	같이 치고 오른손 한 번 치기	왼손 치면서 오른쪽 보고 오른손 치면서 정면으로 오기
말장단	① 유 ② 학 ③ 선 ④ 참 ⑤ 얼	치 원 교 로 생 님 재 미 씨 구	가 요 가 요 안 녕 있 네 좋 다
발구르기	⌒⌒ 양발 굴리고 돌린다.	⌒⌒ 양발 돌리고 오른발 구르고	왼발 · 오른발을 굴린다. (몸을 오른쪽, 정면으로 움직이면서 왼발 들기)
무릎장단	양 무릎치고 돌린다.	같이 치고 오른쪽 무릎치기	왼쪽 · 오른쪽 치기 (몸을 오른쪽 정면을 움직이고 왼손 위로 들기)

마. 자진모리장단(삼채)

$\frac{12}{8}$박으로 조금 빠르면서 신명나게 몸의 리듬을 타는 흥겨운 느낌의 장단이다. 굿거

리장단과 더불어 자진모리장단은 흔히 국악에 많이 쓰이는 장단으로 민요와 동요, 사물놀이 등에 쓰인다. 또한 자진모리장단은 덩덕궁이라고도 한다.

리듬	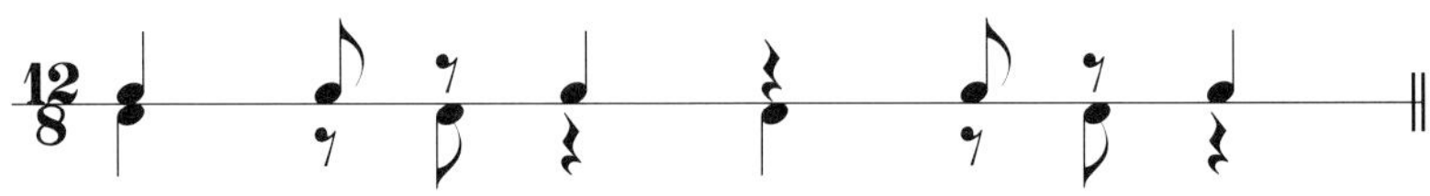	
입장단(구음)	덩 덕 쿵 덕	쿵 덕 쿵 덕
악보부호	⦶ | ○ |	○ | ○ |
장구 몸동작	몸을 숙이고 치고	왼쪽 방향으로 두 번 위 · 아래로 흔든다.
숫자장단	하나 둘 하나 하나 하나 둘 (하나 둘 셋) (둘 둘 셋) ♩. ♩.	히니 둘 히니 히니 히니 둘 (셋 둘 셋) (넷 둘 셋) ♩. ♩.
손뼉장단(리듬대로)	짝 짝 짝 짝	짝 짝 짝 짝
손동작	양손으로 치면서 몸을 앞으로 숙이고	몸을 두 번 위 · 아래로 흔들면서 친다. (왼쪽방향)
말장단	① 5 월 5 일 활 기 차 고 무 럭 무 럭 ② 5 월 8 일 엄 마 아 빠 ③ 자 장 면 은 돈 까 스 도 ④ 찌 개 가 – 맛 있 게 –	어 린 이 날 건 강 하 게 자 라 나 자 어 버 이 날 사 랑 해 요 맛 있 어 요 맛 있 어 요 보 글 보 글 끓 어 요 –
발구르기	앞으로 숙이면서 양발 구르고 오른발 · 왼발 · 오른발	왼쪽으로 숙이면서 왼발 구르고 오른발 · 왼발 · 오른발
무릎장단	양손 · 오른 · 왼손 · 오른손으로 무릎 친다. (앞으로 몸을 숙이고 든다.)	왼손 · 오른손 · 왼손 · 오른손으로 무릎 친다. (왼쪽으로 몸을 숙이고 정면으로 온다.)

※ 유의점 : 속도가 빨라지기 때문에 1박씩 나누는 부분을 3박씩 4개로 분할된 리듬, 즉 3분박 4박으로 구성된다(12박).

바. 별달거리장단

$\frac{4}{4}$박으로 단모리와 같이 빠르게 친다. 사물놀이 가락에 주로 쓰이는 별달거리는 영남 풍물가락에서 따온 장단으로 비나리를 외치면서 힘 있게 치는 장단이다. 동요나 민요, 기악 합주 시 중간 부분에 넣으면 재미있는 특수효과를 낼 수 있다.

리듬		
입장단(구음)	① 덩 덩 쿵 덕 쿵 ③ 쿵 덕 쿵 쿵 덕 쿵	② 쿵 덕 쿵 덕 쿵 덕 쿵 ④ 쿵 덕 쿵 덕 쿵 덕 쿵
악보부호	① ⦶ | ⦶ | ○ | | ○ ③ ○ | | ○ | ○ | | ○	② ○ | | ○ | | ○ | | ○ ④ ○ | | ○ | | ○ | | ○
장구 몸동작	① 몸을 앞으로 숙이고 돌기 ③ 첫 박과 셋째 박에 악센트를 주면서 몸을 약간 옆으로 숙인다.	② 첫 박에 악센트를 주면서 왼쪽으로 숙인다. ④ 첫 박에 악센트를 주면서 왼쪽으로 숙인다.
숫자장단	• 하 나 · 둘 · 세 엣 · 넷 • 하 나 · 둘 · 세 엣 · 넷	• 하 나 · 두 울 · 세 엣 · 넷 • 하 나 · 두 울 · 세 엣 · 넷
손뼉장단(리듬대로)	• 짝 짝 짜짜 짝 • 짜자 작 짜자 작	• 짜 짜 짜 짜 짜 자 작 • 짜 짜 짜 짜 짜 자 작
손동작	• 첫 박에 많이 고개를 앞으로 숙이고 손뼉 치면서 들기 • 고개 숙이고 들기	• 고개 숙이고 들기 • 고개 숙이고 들기
말장단	① 싹 싹 싹 트 네 싹트네 싹 트 네 ② 이 이 이 닦 세 위아래 좌 우 로 ③ 줄 줄 줄 서 요 새치기 안 돼 요 ④ 별 달 거 리 는 얼씨구 절 씨 구 ⑤ 밥 밥 천 천 히 맛있게 먹 어 요	뾰 족 뾰 족 싹 트 네 뾰 족 뾰 족 싹 트 네 치 카 치 카 이 닦 세 구 석 구 석 이 닦 세 차 례 차 례 줄 서 요 사 이 좋 게 줄 서 요 너 무 너 무 신 나 요 너 무 너 무 신 나 요 꼭 꼭 씹 어 먹 어 요 꼭 꼭 씹 어 먹 어 요

발구르기	양발 양발 왼 오왼발 왼 오 왼 왼 오 왼발	왼 오 왼 오 왼 오왼발 왼 오왼 오왼 오왼발
무릎장단	양, 양, 왼, 오, 왼손으로 무릎치기 왼, 오, 왼, 왼, 오, 왼손으로 무릎치기	왼, 오, 왼, 오, 왼, 오, 왼손으로 무릎치기 왼, 오, 왼, 오, 왼, 오, 왼손으로 무릎치기

별달거리(장구 몸동작)

위의 별달거리장단을 4번 친 후에 들어감

1절 :	하늘보고 별을 따고	땅을 보고 농사짓고
2절 :	우리소리 우리가락	얼씨구 좋다
몸동작 :	오른손 왼손 위로	오른 손 뒤로 내리고 왼손내리고

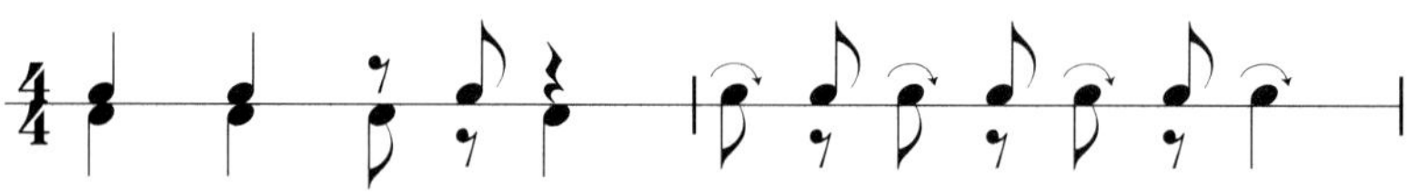

1절 :	올해도 대풍이요	내년에도 풍년일세
2절 :	우리유치원 (학교)(어린이집)	국악을 배워요
몸동작 :	오른손 왼손 겹쳐서	몸숙이면서 왼손, 오른손 앞으로 펴기

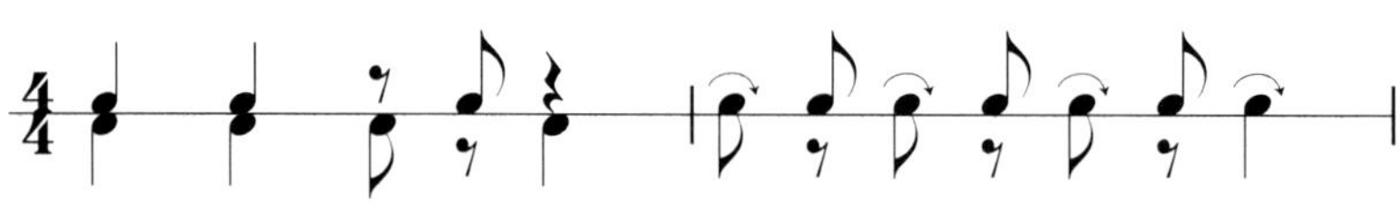

1절 : 달아달아 밝은달아 대낮같이 밝은달아
2절 : 우리가락 이어가는 우리유치원
(학교)(어린이집)
몸동작 : 오른손 왼손 원만들어 올리기 오른손 왼쪽으로 움직이기

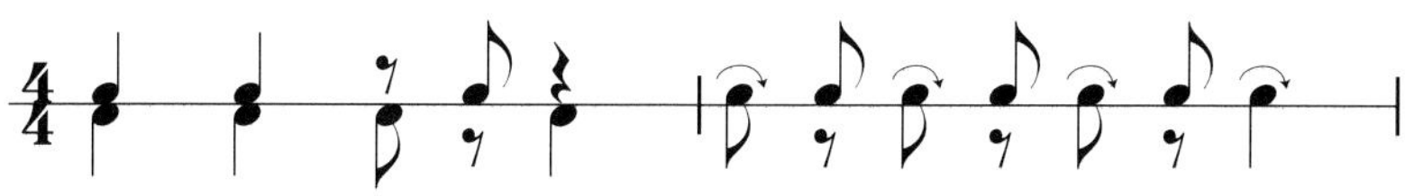

1절 : 어둠속에 불빛이 우리들을 비쳐주네
2절 : 얼씨구 절씨구 국악놀이 신난다
몸동작 : 오른손 왼손 뒤로 내려치기 양손앞에서 펴서 위로 올리기

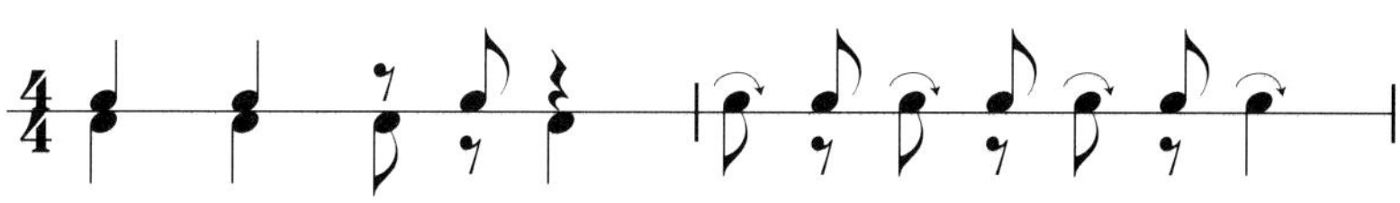

2절후

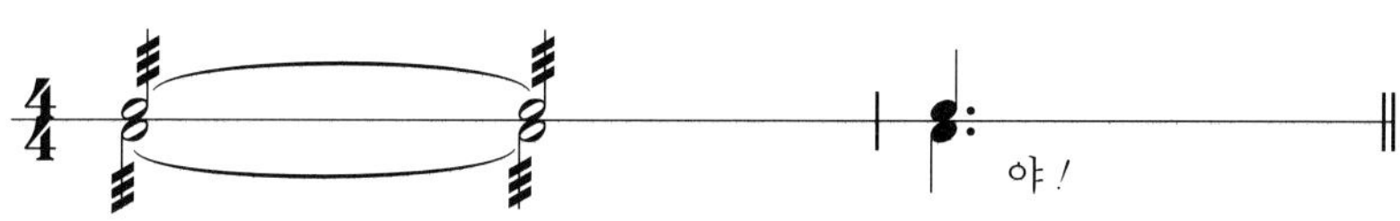

※ 가사와 몸동작을 한 후에 장구 치기

장구부분 동작

하늘 보고 별을 따고(2절도 1절과 동작 같음)

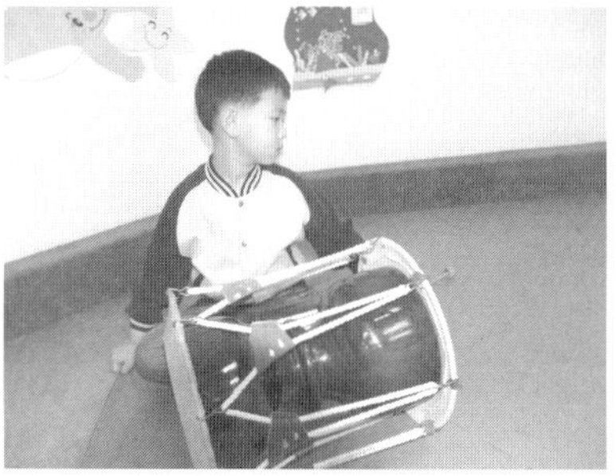

땅을 보고 농사 짓고

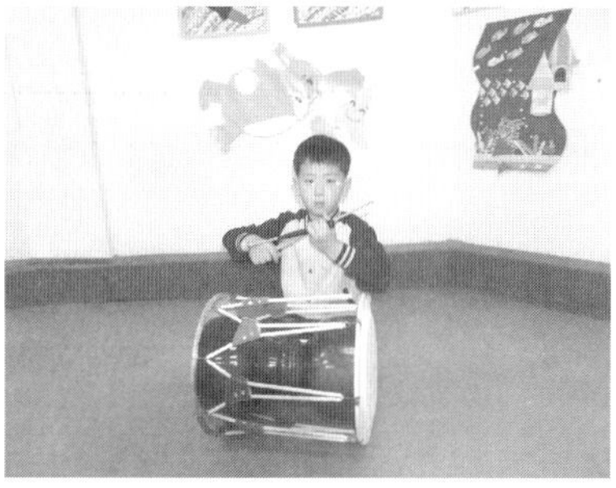

올해도 대풍이요

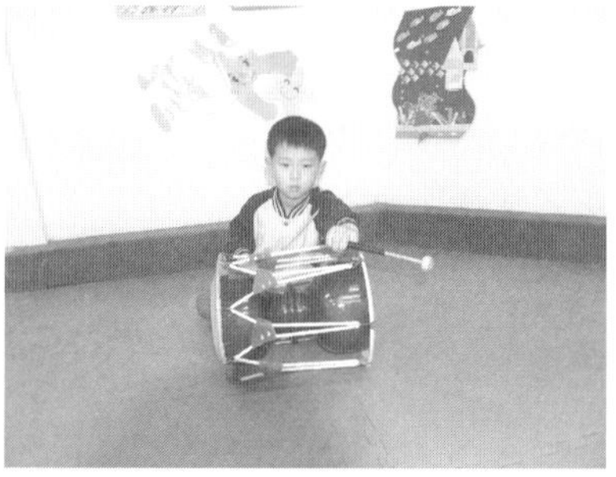

내년에도 풍년일세

달아 달아 밝은 달아

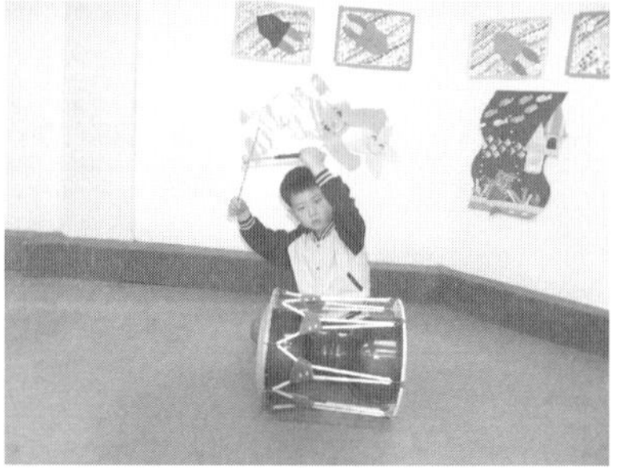

대낮같이 밝은 달아

어둠 속에 불빛이

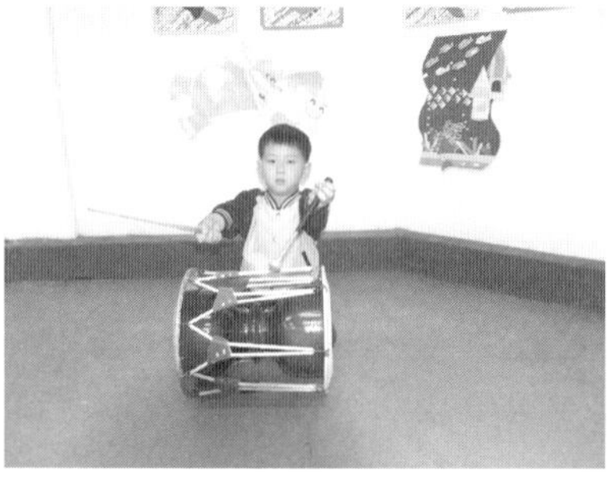

우리들을 비춰주네

사. 동살풀이장단(오방진)

$\frac{4}{4}$박으로 된 동살풀이장단은 일명 '오방진장단' 이라고도 한다. 무악장단인 살풀이에서 이어진 박자로 살풀이장단 보다는 좀 더 빨리 모는 장단으로 호남우도 풍물에서 나온다. 단모리장단과 박법이 비슷하나 동살풀이 장단의 특징은 리듬을 잘게 잘라서 탈 수 있고, 장구 몸동작을 재미있게 꾸밀 수 있는 장단으로 사물놀이, 기악 합주, 춤 장단에 쓰인다. 장구합주 시 동살풀이장단은 오방진장단과 자진오방진장단(단모리)과 함께 이어서 장단을 구성하는 것이 효과적이다.

리듬				
입장단 (구음)	① 덩 더 ② 덩 더 더	덕 더 덕 더 더	덕 더 덕 더 더	덕 더 덕 더
악보부호	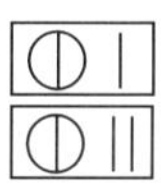	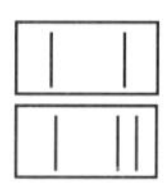	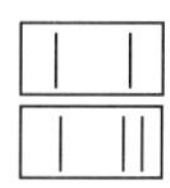	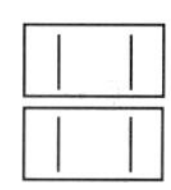
장구 몸동작	① 몸을 숙이면서 치고 ② 몸을 숙이면서 치고	왼손 당기고 치고	왼손 밀고 치고	왼손 머리 위로 둥글게 돌린다. (※ 사진 참조)
숫자장단	> 하나	– 두울	– 세엣	– 네엣
손뼉장단 (리듬대로)	> 짝 짜 짝 짜자	> 짝 짜 짝 짜자	> 짝 자 짝 자작	> 짝 자 짝 짝
손동작	손뼉 치면서 몸 숙이고	들고	숙이고	들면서 친다
무릎장단	① 닦 자 깨 – 끗	닦 자 하 – 게	이 를 이 – 를	닦 자 닦 – 자

말장단	② 씻 자 손 – 을 ③ 어 – 깨 추 자 ④ 영 희 야 친 구 ⑤ 엄 마 ( ) ( ) ( )	씻 자 씻 – 자 춤 – 을 추 자 철 수 야 친 구 아 빠 유 치 원	깨 끗 깨 – 끗 덩 – 실 춤 을 재 밌 게 함 께 같 이 너 – 무	하 게 하 게 덩 실 추 자 놀 자 봐 요 와 요 좋 아
발구르기	양발 오 양발 오 오	오 오 오 오 오	오 오 오 오 오	오 오 오 오
무릎장단	① 양손 무릎을 같이 치고 오른손 치기 ② 양손 · 오른손 두 번 무릎치고	오른손 두 번 치기 (왼손 들어서 앞으로 당기기) 오른손 두 번 치기 (동작 같음)	오른손 두 번 치고 (왼손 앞으로 밀고) 오른손 두 번 치기 (동작 같음)	오른손 두 번치고 (왼손 머리 위로 돌린다) 오른손 두 번 무릎 치고 (왼손은 머리 위로 돌린다.)

장구부분 동작

① 덩 더

②덕 더

③ 덕 더

④ 덕 더

※ 덩더더, 덕더더, 덕더더 덕덕도 같은 동작

[동살풀이 머리장단 : 도입과정]

머리장단(도입장단, 내는 장단)을 통해 어린이들이 직접 구음(장구 입소리)을 부르면서 구음을 익히고, 세운 장구 앞에서 춤 동작으로 활동하는 과정이다.

1 머리장단(내는장단)

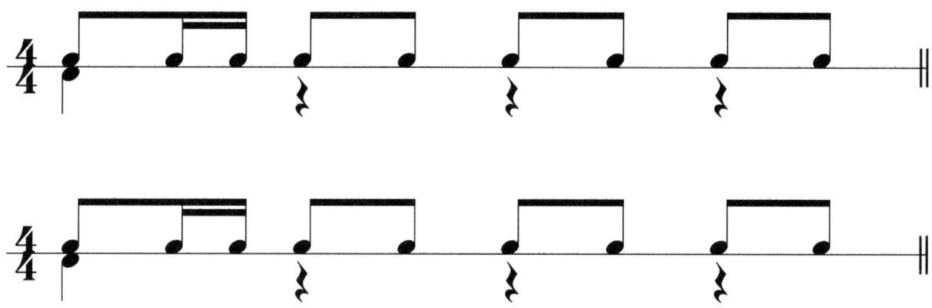

제자리에서 왼발 굴러준다(양손 허리).

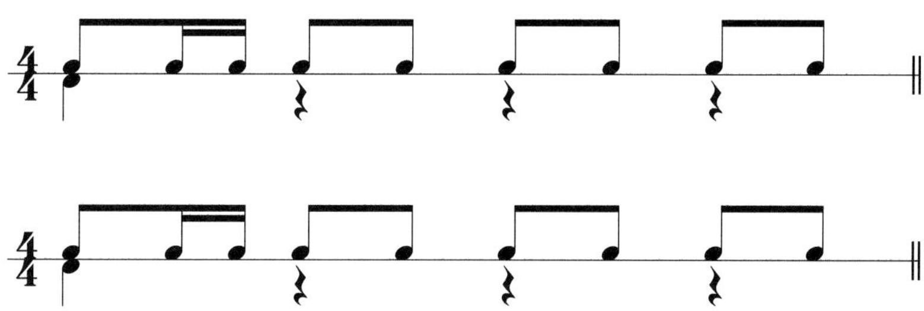

오른쪽으로 세 번 이동 후 왼발 들고, 왼쪽으로 세 번 이동 후 오른발 든다.

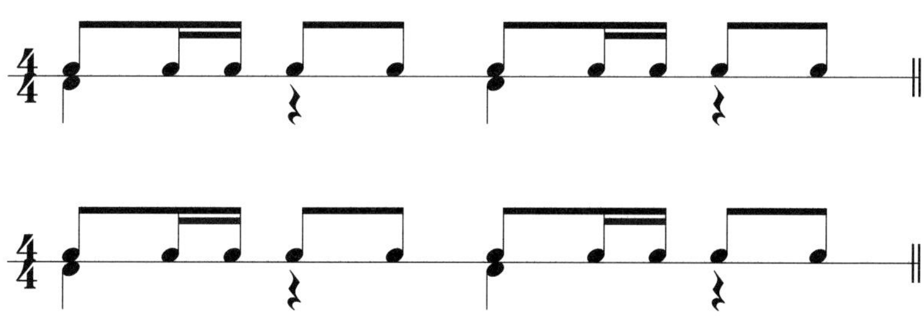

장구 주위를 양손 흔들면서 오른쪽으로 한 바퀴 돈다.

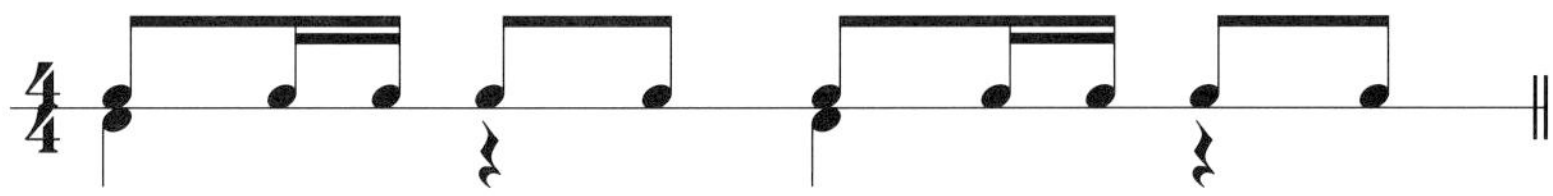

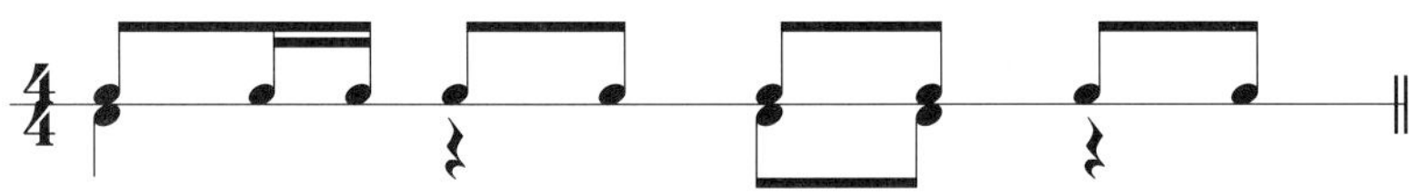

장구 주위를 양손 흔들면서 왼쪽으로 한 바퀴 돈다.

2 오방진 본장단(말장단과 동작)

세운 장구에서 춤 동작으로 활동한 후 1절을 말장단으로 부르면서 장구를 바로 놓고 앉는다. (교사의 동작을 따라한다)

말장단

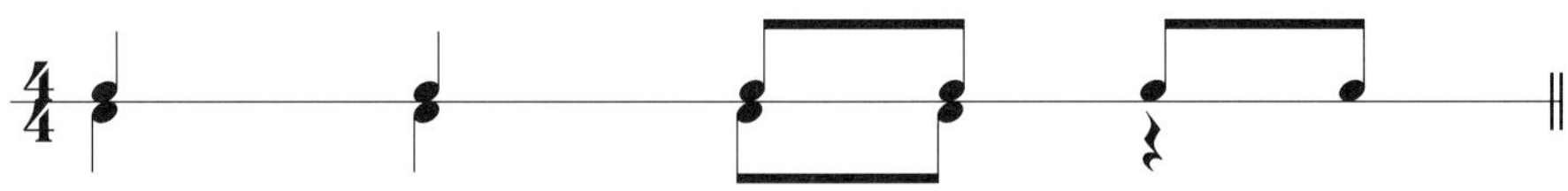

1.	장	구	앞	에	놓	고
2.	부	전	조	이	개	는
3.	장	구	높	은	소	리
4.	채	편	오	른	손	은
5.	장	구	구	음	소	리
6.	덩	덩	덩	덩	덕	덕
7.	장	구	재	미	있	네

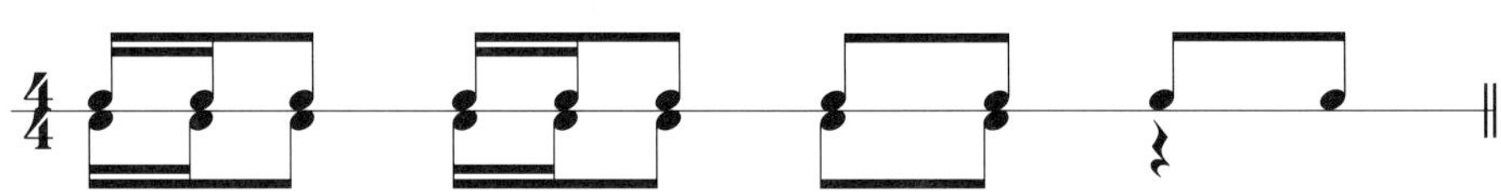

1.	채	편	은	오	른	손	궁	편	왼	손
2.	오	른	쪽	으	–	로	조	여	주	고
3.	오	른	쪽	오	른	쪽	으	로	놓	고
4.	모	지	로	눌	러	서	감	싸	주	고
5.	더	더	덩	더	더	덩	함	께	하	고
6.	더	더	덩	더	더	덩	덩	덩	덕	덕
7.	오	방	진	장	단	이	재	미	있	네

1. 아 빠 다 리 하 고
2. 모 든 조 이 개 를
3. 장 구 낮 은 소 리
4. 궁 편 궁 글 채 는
5. 채 편 덕 덕 덕 덕
6. 덩 덕 쿵 덕 쿵 덕
7. 친 구 들 과 함 께

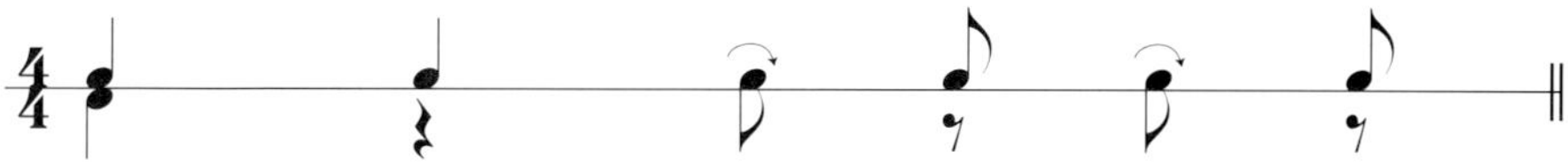

1. 바 로 앉 습 니 다
2. 위 로 올 립 니 다
3. 왼 쪽 으 로 놓 고
4. 왼 손 수 직 으 로
5. 궁 편 쿵 쿵 쿵 쿵
6. 덩 덕 쿵 덕 쿵 쿵
7. 덩 덕 쿵 덕 쿵 덕

: 궁채를 채편으로 넘기기

※ 주고 받기 활동으로 교사와 어린이가 주고 받기를 하면서 장구의 구조, 연주법, 구음, 장구소리, 앉는 법 등을 익힌다.

장구동작 설명

1절 : 앉는 방법

세워진 장구를 옆으로 제자리로 놓고 아빠 다리하고 앉기

2절 : 줄 조이개 올리기

줄 조이개를 오른쪽으로 올려주고 다른 조이개들도 오른쪽으로 올리기

3절 : 장구 놓는 방법은 채편은 오른쪽, 궁편은 왼쪽

- 장구 높은 소리~오른손에 든 채를 앞 · 위로 높이 올린다.
- 오른쪽으로 놓고~오른쪽 방향으로 가르키는 모습
- 장구 낮은 소리~왼손 궁편을 앞 · 왼쪽 땅쪽으로 친다.
- 왼쪽으로 놓고~왼쪽방향으로 가르키는 모습

3절 : 장구 높은 소리

오른쪽 오른쪽으로 놓고

장구 낮은 소리

왼쪽으로 놓고

4절 : 채편 잡는 방법

채편을 높이 들고 채 잡은 모습, 궁글채를 높이 들고 궁채 잡는 모습

5절 : 장구 입소리

입에 채를 대는 모습(장구 구음소리), 오른손, 왼손 들고 덩 치기, 오른손 채편 높이 들고 채편 치고, 왼손 궁편 높이 들고 궁치는 모습

6절 : 장구 치기

구음대로 장구 치는 모습

7절 : 오른손 · 왼손 앞으로 내밀고 양손 앞에서 흔들기, 양손 위로 들어서 흔들기, 양손 앞으로 포갠 후 장구 치기(덩덕쿵덕쿵덕)

7절 : 장구 재미있네

오방진장단이 재미있네

친구들과 함께

3 장구 치기

- 양손 같이 치기 ⦶ (덩) : 구음병행하면서 친다.

교사 (주고)

유아 (받고) → 그대로 받아서 치기

→ 받아서 치기

→ 받아서 치기

→ 받아서 치기

- 채편 치기 ◫ (덕) : 구음(입소리) 부르면서 친다.

교사 (주고)

유아 (받고) → 그대로 받아서 치기

→ 받아서 치기

→ 받아서 치기

→ 받아서 치기

● 궁편 치기 ◎(쿵) : 구음(입소리) 부르면서 친다.

교사 (주고)

유아 (받고) → 그대로 받아서 치기

→ 받아서 치기

→ 받아서 치기

→ 받아서 치기

● 변죽 치기 ⊠(따) : 구음(입소리) 부르면서 친다.

교사 (주고)

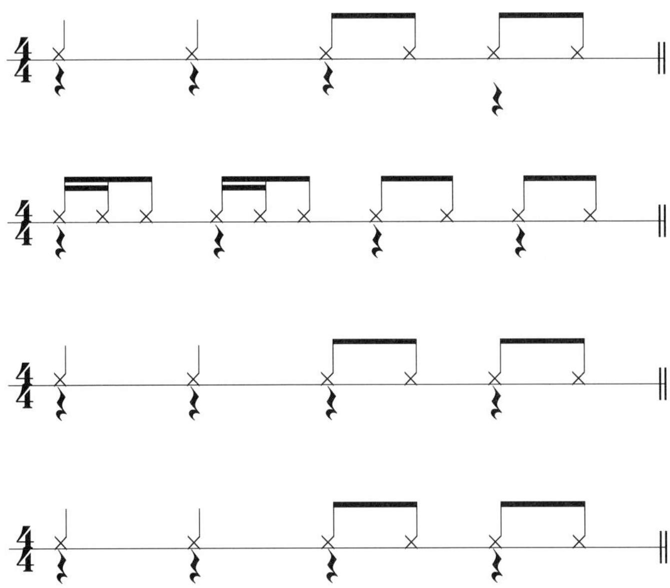

유아 (받고) → 그대로 받아서 치기

→ 받아서 치기

→ 받아서 치기

→ 받아서 치기

● 구음(口音)으로 치기(장구 입소리를 크게 부르면서 장구 치기)

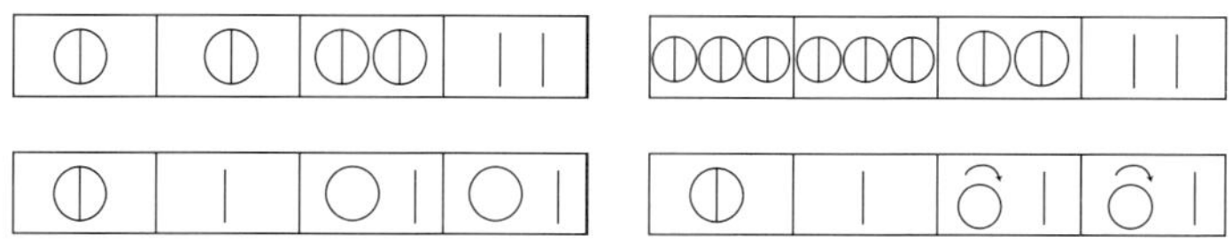

● 오방진장단 연습

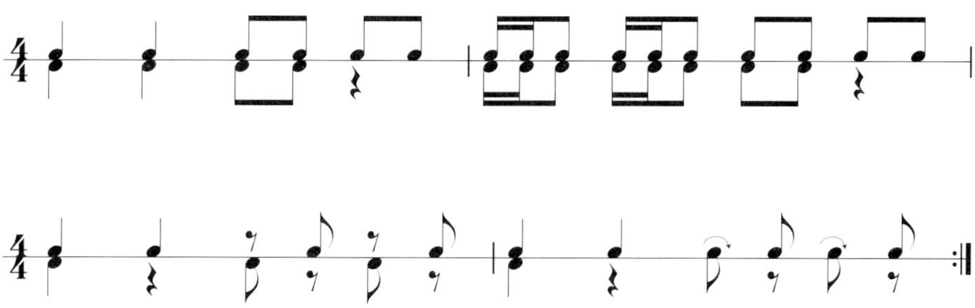

장구 합주

4 진오방진

일명 단모리장단이라고 한다. 진오방진장단은 오방진장단보다 더 빨리 모는 장단으로 오방진장단을 친 후 연결한다.

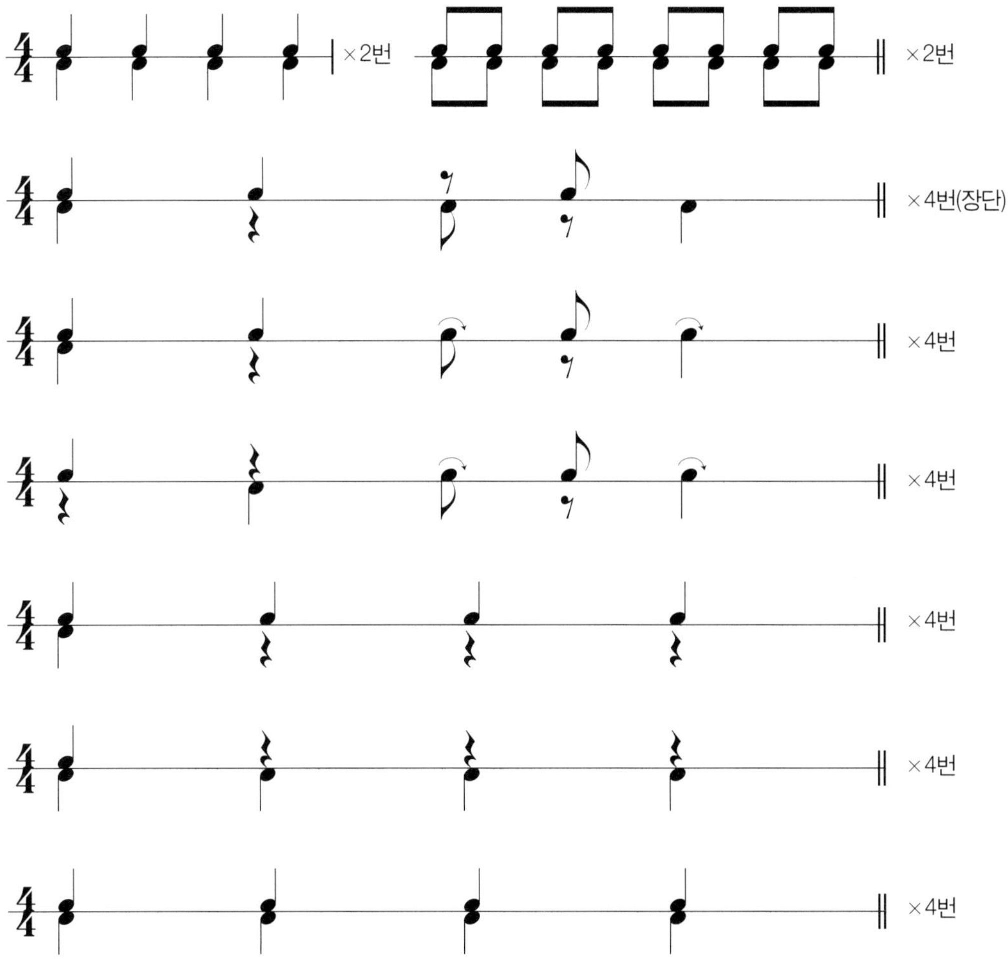

점점 빠르게 -- 난타 (야) ---------

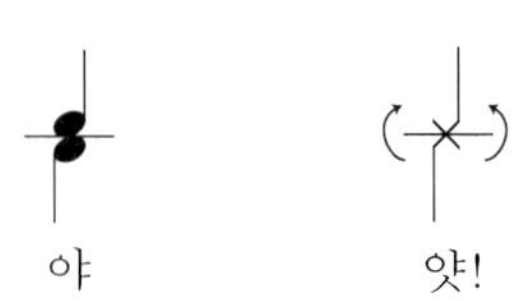

아. 단모리장단

$\frac{4}{4}$박으로 빠르게 또는 아주 빠르게 몰아가는 경쾌하고, 재미있고, 신명나는 장단으로 사물놀이, 동요와 기악 합주, 민요 등 널리 쓰인다.

리듬				
입장단(구음)	덩(떵)	덕 덕	쿵 덕	쿵
악보부호	⦶	｜ ｜	○ ｜	○
장구 몸동작	⌒ 몸을 숙이면서	왼손 높이 들고 둥글게 돌린다	몸을 돌면서	친다
숫자장단	하나	둘	셋	넷
손뼉장단(리듬대로)	짝 (양손 같이 치기)	짜자 (오른손 두 번 치기)	짜자 (왼 · 오른손 치기)	짝 (왼손 치기)
손동작	손뼉 치면서 몸 숙이고		들면서 친다	
말장단	① 선 ② 친 ③ 첫 ④ 머 ⑤ 왼 ⑥ 둥	생 님 구 들 박 을 리 를 손 을 글 게	안 – 안 – 강 하 숙 이 높 – 돌 린	녕 녕 게 고 이 다
발구르기	양발	오른발·오른발	왼발·오른발	왼발
무릎장단	숙이면서 양손으로 무릎 치면서 왼손 높이 들고 돌리기	오른손 2번 무릎치기	왼손 · 오른손 무릎치기	왼손으로 무릎치기

자. 장단별 속도

우리 음악에는 많은 장단이 있지만 그 중에서도 대표적인 4가지 장단의 속도를 어린이들이 많이 사용하는 그림인 동물, 교통기관의 빠르기로 표현해 본다.

장단	빠르기	동물	육상교통기관	항공교통기관
굿거리장단	조금 느리게			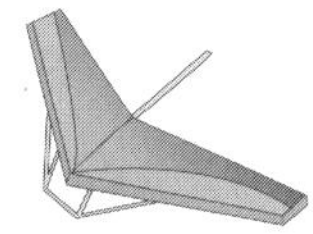
세마치장단	보통빠르기		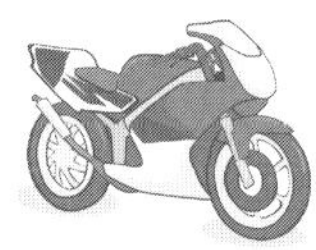	
자진모리장단	조금 빠르게			
단모리장단	아주 빠르게			

(9) 연령별 장구 지도안

어린이에게 적합한 장단은 인사장단, 난타, 굿거리장단, 세마치장단, 자진모리장단, 단모리장단, 별달거리장단, 오방진장단 등을 들 수 있다. 각 장단별 지도과정은 다음과 같다.

가. 각 장단별 지도과정

1 6세

- 인사장단, 난타를 중심으로 한 각 장단놀이 활동 프로그램
- 장단 연습곡+별달거리장단+단모리장단

2 7세~8세

- 인사장단 · 굿거리 · 세마치 · 자진모리 · 단모리 장단으로 이어지는 장구 합주
- 난타+굿거리장단+오방진장단+단모리장단
- 난타+자진모리장단+동살풀이장단+오방진장단+단모리장단
- 인사장단+자진모리장단+별달거리장단+단모리장단

나. 동요 · 민요와 장구 합주

국악동요와 민요, 전래동요와 민요, 기악 합주 등을 장구 치기로 삽입곡을 넣어서 연주하는 방법이다.

1 6세

- 국악동요+장구 장단치기(단모리장단)+국악동요
- 민요+장구 장단치기(자진모리장단)+국악동요
- 난타+장구 장단치기(굿거리장단 기본+몸동작)+전래동요

2 7세~8세

- 자진모리장단+민요+단모리장단
- 난타+굿거리 · 세마치장단+민요(동요)
- 동요+동살풀이 · 오방진장단+민요
- 인사장단+자진모리장단+별달거리장단+동요(민요)

장구 합주

● 민요+세마치+단모리장단

※ 주의점 : 장단은 원래 박에 충실을 기하고 전반적으로 한국 무용의 춤사위를 최대로 살릴 수 있는 장구춤 동작을 살려 지도하여야 한다.

(10) 장구작품

가. 장구장단과 악보부호

1 굿거리장단(조금 느리게)

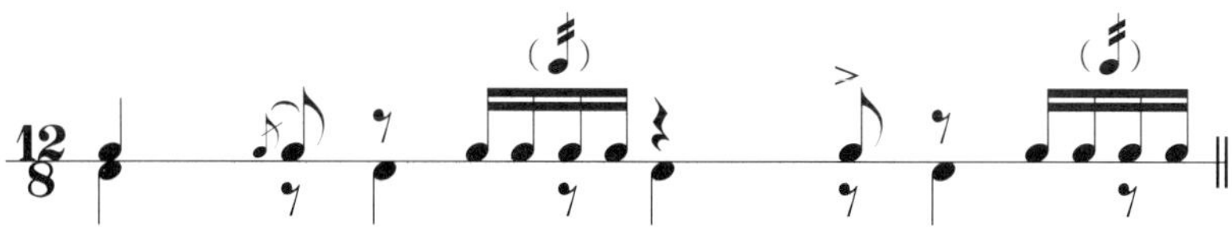

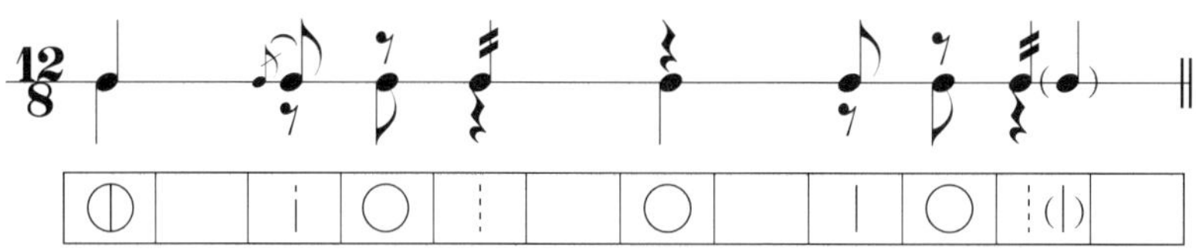

덩 기덕 쿵 더러러러 쿵 덕 쿵 더러러러 (덕)

▶ 변형장단

①

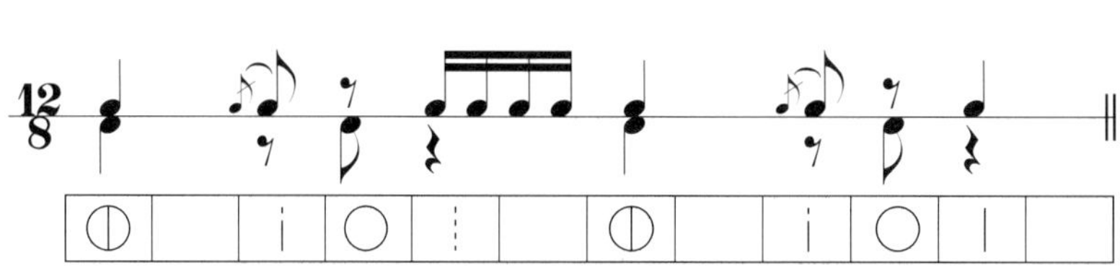

덩 기덕 쿵 더러 러러 덩 기덕 쿵 덕

②

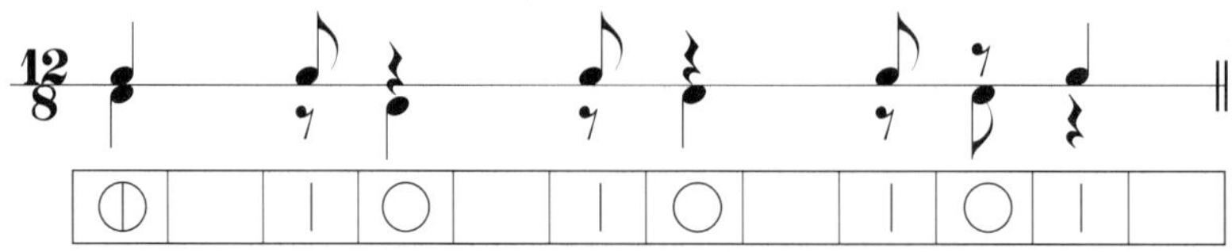

덩 덕 쿵 덕 쿵 덕 쿵 덕

③

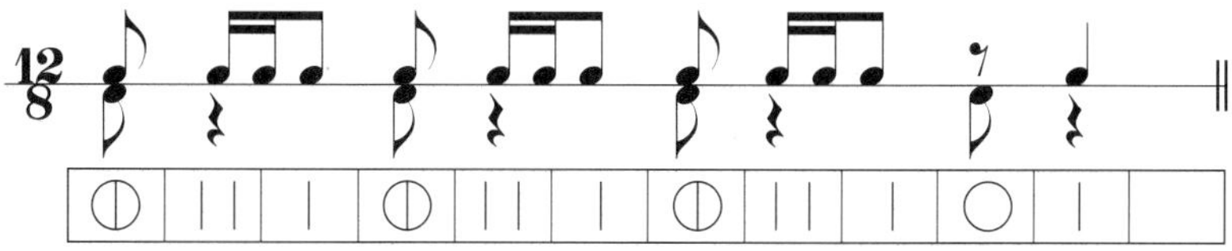

덩 더더 덕 덩 더더 덕 덩 더더 덕 쿵 덕

④

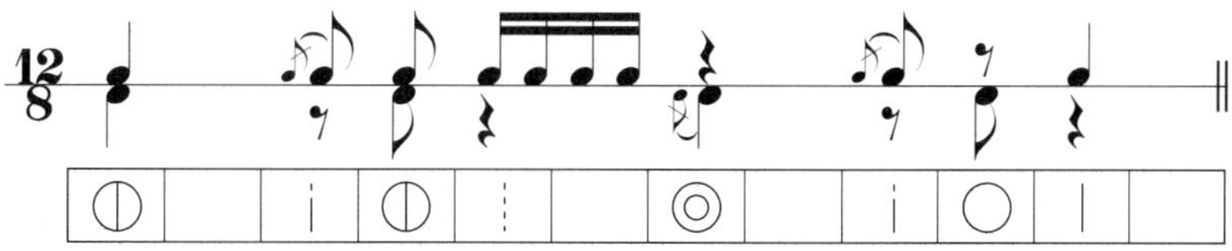

덩 기덕 덩 더러 러러 쿠쿵 기덕 쿵 덕

⑤

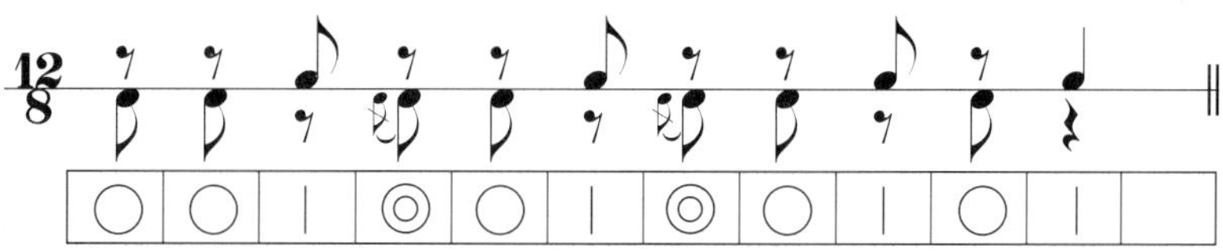

쿵 쿵 덕 쿠쿵 쿵 덕 쿠쿵 쿵 덕 쿵 덕

2 세마치장단(보통빠르기)

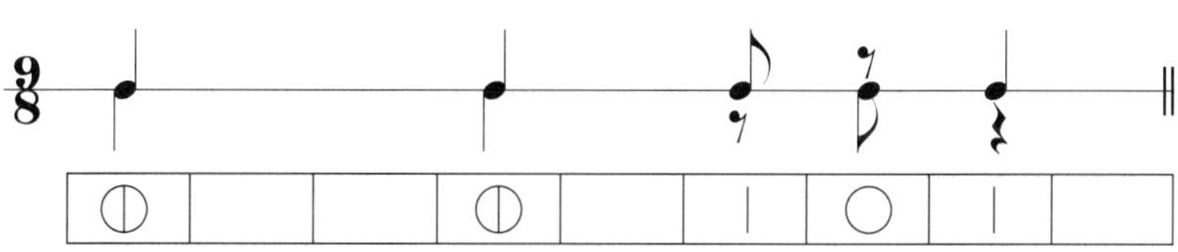

덩 덩 덕 쿵 덕

변형장단

①

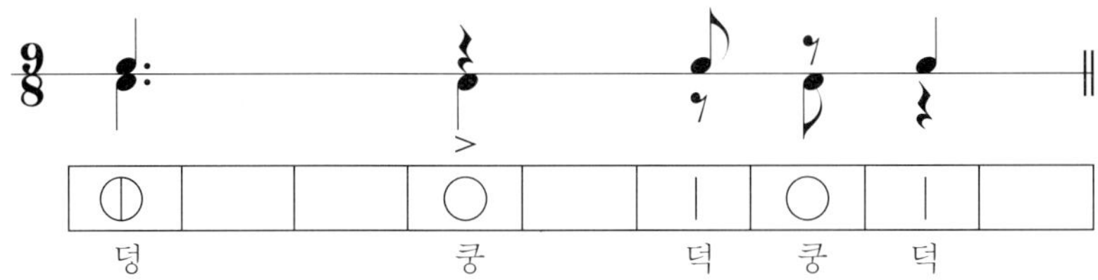

②

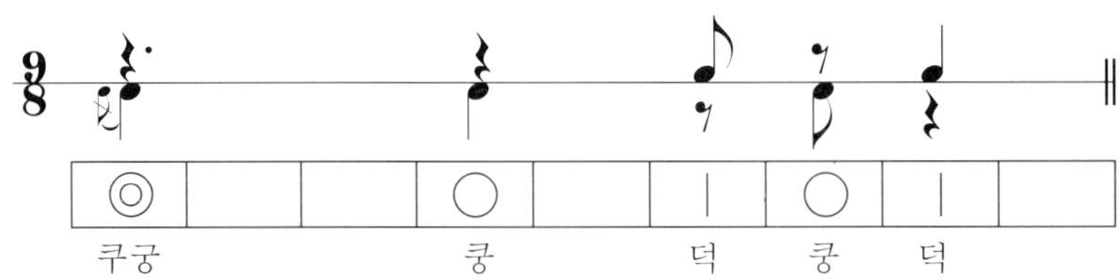

③

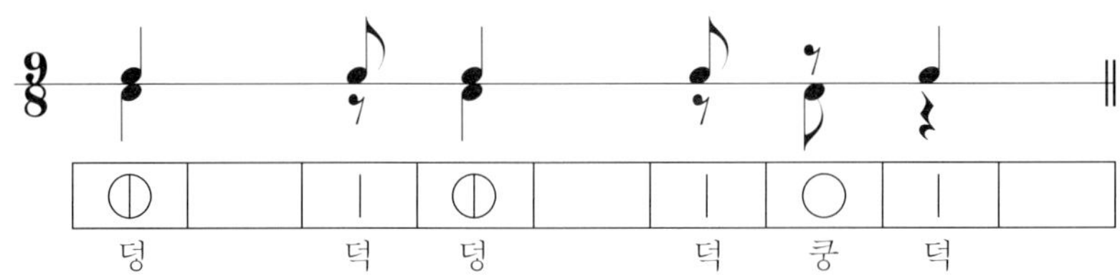

④

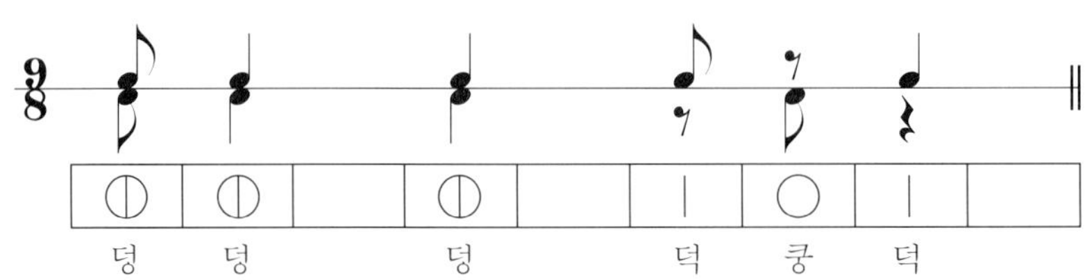

❸ 자진모리장단(조금 빠르게)

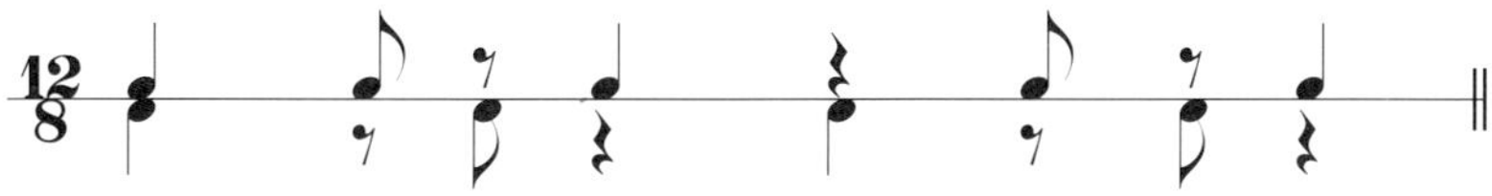

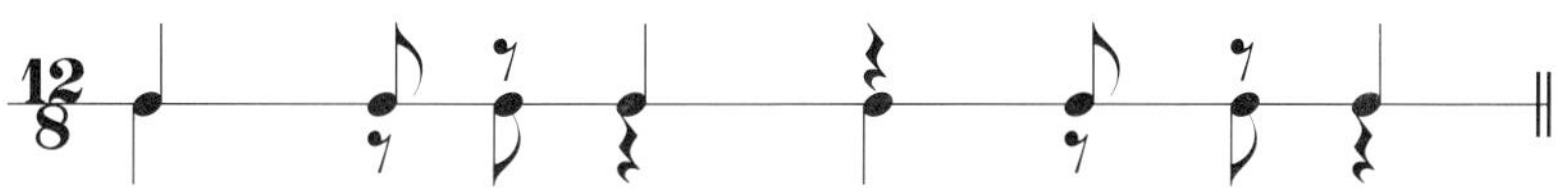

⦶		ǀ	○	ǀ		○		ǀ	○	ǀ	
덩		덕	쿵	덕		쿵		덩	쿵	덕	

변형장단

①

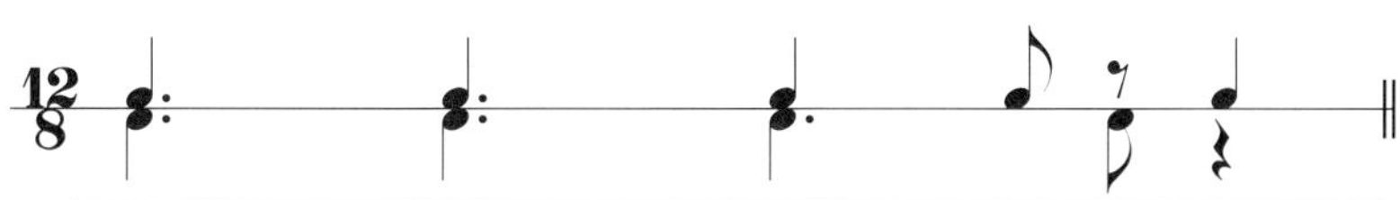

⦶			⦶			⦶		ǀ	○	ǀ	
떵			덩			덩		덕	쿵	덕	

②

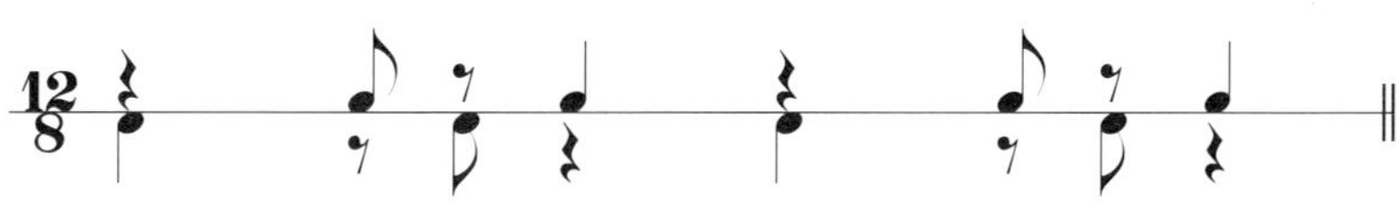

○		ǀ	○	ǀ		○		ǀ	○	ǀ	
쿵		덕	쿵	덕		쿵		덕	쿵	덕	

③

○	ǀ	ǀ	○	ǀ	ǀ	○	ǀ	ǀ	○	ǀ	
쿵	덕	덕	쿵	덕	덕	쿵	덕	덕	쿵	덕	

④

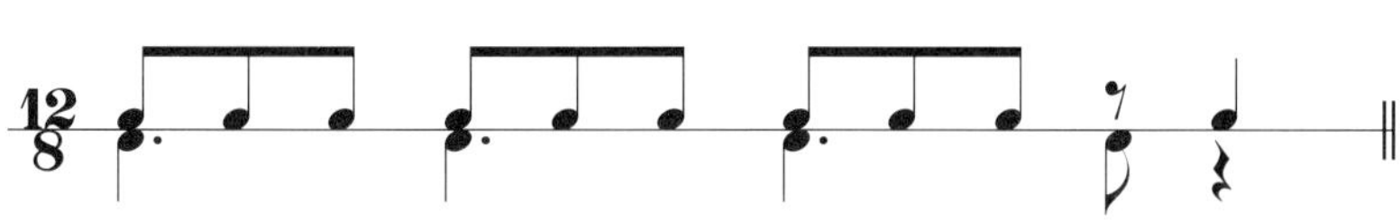

⦶	ǀ	ǀ	⦶	ǀ	ǀ	⦶	ǀ	ǀ	○	ǀ	
떵	덕	덕	덩	덕	덕	덩	덕	덕	쿵	덕	

4 단모리장단(빠르게, 아주 빠르게)

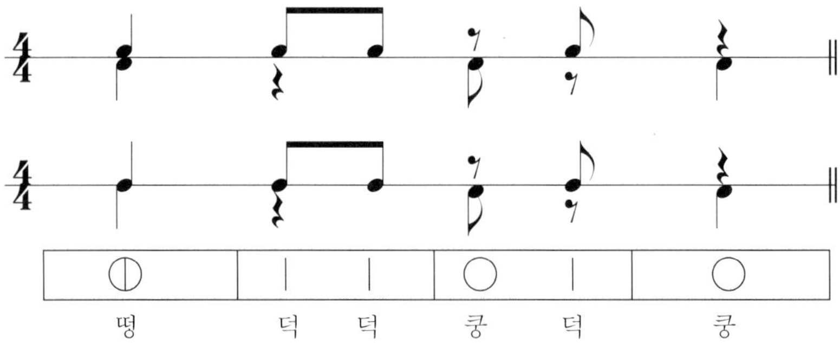

변형장단

①
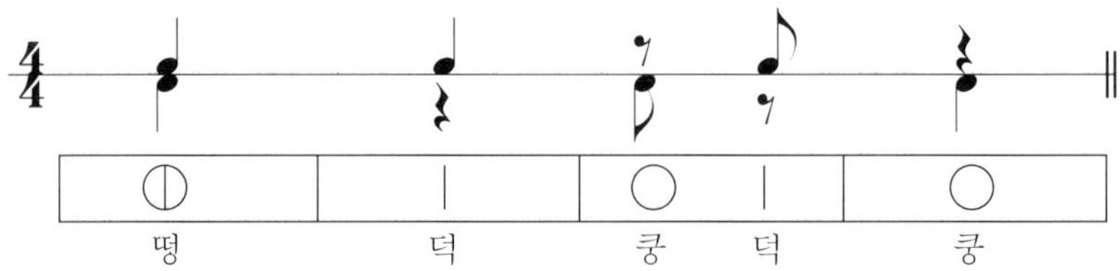

②
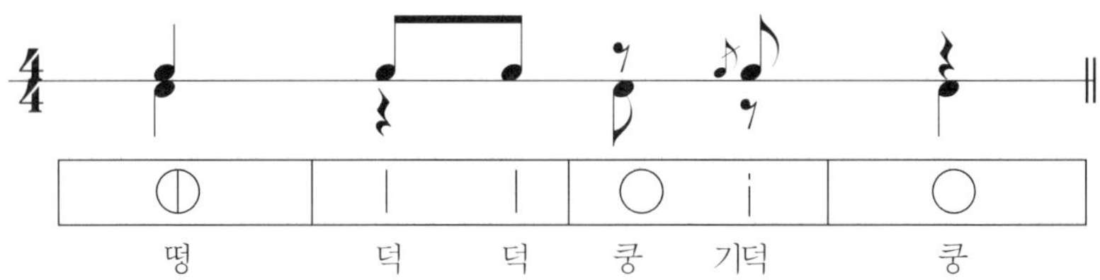

③
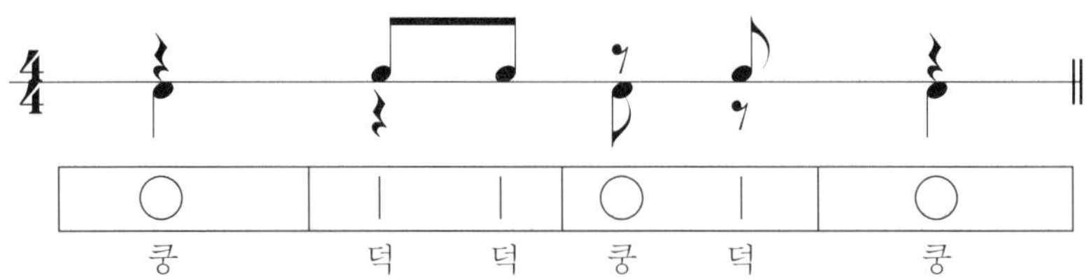

④
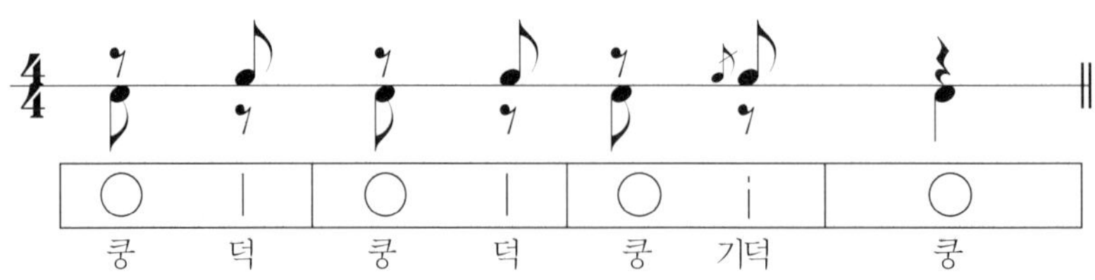

⑤

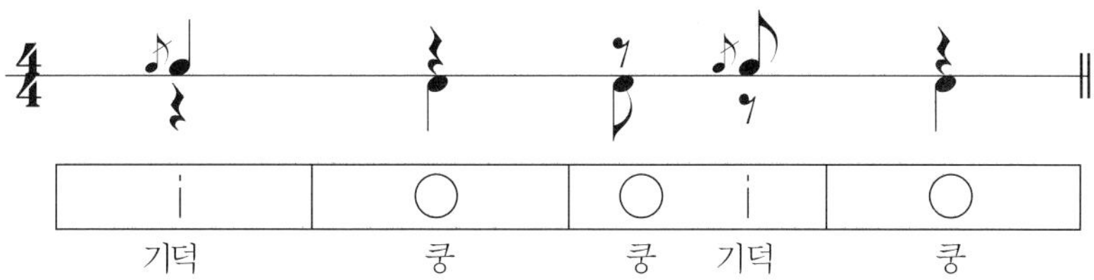

5 장구부호 및 연주 요령

부호	명칭	구음	연주요령	리듬 악보
⦶	합 장단	떵	채편과 북편을 동시에 친다.	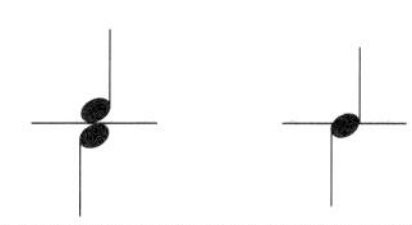
|	채편	덕	오른손 채로 채편을 친다.	
○	북편	쿵	왼손바닥으로 북편을 친다. (궁글채)	
⋮	채 굴림	더러러러	오른손 채로 채편을 굴린다	
¡	겹채	기덕	오른손 채로 채편을 겹쳐 친다.	
•	채 찍음	더	오른손 채로 채편을 찍는다.	
◎, 8	겹궁	쿠쿵	왼손으로 북편을 두 번 친다.	
○ (화살표)	넘김 쿵	쿵	왼손 채를 오른쪽으로 넘겨 친다.	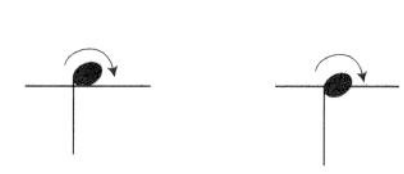

나. 장구작품

1 풍년가(굿거리장단 도입)

어린이에게는 곡(작품)을 들어가기 전에 도입장단으로 호흡과 장단을 익히는 과정이 필요하기 때문에 장구의 몸동작을 잘 나타낼 수 있게 지도하여야 한다.

● 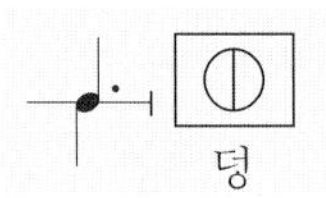

의 도입

①
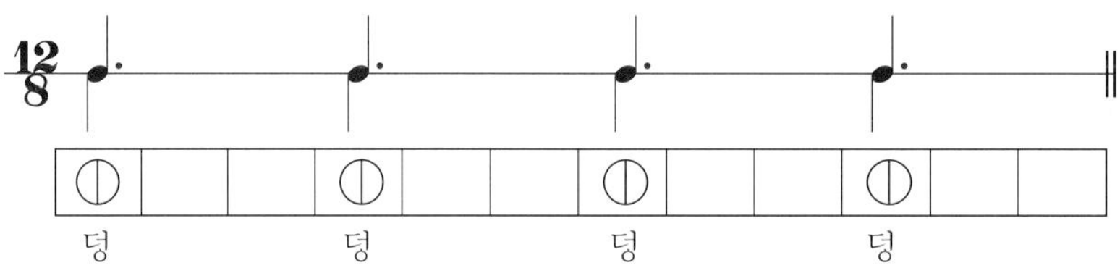

×2(장단)

②
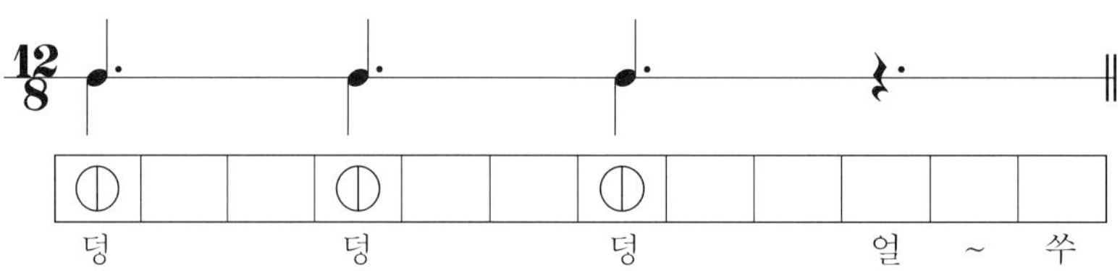

×2

③
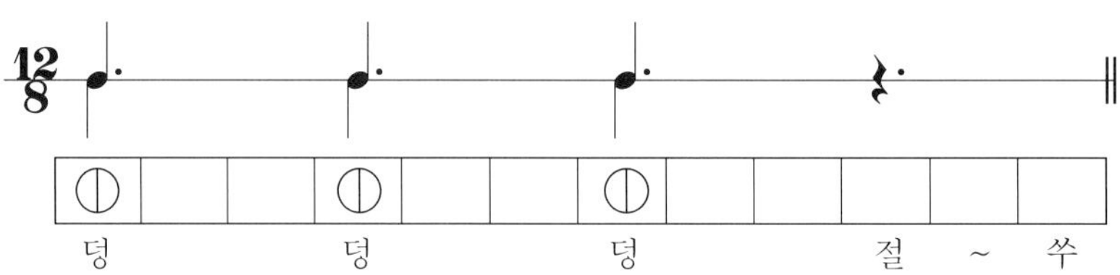

×2

④
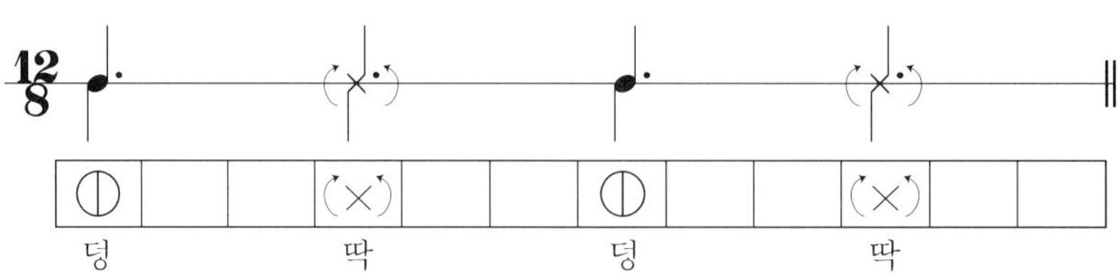

×2

(양손 위로 올려서 채치기)

● 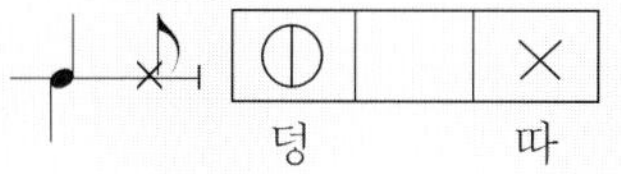

의 도입

①
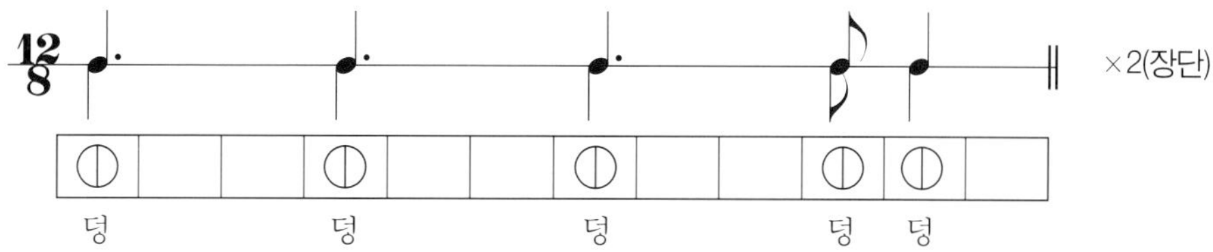

②
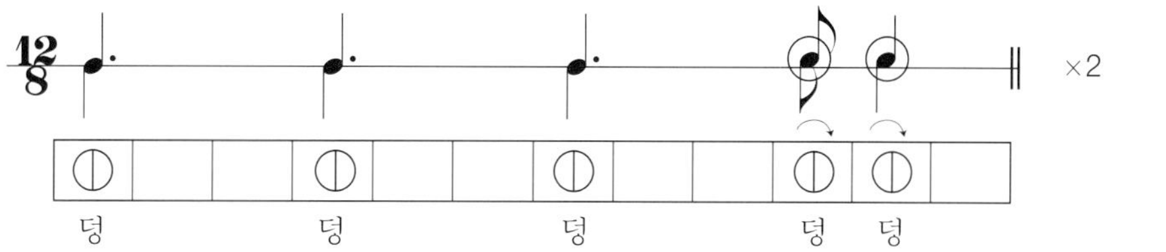

③
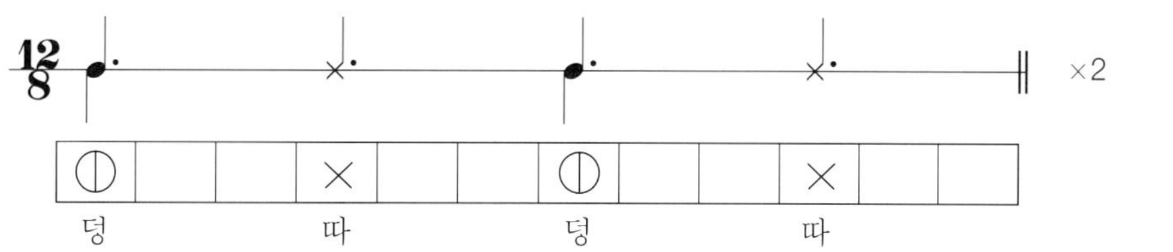

④
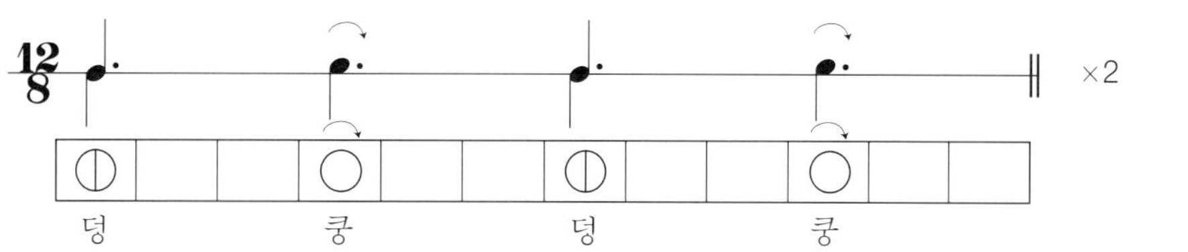

⑤
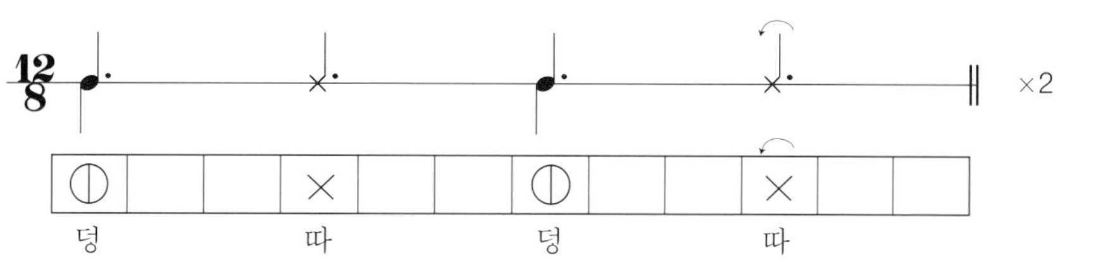

- 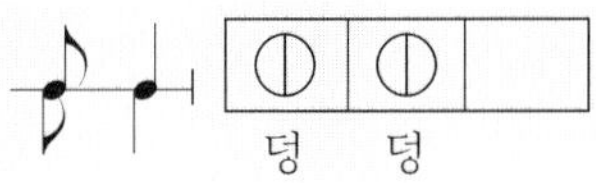

의 도입

①
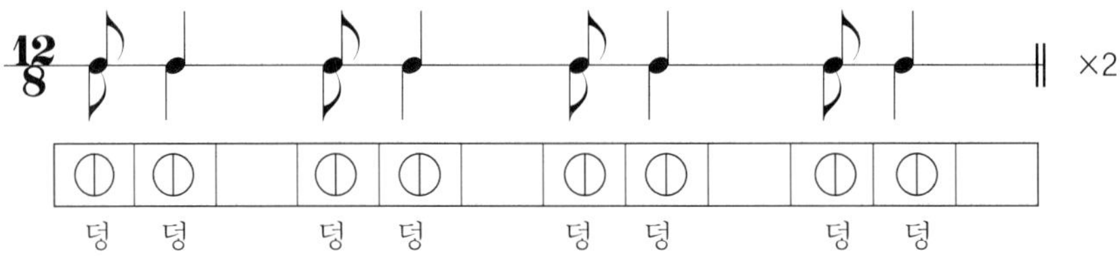

②
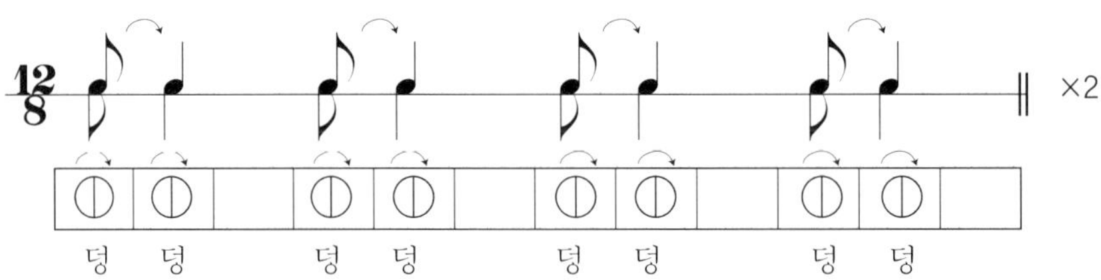

③
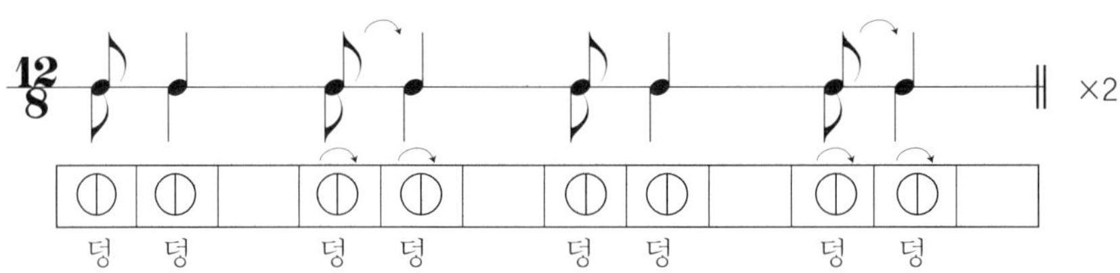

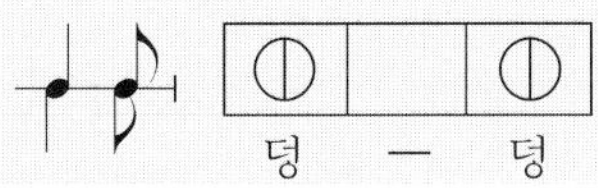

의 도입

① 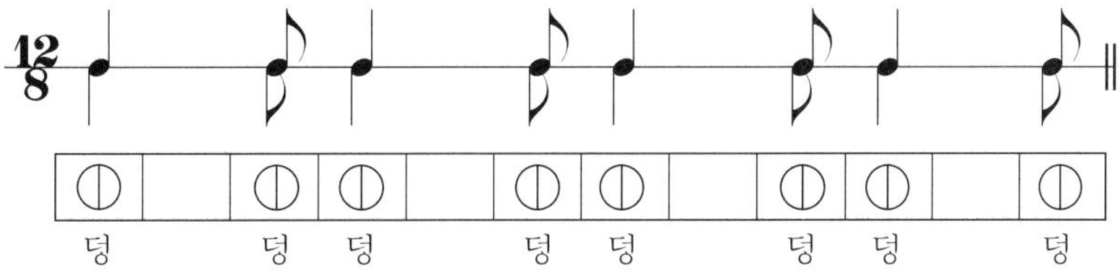

×2(장단)

② 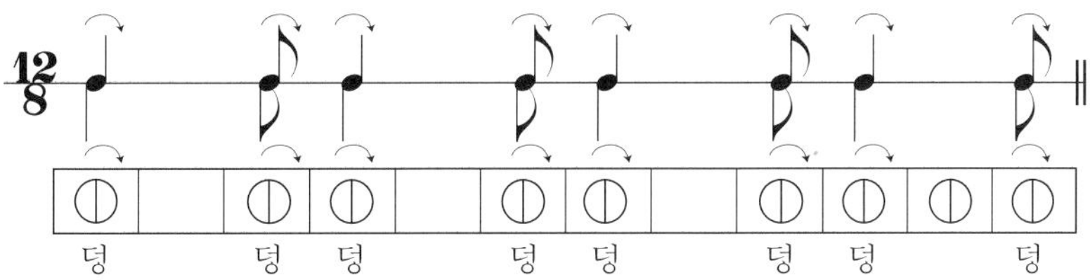

×2

③ 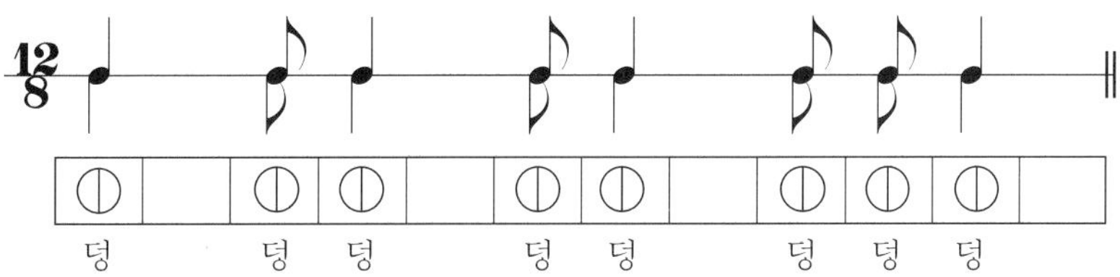

×2

④ 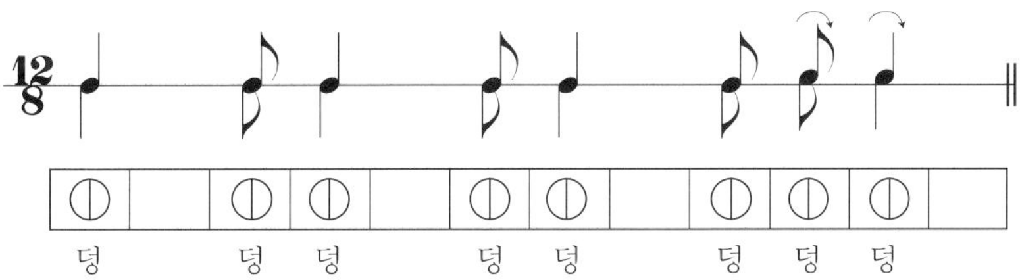

×2

풍년가

굿거리장단
풍 – 년 이 왔 – 네 풍 – 년 –이 왔 – – – – – –네–
올 – 해 도 풍 – 년 내 년 에 –도 풍 – – – – – –년–
(양손 옆으로)
(양손 옆으로)
(궁글채를 장구 테두리 위에 살짝 얹는다.)
(양손 옆으로)
금 수 – 강 산 – 에 – – – – 풍 년 이 –왔 – – –네–
년 년 – 세 세 – 에 – – – – 풍 년 이 –로 – – –다–
(양손 옆으로)
(양손 옆으로)
(궁글채를 장구 테두리 위에 살짝 얹는다.)
지 – 화 자 좋 – 다 얼 시 구나 좋 – 구 좋 – –다–
(양팔 벌려서 어깨춤)
(양팔 벌려서 어깨춤)
(채 위로 올려서 치기)
명 년 – 춘 삼 – –월 – –에– 화 전 놀 이 –가 – – – –세
(양팔 벌려서 어깨춤)
(양팔 벌려서 어깨춤)

2 도라지타령(세마치장단 도입)

- 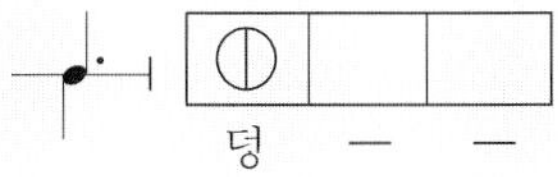

의 도입

①
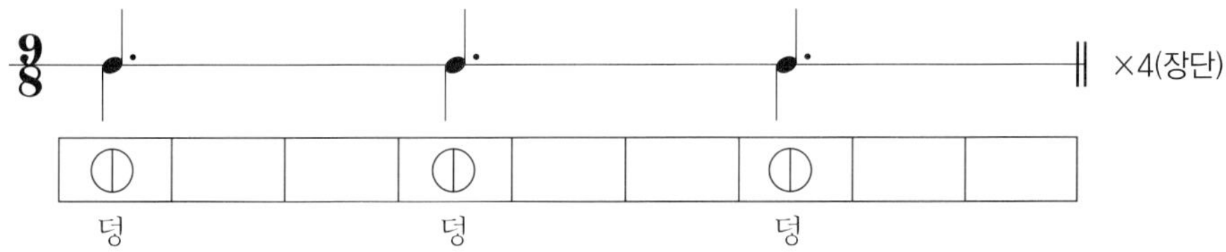

②
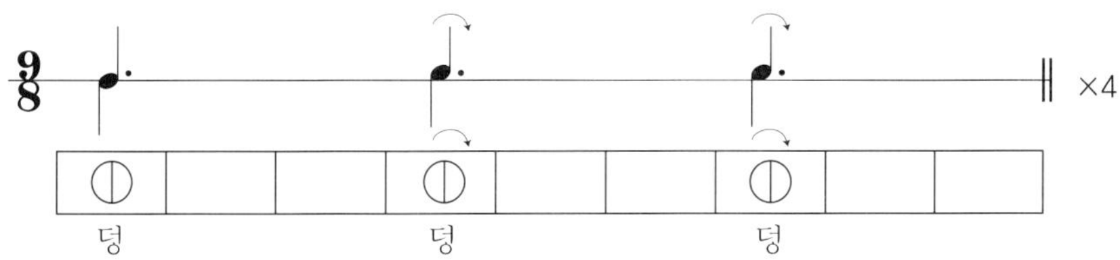

③
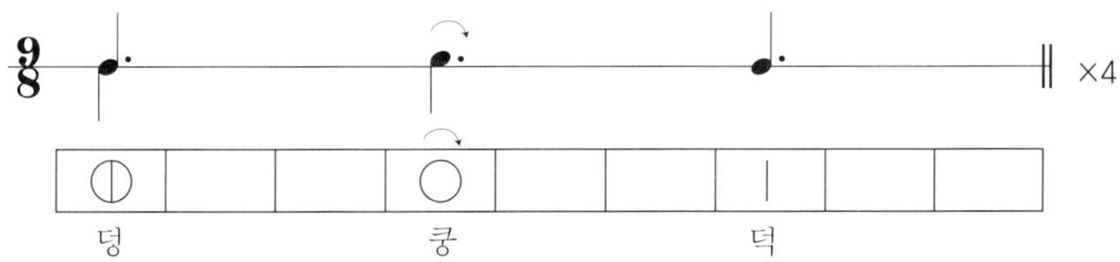

- 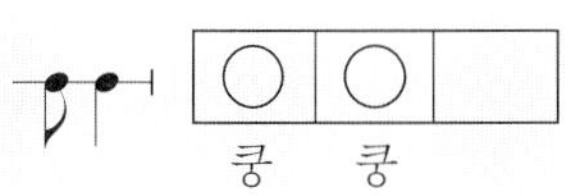

의 도입

①
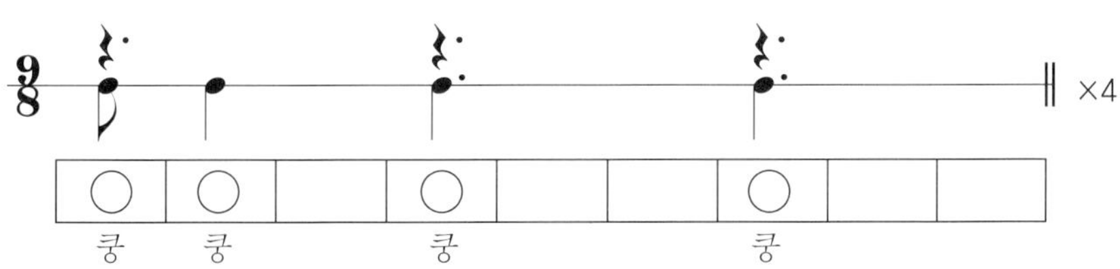

②
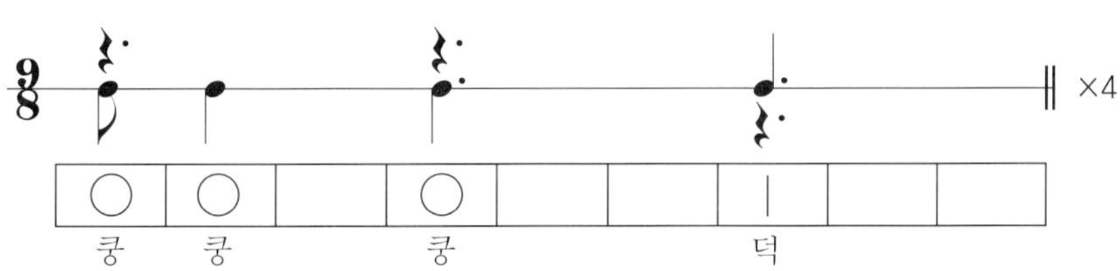

③ 

○	○		○			○		
쿵	쿵		쿵			쿵		

● 

⦶	⦶	
덩	덩	—

의 도입

① 

⦶	⦶		⦶			⦶		
덩	덩		덩			덩		

② 

⦶	⦶		○			|		
덩	덩		쿵			덕		

③ 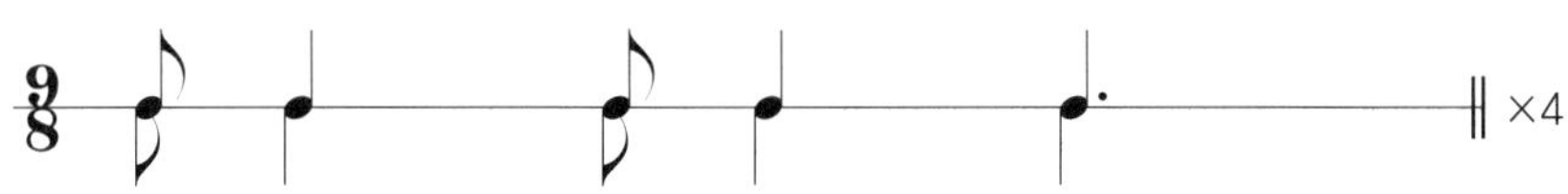

⦶	⦶		⦶	⦶		⦶		
덩	덩		덩	덩		덩		

④ 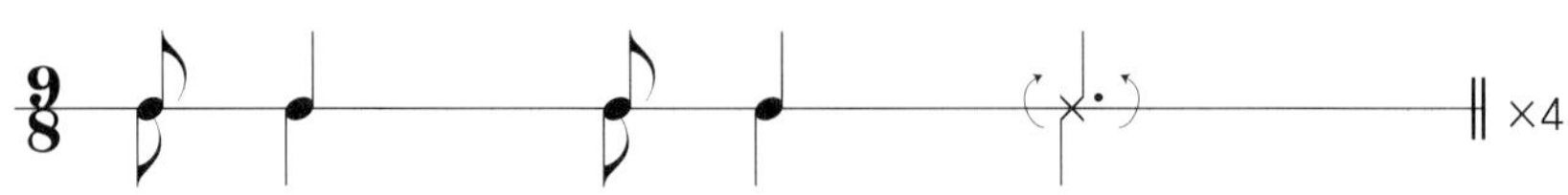

⦶	⦶		⦶	⦶		×		
덩	덩		덩	덩		딱		

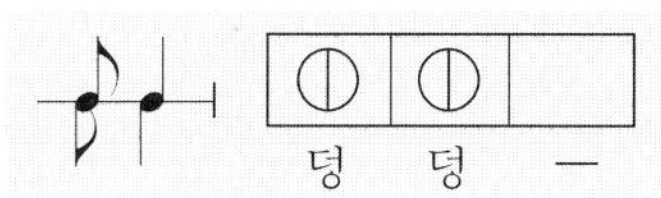

의 도입

①

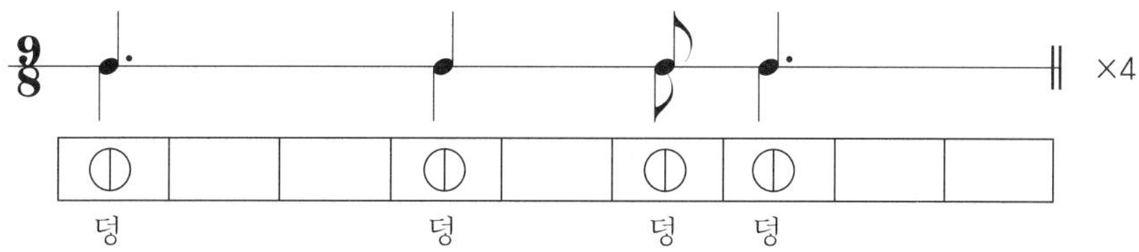

②

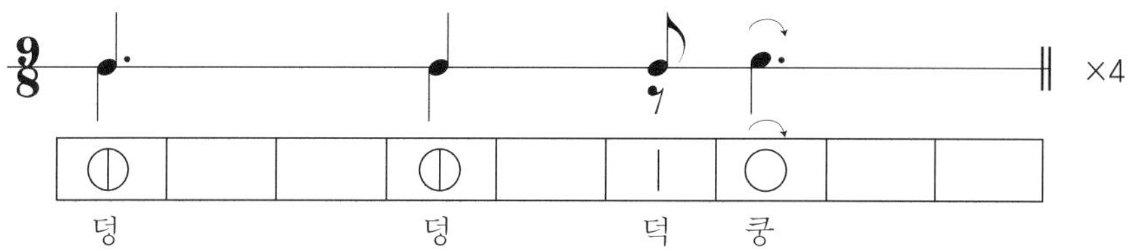

③

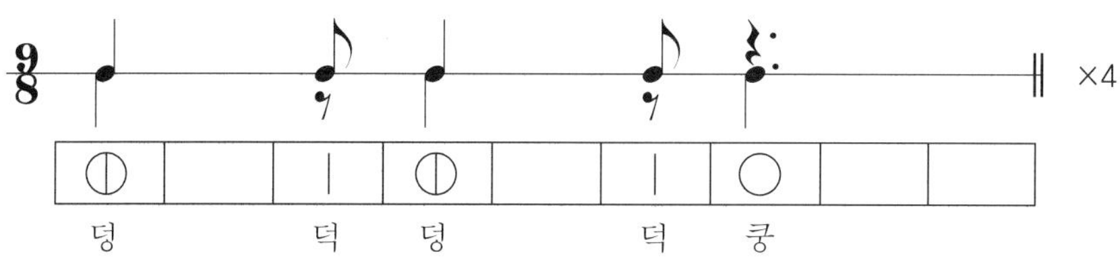

④

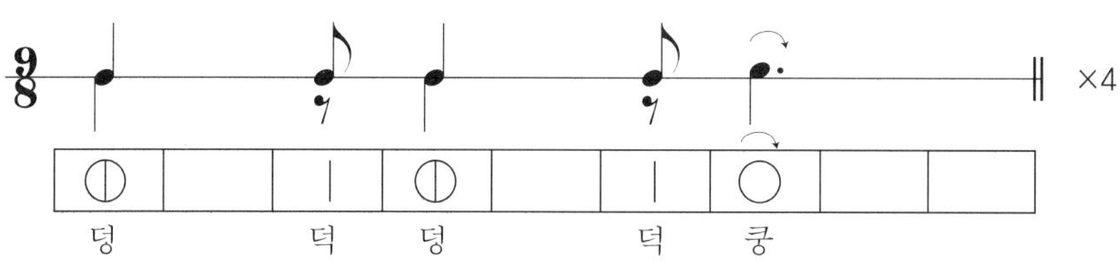

도라지 타령

세마치장단
도 라 지 도 – 라지 백 – 도 – 라 – – 지
한 두 – 뿌 – 리만 캐 – 어 – 도 – – –
에 야 – 란 – – 다 디 – – – 여 – – 라
1절
2절
3절
심 – 신 – 산 – 천 – 에 – 백 도 – 라 지 –
대광 주 리 철 – 철 – 철 – 다 넘 는 – 다 –
에 – – – 내 – – – – – 사 – 랑 – 아 –
Fine
(받는 소리)
(후렴) 에 – 헤 이요 에 – 헤 이요 에 헤 – 이 요 – –
D.C.
(양팔을 펴서 오른쪽 꺾어서 옆으로)
(양팔을 펴서 왼쪽 꺾어서 옆으로)
(양손 위로 올려서 채 치기)

3 옹헤야(단모리장단 도입)

- 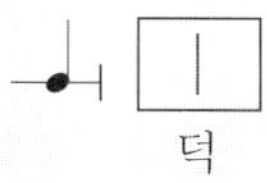

의 도입

①
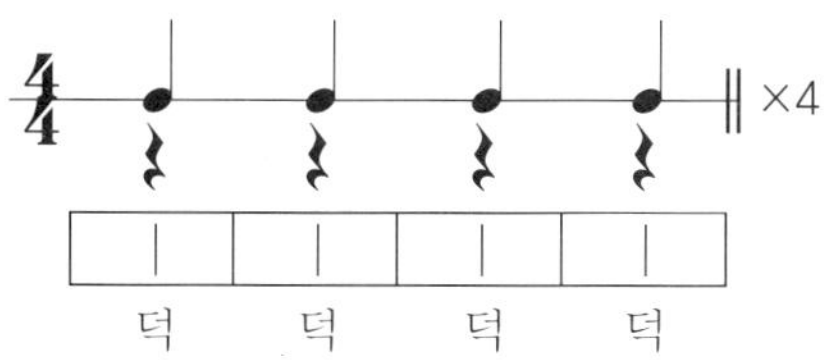

②
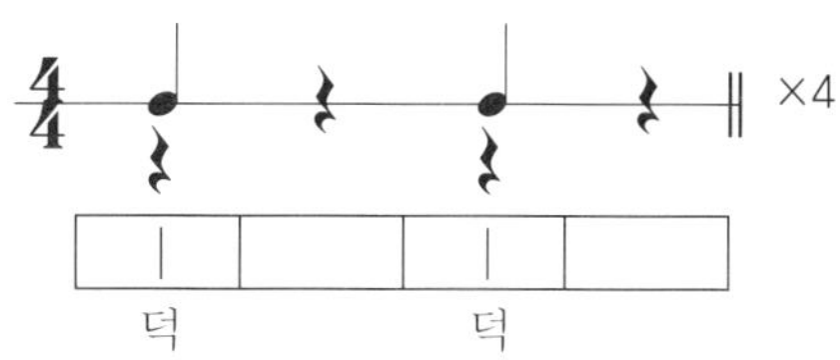

③
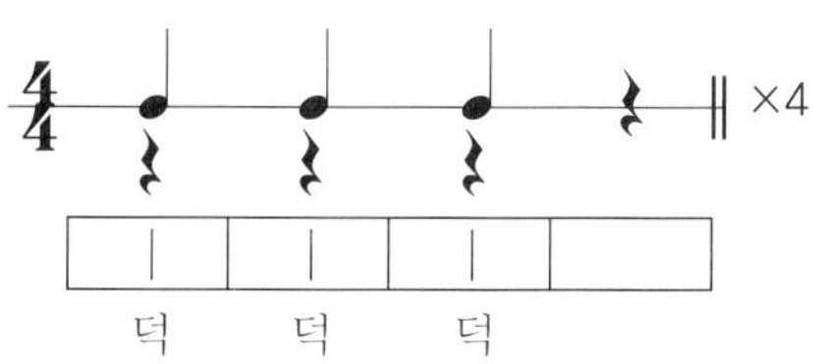

- 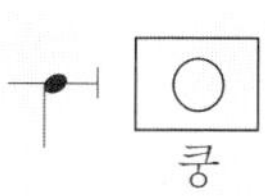

의 도입

①
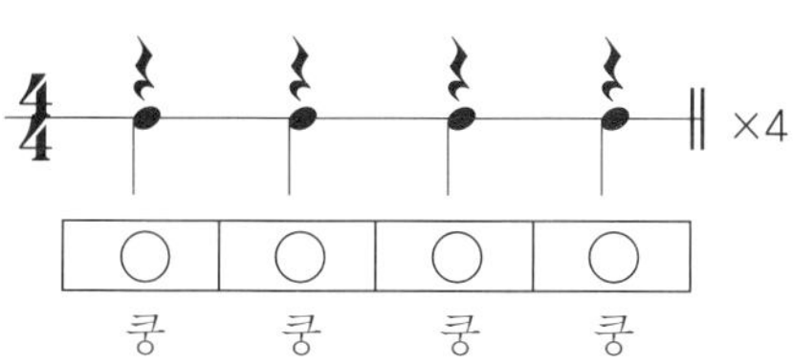

②
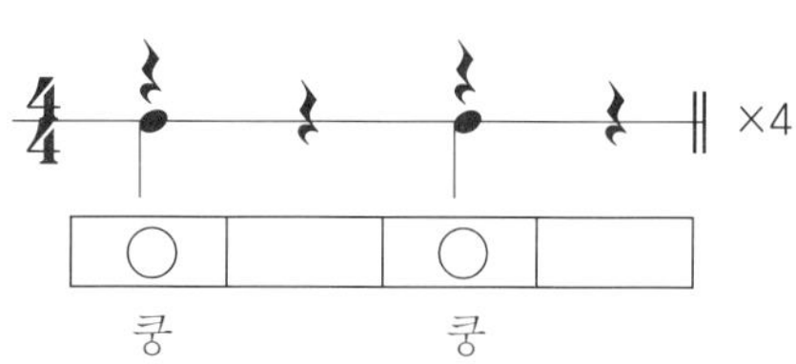

③
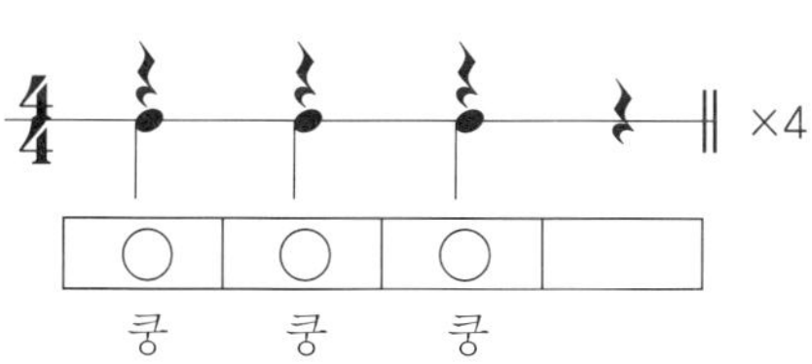

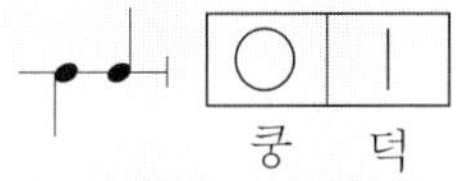

의 도입

①
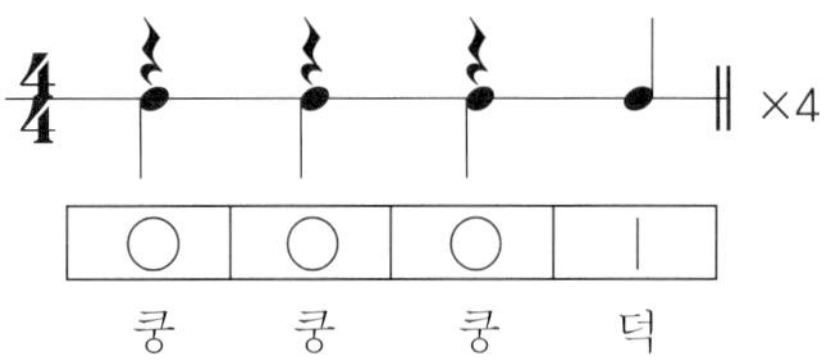

②
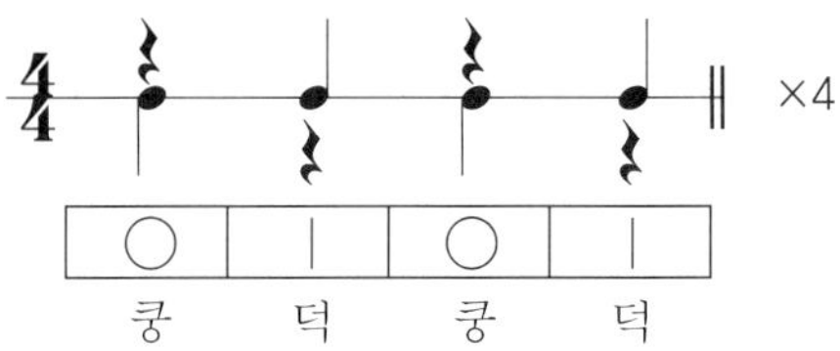

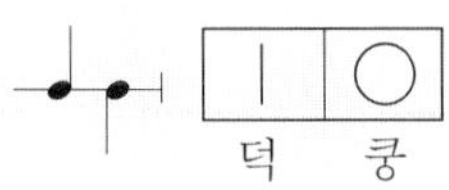

의 도입

①
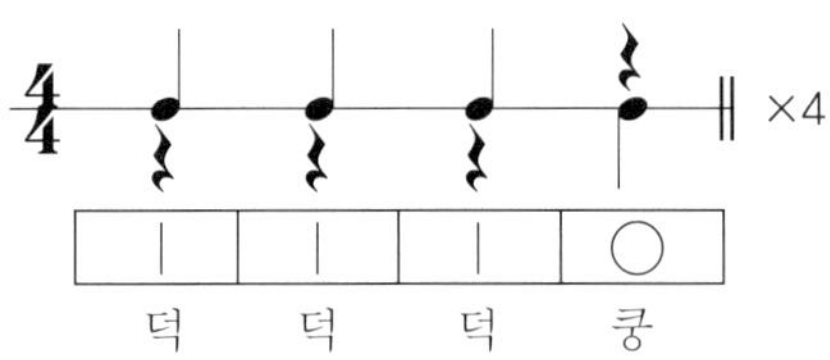

②
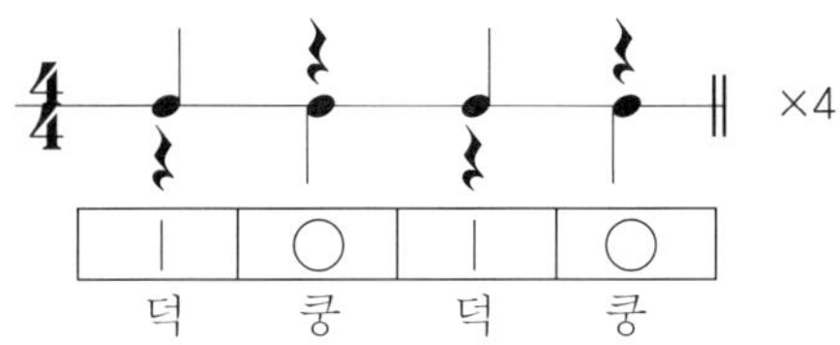

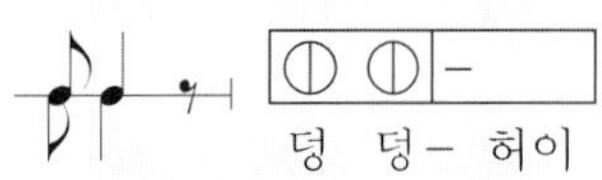

의 도입

①
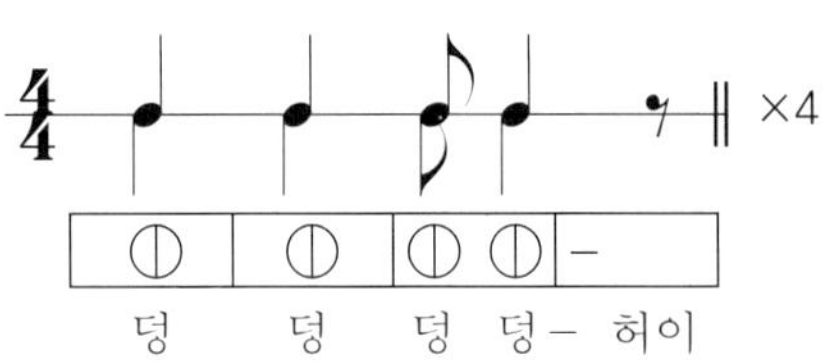

②
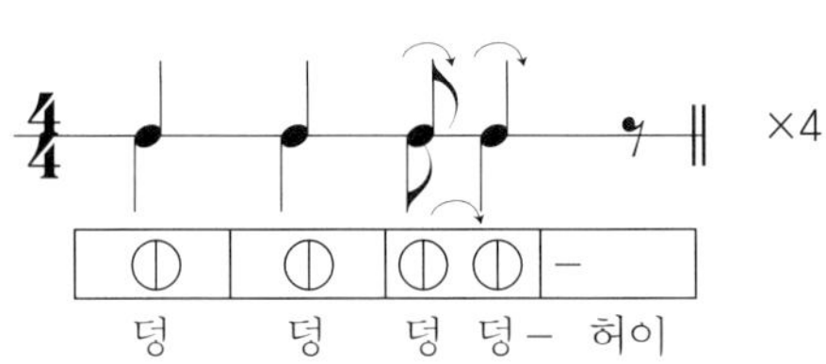

③
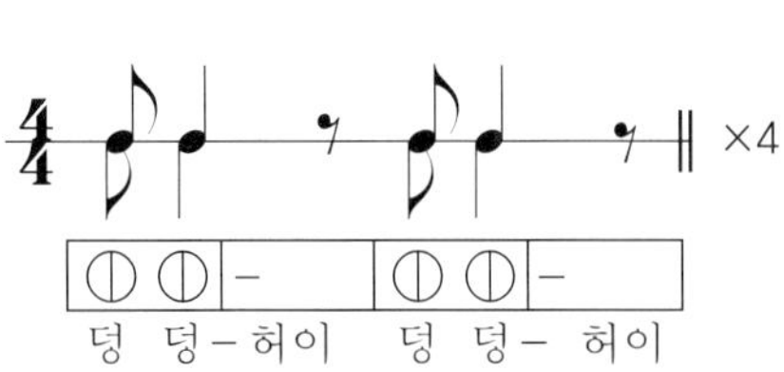

④
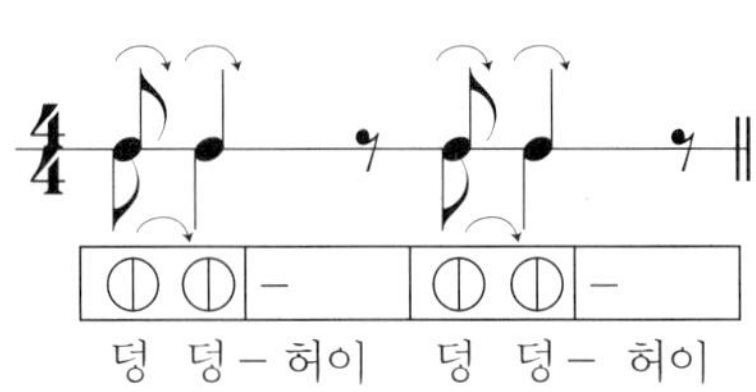

• 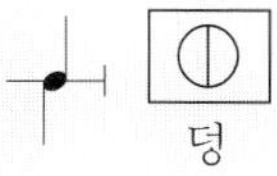

의 도입

①
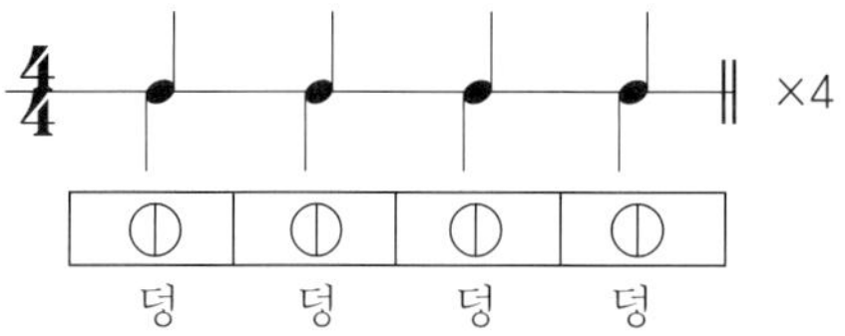

②
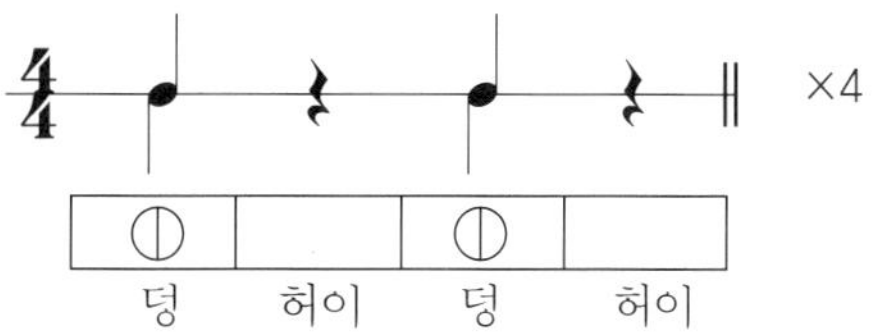

③
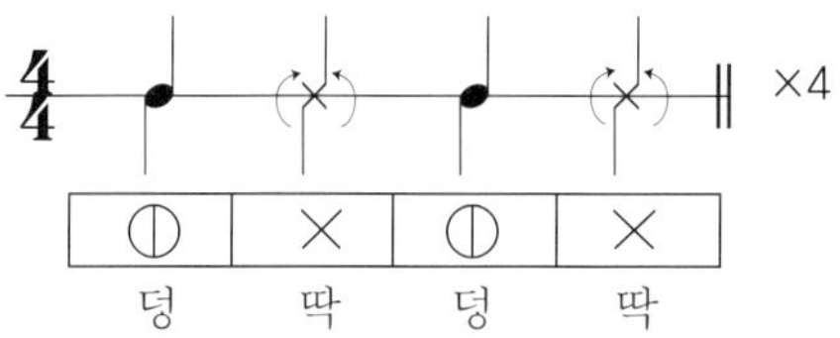

④
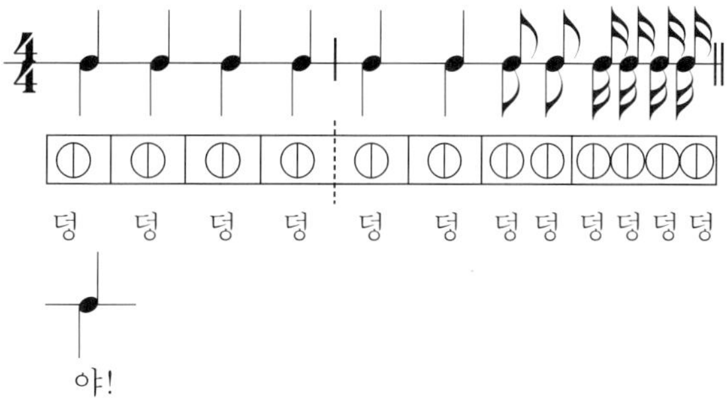

옹헤야

단모리장단

어 절 시 구 옹 헤 야 잘 도 논 다 옹 헤 야 –
장구
(어깨춤) (어깨춤) (허이!)
철 둑 너 머 옹 헤 야 메 추리란 놈이 옹 헤 야 보 리 밤 에 옹 헤 야
이 월 삼 월 옹 헤 야 보 리 – 피 니 – 옹 헤 야 사 월 오 월 옹 헤 야
타 작 끝 에 옹 헤 야 단 오 – 놀 이 – 옹 헤 야 동 네 집 에 옹 헤 야
1 · 2절
3절
알 을–낳 네 옹 헤 야 – 에 에 에 헤 옹 헤 야
싹 이–터 서 옹 헤 야 –
타 작–한 다 옹 헤 야 –
(허이!) (어깨춤)
(허이!) (어깨춤)
어 절 시 구 옹 헤 야 잘 도 논 다 옹 헤 야 –
(어깨춤) (어깨춤) (허이!)

4 오나라(대장금)

[활동목표]

굿거리장단의 흐름과 호흡을 중심으로 장구의 춤 동작을 익힌다.

[준비물]

음악 CD, 장구, 소고

[대상연령]

6세~9세

[활동방법]

- 도입과정

  준비자세 음악에 맞추어 기본동작 연습하기

〈기본동작〉

  - 오른쪽 · 가운데 · 왼쪽 · 가운데로 움직이기
  - 양팔 들고 어깨춤 추기
  - 양손 위에서 흔들기
  - 왼손 장구 위에서 얹고 오른손 밀고 당기기
  - 채편, 궁편 흔들기
  - 양손 위로 들고 테 치기

- 전개

  - 장구 한 번 치고 어깨춤, 흔들기, 손들기, 돌리기, 밀고 당기기 등

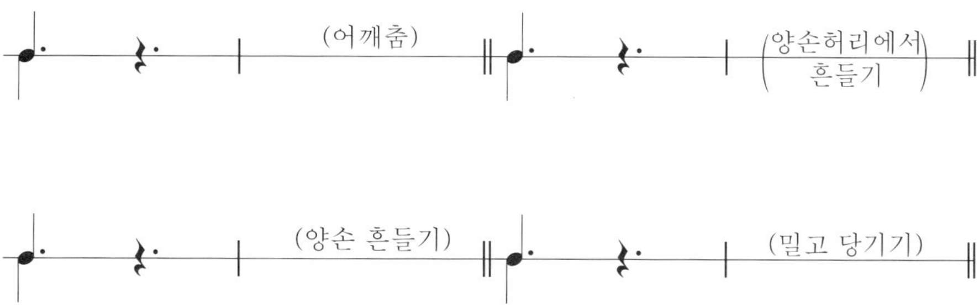

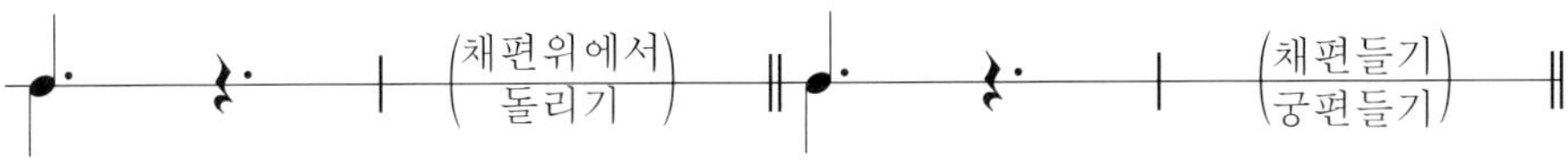

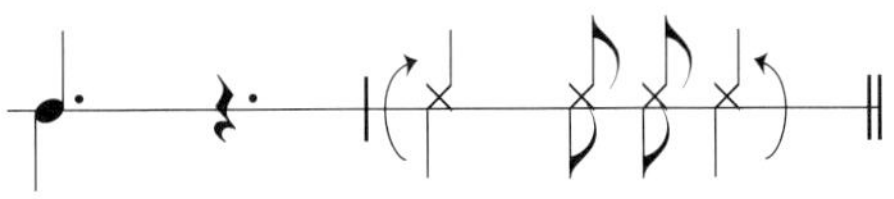

(양 손 올려서 테 치기)

– 두 번 치기 연습

– 세 번 치기 연습

오나라

임세현 작사 · 작곡
정성자 작품

굿거리장단

나 나 니 다 려도 못 노 나 니 아 니 리 다 려도 아 니 노 네
장구
(밀고 당기기)
(밀고 당기기)
(채편 흔들기)
(채편 흔들기)
소고
(테 돌리기)
(오른손 · 왼손 감싸서 흔들기)

에 이야 디 이야 에 야 나 라 니노 오 지도 못 하나 다 려 가 나
장구
(양손 위로 흔들기)
소고
(밀고 당기기)
(오른손 · 왼손 감싸서 흔들기)

에 –야 디 –야 에 야 나 라 니노 오 지도 못 하나 다 려 가 나
장구
소고
(밀고 당기기)

[변형 및 확장활동]

- 굿거리장단에 맞추어 춤 동작 활용하기
- 굿거리장단을 쉽게 변형한 장단으로 도입하여 장구 치기

오나라(장구) 합주

5 독도는 우리 땅(장구놀이)

[활동목표]

노래를 통하여 국악의 장단과 춤 동작을 익히고 우리나라 땅인 독도에 대해 알게 함으로 교육적인 효과를 기대한다.

[준비물]

음악 CD, 교사장구, 유아장구, 독도에 관한 자료

[대상연령]

6세~10세

[활동방법]

- 도입과정
  - 우리나라 지도를 보고 독도의 위치를 알아본다.

- 섬은 어떤 곳일까?
- 독도는 어느 나라 땅일까?
- 우리는 독도를 어떻게 지켜야 할까?
- 독도의 노래를 들려주고 불러본다.
- 독도의 노래에 따라 장구 치기 활동으로 전개한다.

<브레인스토밍>

- 우리나라 독도 그림자료를 보며 생각 모으기 놀이를 해본다.

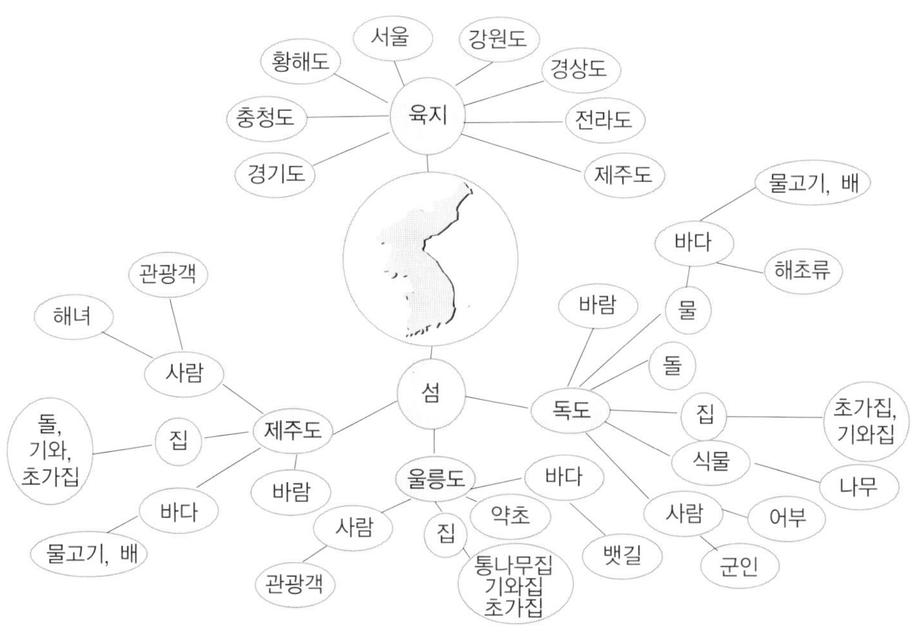

● 전개

〈전주 시 동작〉

– 제자리에 서서 움직이기

– 장구 주위 돌기(양손 교대로 움직이기)

– 장구 중심으로 오른쪽, 왼쪽 V자로 움직이기(전진 · 후진)

– 제자리에 견주고 앉기

독도는 우리 땅

박인호 작사 · 작곡

DJ DOC 노래

정성자 장구작품

단모리장단

동 경 백 삼 십 이 북 위 삼 십 칠 평 균 기 온 십 이 도
강 수 량 은 천 삼 백 독 도 는 우 리 - 땅
II.
(간주)
(몸 움직이기)
지 중 왕 십 삼 년 섬 나 라 - 우 산 국 세 종 실 록 지 리 지
오 십 페이지 셋 째 줄 하 와 이 는 미 국 땅 대 마 도 는 몰 라 도
독 도 는 우 리 - 땅 노 일 전 쟁 직 후 에 임 자 없 는 섬이라고

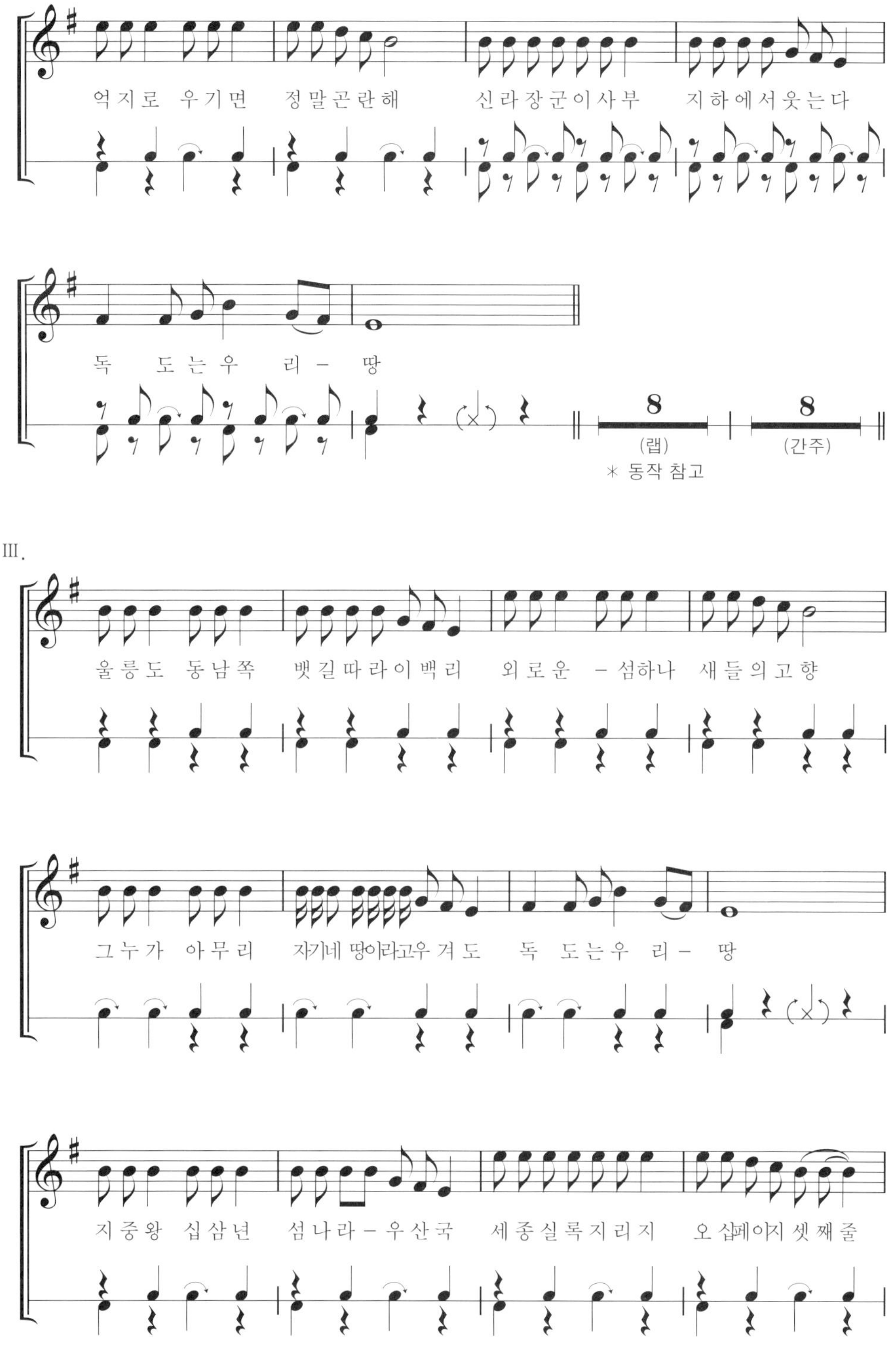
억지로 우기면 정말곤란해 신라장군이사부 지하에서웃는다
독 도는우 리 - 땅
8
(랩)
* 동작 참고
8
(간주)
III.
울릉도 동남쪽 뱃길따라이백리 외로운 - 섬하나 새들의고향
그누가 아무리 자기네 땅이라고우겨도 독 도는우 리 - 땅
지증왕 십삼년 섬나라 - 우산국 세종실록지리지 오 십페이지 셋째줄

〈장구 치기와 동작 익히기〉

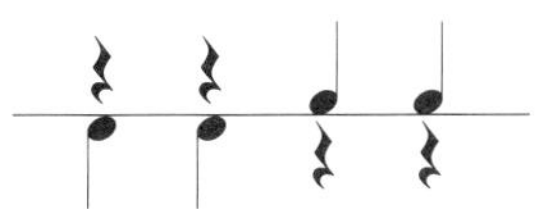	• 왼손(궁편) 치면서 채편 옆으로 들면서 오른쪽으로 본다. • 궁편은 뒷쪽으로 편다.	
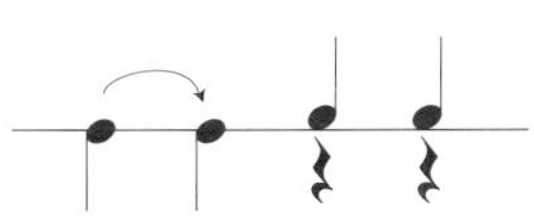	• 넘김 쿵 두 번 치면서 채편은 위로 들고 두 번 치기(고개 숙이기)	
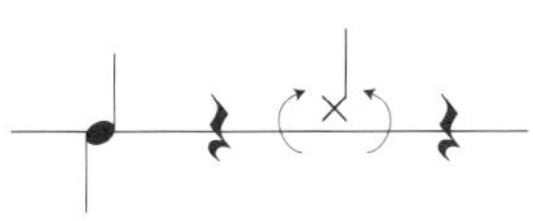	• 양손 치고 위로 올려서 채 치기	
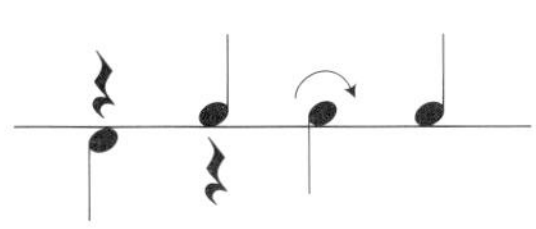	• 궁편 칠 때 채편 옆으로 들고 친 후 넘김 쿵 치면서 채편 위로 올리고 친다.	

<table>
<tr>
<td></td>
<td>• 고개 좌우로 흔들면서 번갈아 친다.</td>
<td></td>
</tr>
</table>

● 8마디 랩부분 동작

– 마주보며 양손 앞으로 밀고 당기기, 1마디 후 짝 바꾸기(2마디)

– 마주보며 양손으로 땅 치기, 1마디 후 짝 바꾸기(2마디)

– 마주보며 양손을 올리고 채 치기, 1마디 후 짝 바꾸기(4마디)

[마무리]

독도는 우리 땅임을 다시 한 번 확인시킨 후 음악에 맞추어 장구놀이를 한다.

[유의점]

춤 동작에 유의, 특히 간주 시 랩부분은 서로 다투는 표정과 율동에 주의하여야 한다.

[변형 및 확장 활동]

● 단모리 변형 장단치기

● $\frac{4}{4}$박인 다른 음악에 맞추어 장구 쳐보기

6 두드림(장구난타)

[활동목표]

굿거리장단과 단모리장단을 통하여 표현하는 장구 동작과 춤 동작을 이해하고 장구의 북편소리와 채편소리의 차이점을 알 수 있다.

[준비물]

유아장구, 교사장구, 받침대, 음악 CD(굿거리장단)

※ 장구 대신 북으로 사용해도 됨

[대상연령]

7~10세

[활동방법]

- 도입과정
  - 궁편과 채편을 위로 오게 하여 세운다.
  - 2팀으로 나눈다.(1팀 : 궁편, 2팀 : 채편)
  - 장구의 궁편과 채편을 쳐보고 소리를 탐색한다.
- 전개

단모리장단

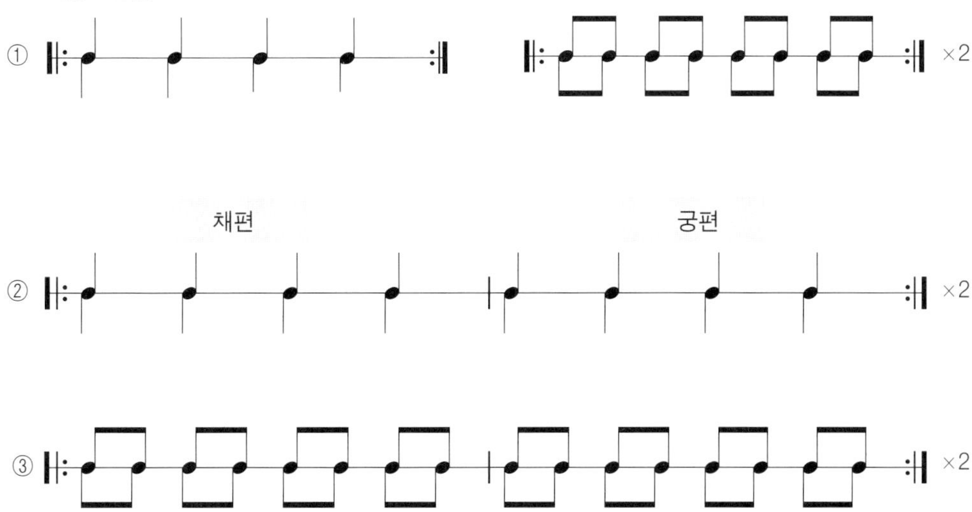

④ 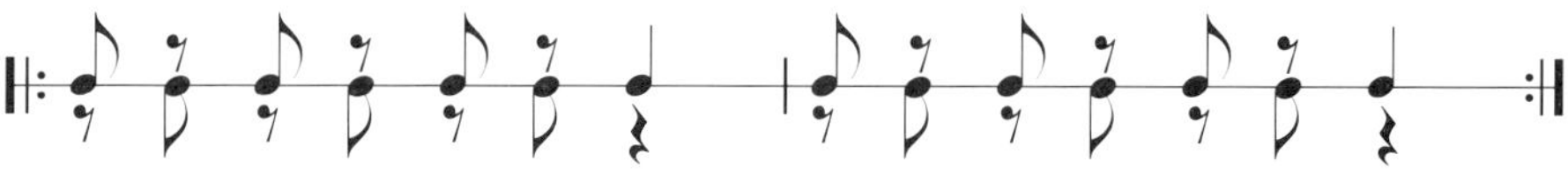 ×2

⑤  ×2

⑥ 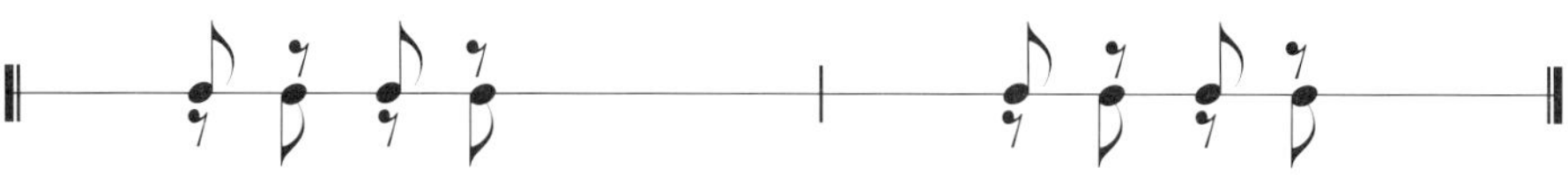 ×4

다 함께(채편, 궁편)

⑦  ×4

⑧ 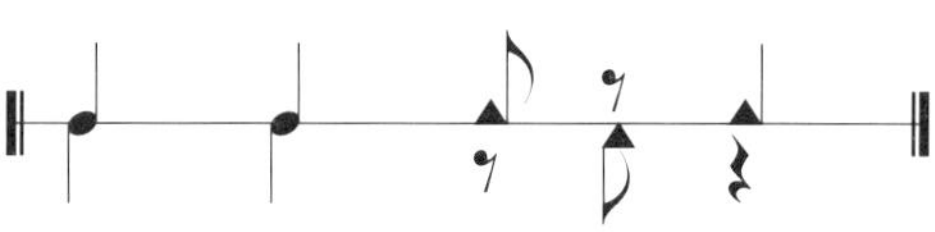 ×4

⑨ 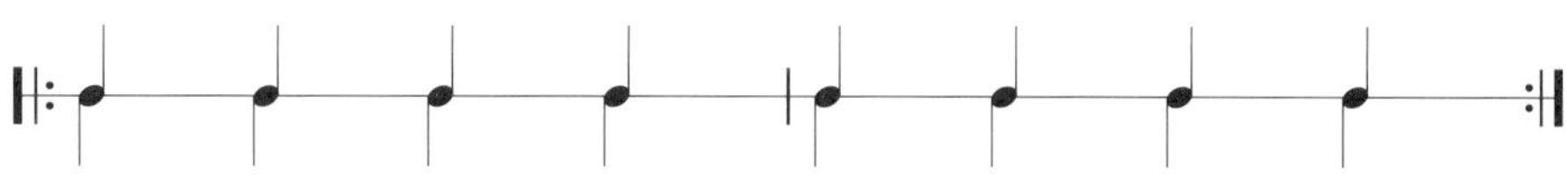 ×2

채 궁 채 궁 채 궁 채 궁

채편(주고) 궁편(받기)

⑩  ×2

⑪ 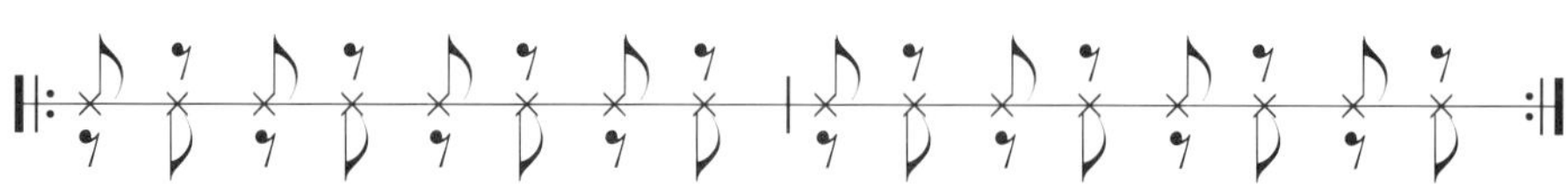 ×2

⑫ 

⑬ 11, 12, 13 반복×4 (다 함께)

⑭ 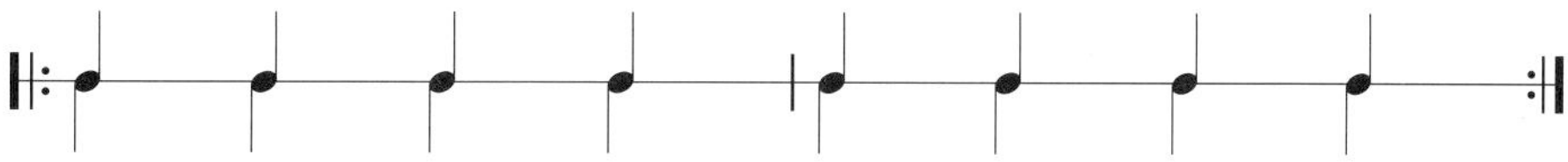

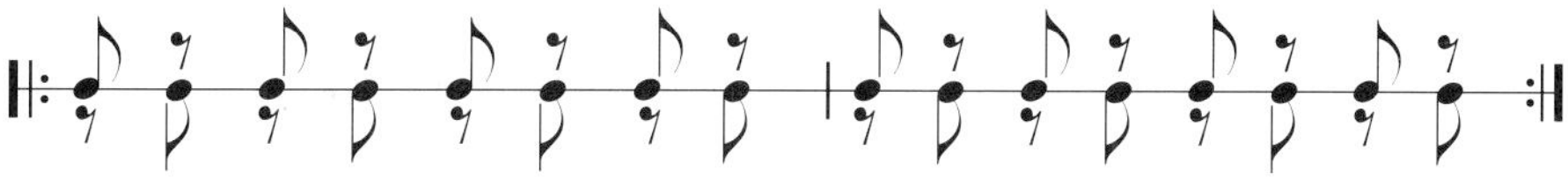

난타 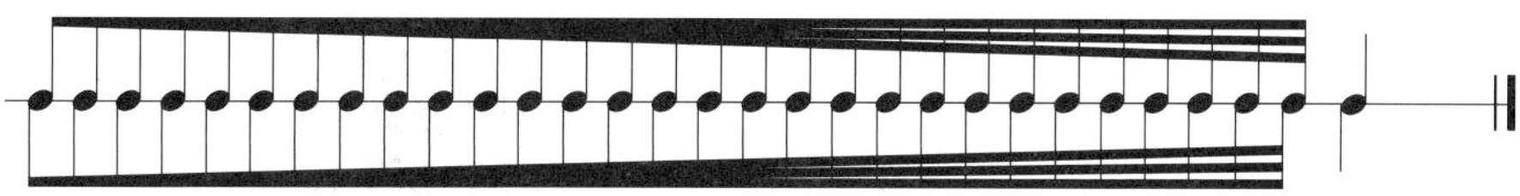

점점 몰음

야!
(양팔 위로 올리기)

굿거리장단

– 다 함께 –

① 양손 위에서 견주기×2

② 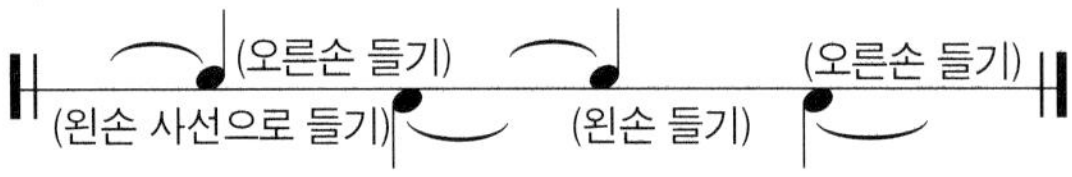

③ 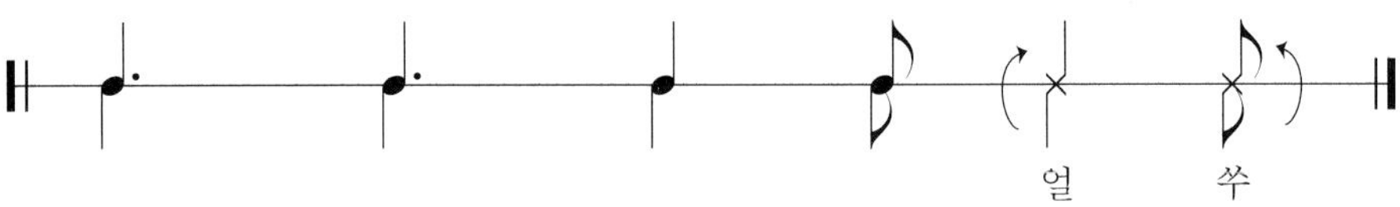

④ 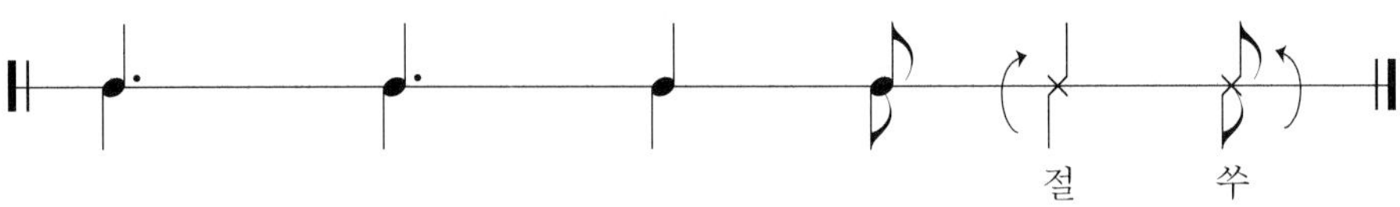

⑤ 채 양손 위로 치면서 장구 주위를 한바퀴 돈다×2

⑥ 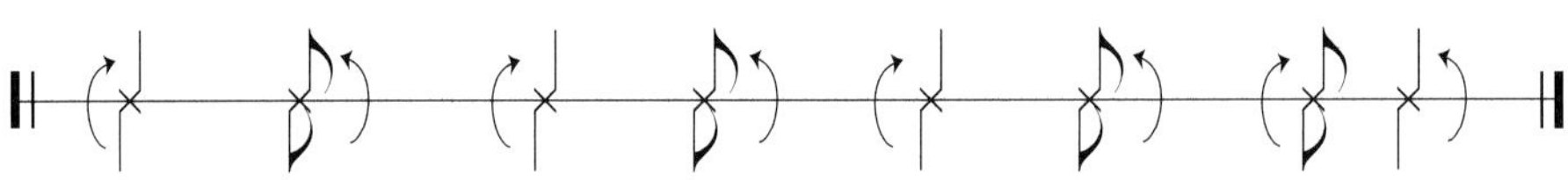 ×4

장구를 가운데 ∨자 형태로 움직이기(양손 위로 올려 채 치면서)

⑦ 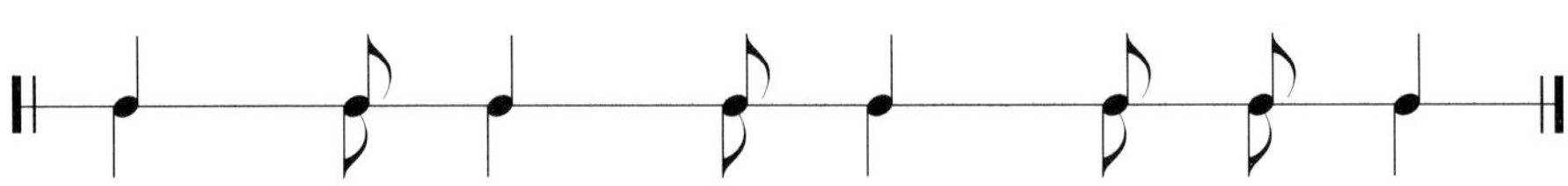 ×2

⑧ 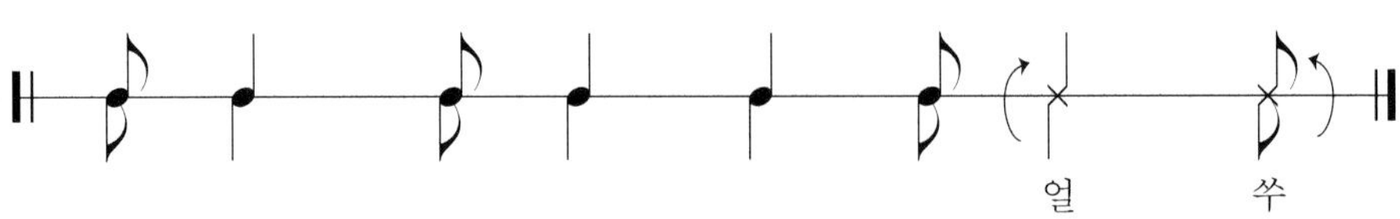

⑨ 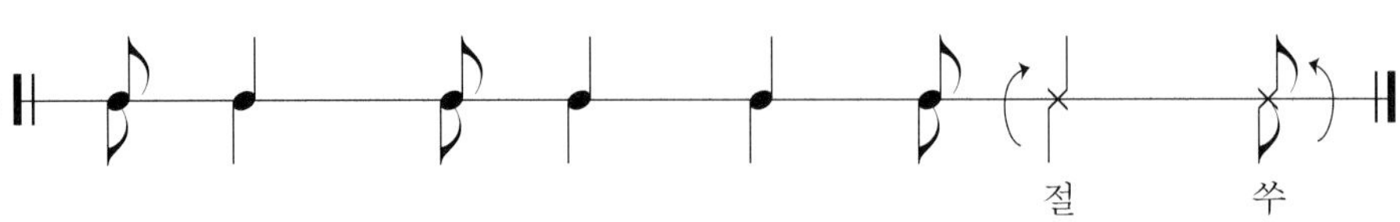

⑩ 자리이동 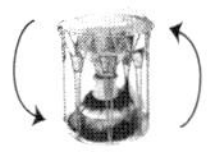 : 앞줄과 뒷줄을 서로 바꾸면서 이동하기

⑪ 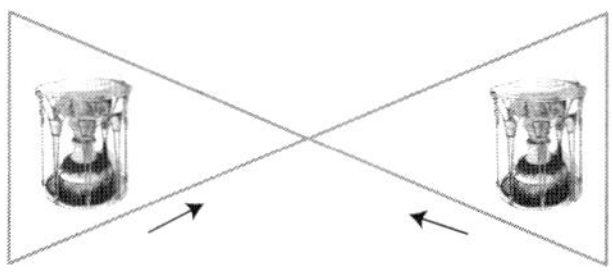 돌기

⑫ 옆사람 장구치기

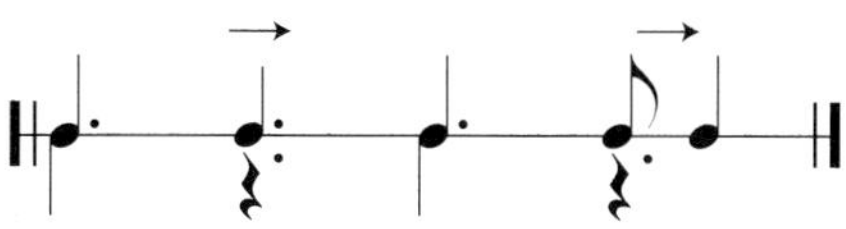 오른쪽 1번, 왼쪽 1번 치기

⑬ 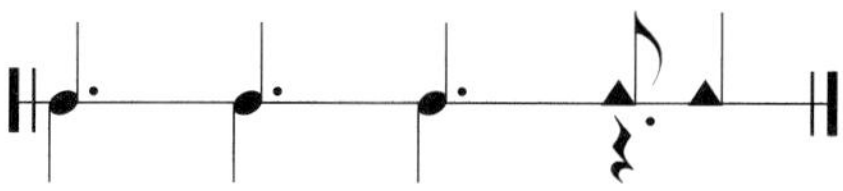 ×2

⑭ 굿거리장단 치면서 돌기(왼손으로 치고 오른손은 사선으로 펴기)×2 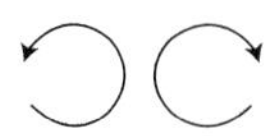

⑮ 위에서 견주기×2

단모리장단

-다 함께-

⑯ 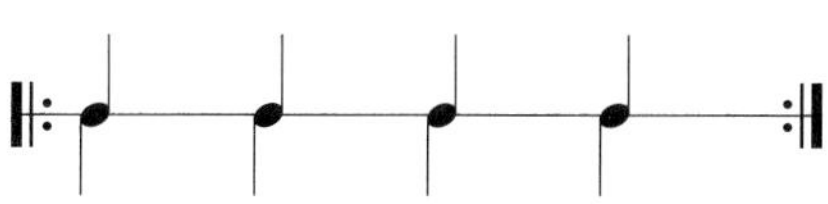 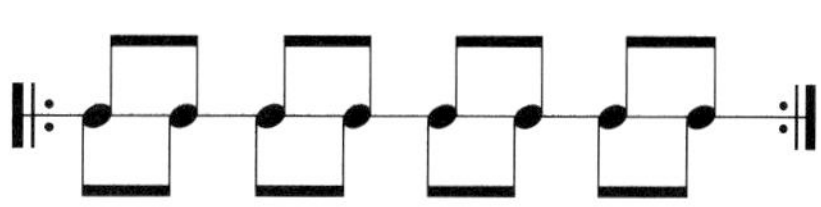

⑰  ×4

⑱  ×4

⑲ 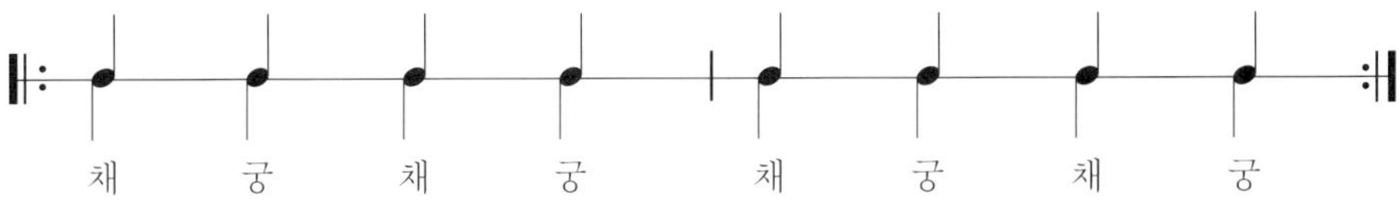

—다 함께—

⑳  ×2

㉑ 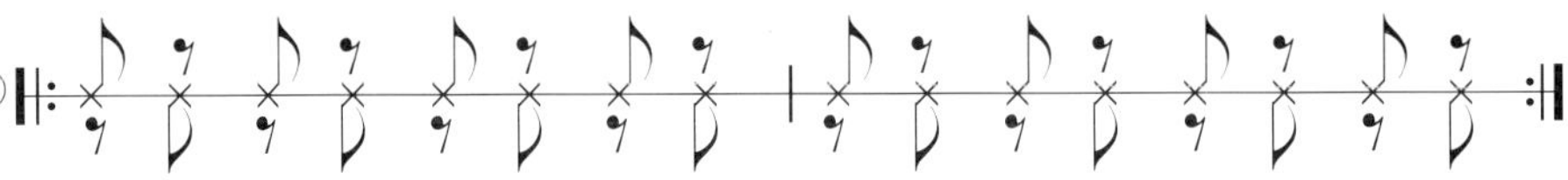 ×2

㉒ 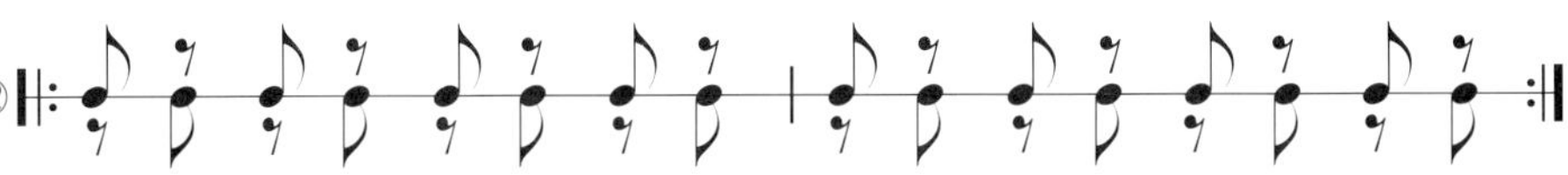 ×2

㉓ 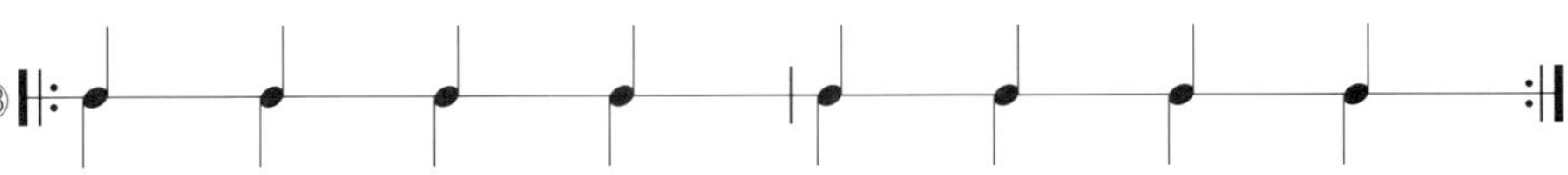 ×2

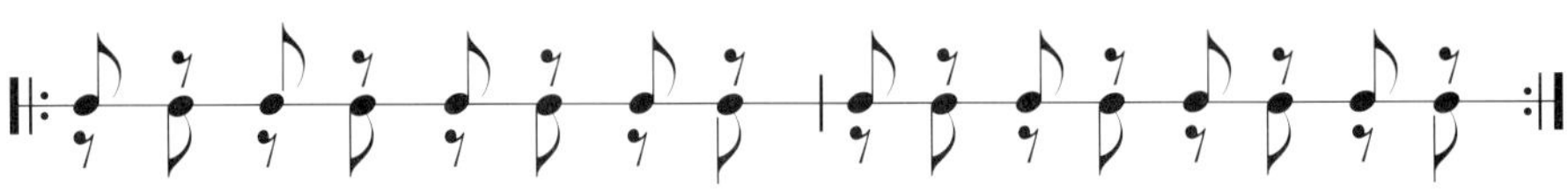

난타 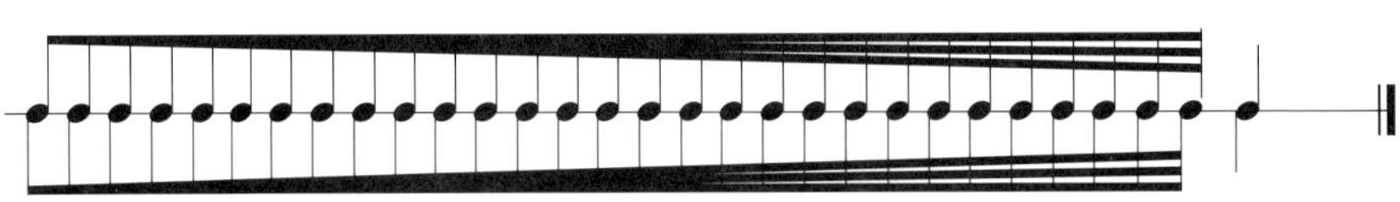

……점점 몰음……

야! (양손 옆으로)

악보부호 : 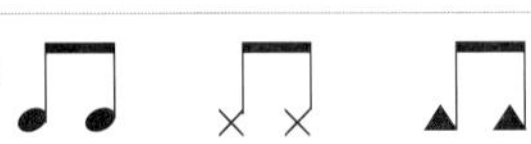

복판 변죽 테두리

[마무리]

- 팀별로 연주한다.
- 팀별로 장구동작 어려운 부분 쳐보기
- 교사의 장단에 따라 연주하기

[유의점]

- 교사가 악보에 따라 장단을 전체적으로 같이 쳐준다
- 강박과 특히 동작에 유의한다.(장구춤동작)
- 전체적으로 힘있게 세게 연주한다.
- 굿거리장단에서는 특히 춤 동작을 잘 나타내어야 한다.

[변형 및 확장 활동]

- 장구 대신 북으로 연주한다.
- 폐품을 활용한 난타로 연주할 수 있다.

7 카츄샤(장구놀이)

[활동목표]

러시아의 민요로 그 나라의 특징을 알아보고 동살풀이장단을 노래에 맞게 장구동작을 절도있게 표현한다

[활동목표]

7~10세

[준비물]

음악 CD, 장구, 러시아 사진자료

[활동방법]

- 도입과정
  - 러시아에 대해 지도로 알아본다
  - 수도가 모스크바임을 이해한다.
  - 러시아 인구 및 국기, 돈의 모양을 사진자료로 보여준다.
  - 러시아 민요인 카츄샤를 들려준다.
- 전개

  우리장단 중 '동살풀이' 와 가야금 합주로 연주된 러시아 민요 '카츄샤 '를 접목시킨 작품으로 우리 가락의 흥겨움과 러시아 음악의 절도있는 표현을 장구장단과 율동(춤 동작)으로 조화롭게 엮은 작품이다.

카츄샤

정성자 작품
러시아 민요

동살풀이장단

1번째 : 1절－2절－3절　　2번째 : 3절－2절－3절

(1절)
(2절)
(채편으로 땅 치고) (궁편으로 땅 치고) (채편 땅 궁편 땅) (채편 땅 궁편 땅 치기
(3절)

(1절)
(2절)
앞에서 채치고
견주고
(위로 조금씩 올라가면서 채치기)
(3절)

악보기호	넘겨치기	장구 테치기	궁편 테치기

※ 숙명가야금연주단6집 "베스트컬렉션 2006 For You YBM 서울음반 참조

〈장구동작 표현하기〉

동작

동작

고개 숙인채 위 아래로 흔들기

채편으로 땅 치기

앞에서 채 치고 견주기

오른쪽 앞에서 채 치기

테 치기

장구테 치고 밀기

궁편 테 치면 앞으로 밀기

[유의점]

— 장구테 치기 시 방향에 유의해야 한다.

— 장구 몸동작은 절도있게 힘차게 지도한다.

[변형 및 확장 활동]

동살풀이장단을 변형하여 강 · 약을 잘 살려 연주해 본다.

2) 꽹과리

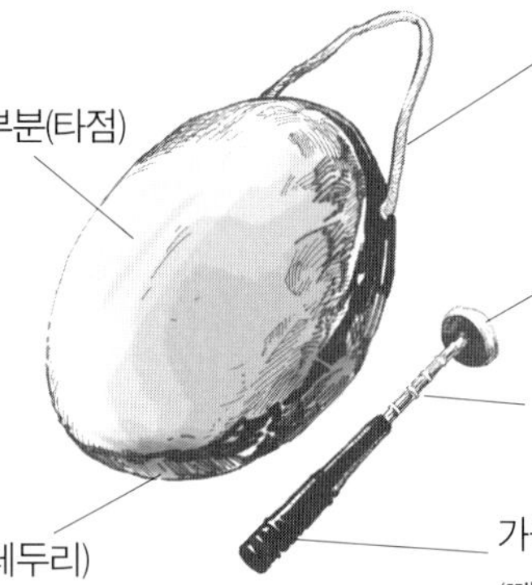

꽹과리

꽹과리는 일명 깽매기, 쇠, 깽쇠, 매구, 소금(小金)이라고도 부른다. 농악에서는 으뜸가는 리듬악기로 주도적인 역할을 한다. 징보다 훨씬 작은 모양의 꽹과리는 왼손에 악기를 들고 오른손에는 나무나 고무로 만든 채를 들고 친다.

연주법은 크게 대점을 칠 때는 꽹과리 복판과 직각이 되게 치며, 잔가락을 칠 때는 복판과 나란히 굴려서 친다. 소리를 울려 칠 때는 왼손바닥과 손가락을 꽹과리 안쪽에서 떼고 치고, 소리를 끊어 칠 때는 왼손바닥과 손가락을 꽹과리 안쪽에 붙이고 친다.

꽹과리는 장구와 함께 가장 중요한 장단 연주악기의 하나로서 특히 '풍물놀이'와 '사물놀이'에서는 주도적인 역할을 하며 자연의 비유에서는 천둥, 번개로 비유되기도 한다.

(1) 프로젝트 접근법

1 주제 : 꽹과리

2 활동의 교육적 효과

- 우리나라 악기를 접해봄으로 친근감을 느낀다.
- 악기의 이름을 안다.

- 쇳소리의 느낌을 안다.
- 쓰이는 곳(연주)을 알 수 있다.
- 전통문화에 대한 자긍심을 심어준다.
- 악기 만드는 재료를 알 수 있다.

3 주제망 짜기

〈브레인스토밍〉

* 우리나라 타악기 * 상쇠 * 부쇠 * 놋쇠 * 쇳소리 * 농촌 * 사물놀이 * 공연장 * 의상 * 바지 * 저고리 * 색깔 * 검정(옅은색) * 빨강 * 흰색 * 노랑 * 파랑 * 천둥 * 번개 * 발표회 * 쇠잽이 * 지휘자 * 행사 * 마당 * 사람 * 장구 * 북 * 징 * 소고 * 암꽹과리 * 숫꽹과리 * 방망이 * 풍물놀이 * 고무 * 딱딱하다 * 차갑다 * 금 * 구리 * 주석 * 대나무 * 장단 * 굿거리 * 세마치 * 자진모리 * 단모리 * 별달거리 * 동살풀이 * 난타 * 인사장단 * 채 * 시끄럽다 * 미끄럽다 * 소금 * 매구 * 종소리 * 무악 * 갱갱 * 당, 다당 * 갠지 * 상모 * 서서 치기 * 앉아서 치기 * 기악합주 * 깽매기 * 깽쇠 * 쇠 * 고무 * 천 * 실 * 냄비 * 그릇 * 납 * 그랑 * 그라당 * 리듬보 * 구음 * 둥글다 * 겟 * 쩍

〈유목화〉

연주법	서서 치기, 앉아서 치기
느 낌(악기, 연주)	차갑다,딱딱하다, 미끄럽다, 쇳소리, 천둥, 번개소리, 시끄럽다, 종소리
의 상	바지, 저고리(사물복), 상모
음악(쓰임)	풍물놀이, 사물놀이, 무악, 기악합주
입소리(구음)	갱, 개갱, 갠지, 갠, 당, 다당, 그랑, 그라당, 겟(꼣), 쩍
다른 이름	소금, 깽매기, 매구, 꽹쇠, 쇠
재 료	금, 놋쇠(구리, 납, 주석), 대나무, 고무, 가죽, 천, 실
장 소	공연장, 마당, 농촌
장 단	굿거리, 세마치, 자진모리, 단모리, 인사장단, 별달거리, 난타,

	동살풀이
색 깔	옷 : 검정, 흰색, 빨강, 파랑, 노랑 악기 : 금색, 검정색(옅은색)
닮은 꼴	냄비, 그릇
소 리	쇳소리, 시끄럽다, 종소리
종 류	암꽹과리, 숫꽹과리
구 성	꽹과리, 꽹과리채
사물 · 풍물놀이 악기	장구, 징, 북, 소고(춤), 태평소
비 유	천둥, 번개
악 보	리듬보, 구음
역 할	사물놀이, 풍물놀이 지휘자
사 람	지휘자, 쇠잽이, 상쇠, 부쇠
모 양	둥글다
타 법	막고 치기, 가운데 치기, 잔가락 치기, 떼고치기

4 질문 목록 작성하기

- 꽹과리는 어떤 소리가 날까요?
- 꽹과리 외에 오른손에 잡고 치는 것은 무엇일까요?
- 꽹과리의 입소리(구음)는 무엇인가요?
- 어떤 옷을 입고 꽹과리를 칠까요? 다른 옷을 입고 칠 수 있을까요?
- 꽹과리와 비슷한 쇳소리의 사물악기는 무엇일까요?
- 꽹과리의 모양은 어떻게 생겼나요?
- 꽹과리는 언제 생겼나요?
- 꽹과리는 어떻게 치나요?
- 꽹과리는 만졌을 때 어떤 느낌이 나나요?
- 꽹과리를 치는 사람을 무엇이라 부르나요?

- 꽹과리는 무엇으로 만드나요?
- 꽹과리의 다른 이름도 있나요?
- 일상생활에서 꽹과리와 비슷한 소리는 무엇이 있을까요?
- 사물악기 중 꽹과리의 역할은 무엇인가요?
- 꽹과리는 어디서 연주하나요?
- 꽹과리는 꼭 채로만 쳐야 하나요?
- 꽹과리는 소리가 왜 크나요?

〈주제망〉

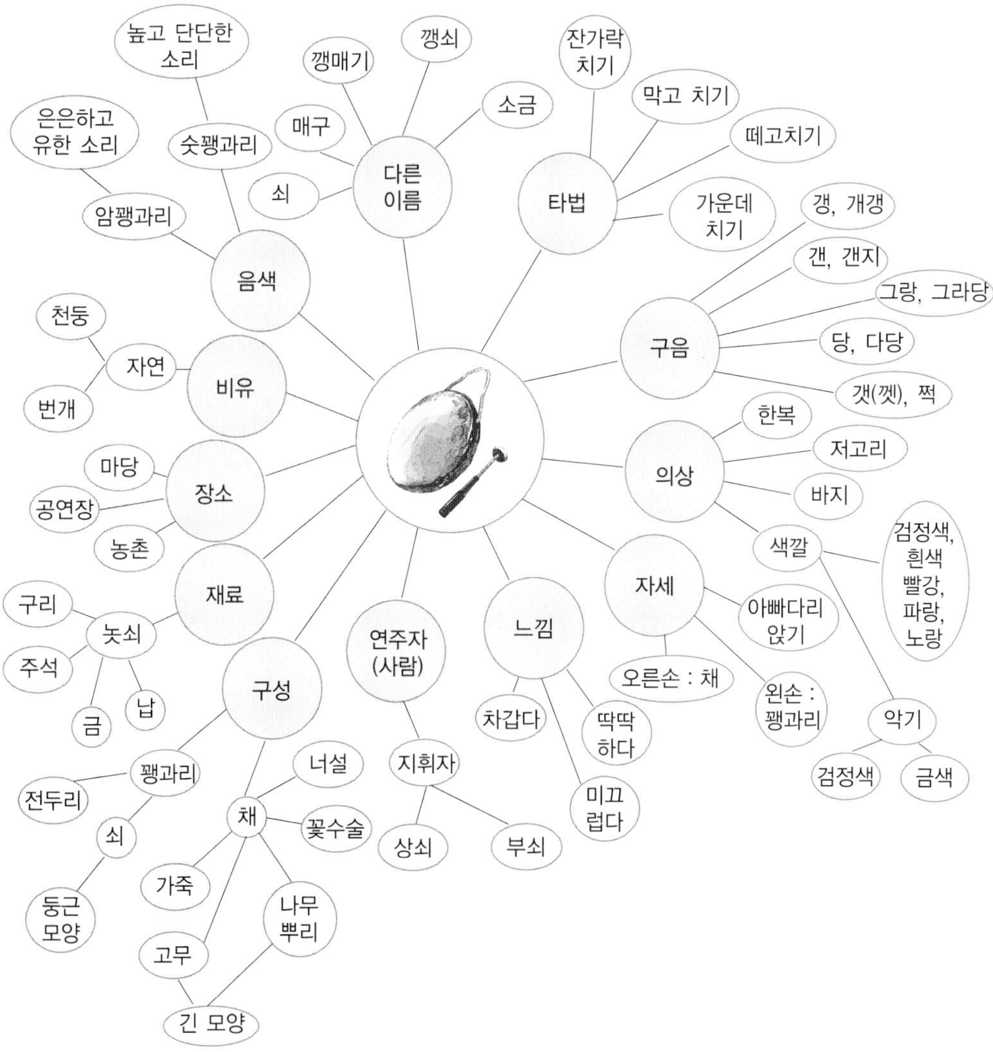

(2) 동화(대장이 된 꽹과리)

국악동화

분위기를 흥겹게 하는 대장! '꽹과리'

창작 : 정성자, 김미정

옛날 깊은 산속에 음악을 좋아하는 나무꾼이 살고 있었어요.

나무꾼은 읍내의 바쁜 장터꾼들이 나처럼 노래를 부르며 즐겁게 살 수 있는 방법이 없을까 하는 걱정을 하곤 했습니다. "옛날 깊은 산속에 음악을 좋아하는 나무꾼…" 이렇게 흥얼흥얼 노래를 부르던 중 나무꾼은 악기가 있었으면 더욱 신이 날텐데 하고 악기를 찾기 시작했어요. 그러던 어느날 대장장이가 버린 놋쇠를 나무꾼이 발견하고 그 놋쇠를 집으로 가져가서 매일 그것을 두들기고 소리냈어요.

"어! 요것봐라. 쇠는 단단한데 울리는 소리는 천둥번개처럼 들리고 맑고 엄청 큰게 괜찮은데?…"

나무꾼은 자신이 발견한 작고 둥근 놋쇠를 들고 읍내로 나갔어요. 그리고 사람들을 모았어요.

"여보게들 내 말 들어보소! 이 작은 놋쇠에서 소리가 나면 장터에 있는 모든 사람은 내 뒤를 따라 어깨를 들썩들썩하며 따라오게 될걸?" 그 소리를 듣고 있던 한 장터꾼이 말했어요.

"이보시오! 그 작은 놋쇠에서 무슨 소리가 난다고 사람들을 모아 소리를 낸다는 것이요? 어서 우리는 일을 해야 하니 비키시오!" "잘 들어보소. 내가 작고 동그란 놋쇠를 치면서 소리를 내면 이 모든 장터에 있는 사람들이 모여 들어 어깨를 들썩들썩하며 장터가 하나가 되어 신명나는 장터놀이를 할 수 있을게요!"

이렇게 하여 음악을 좋아하는 나무꾼은 왼손으로 놋쇠를 잡고 오금을 들썩들썩하며 왼손으로 소리를 막았다 열었다 하고 오른손 채 끝으로 모든 기교를 부리며 놋쇠를 신나게 두들겼다. "깽개개갱" 크고 신나고 즐거운 소리는 저 멀리에 있던 장터 사람들이 듣고 모여들기 시작하였습니다. 그 후 작은 놋쇠는 깽소리를 낸다 하여 꽹과리가 되어 많은 사람들을 행복하게 하였습니다. 그리고 항상 주위 분위기를 흥겹게 하고 모든 사람들을 하나가 되게 하는 대장인 꽹과리가 되었습니다. 걱정을 해결한 나무꾼은 늘 노래를 부르며 행복하게 살았습니다.

(3) 내 이름은 꽹과리(국악동요)

1 악보

쉽게 부를 수 있는 음률로 '꽹과리' 악기의 특징을 살린 악보를 제시하여 음을 익힌다.

내 이름은 꽹과리

정성자 작사 · 작곡

2 노래 익히기(국악동요 '꽹과리')

- 음악 CD를 들려준다. 또는 피아노 반주로 재미있게 불러본다.
- 허밍음으로 따라 불러본다.
- 가사의 내용(운지법, 악기 소리)을 이해하며 불러본다.
- 팀별 게임놀이를 하며 국악 동요를 익힌다.

3 노래에 따라 악기 치면서 율동하기

꽹과리 치기

- 개갱 개갱 큰 소리－리듬대로 치기
- 갱개 갱개 갱개 깩깩－리듬대로 치기(깩은 막으면서 치기)
- 왼손 열면 갱 개 갱－왼손 들고 치기
- 막으면 깩깩깩－왼손 들고 막아서 치기

율동

- 쇠로 만든 쇳소리 내 이름 꽹과리－양손 옆으로 흔들고, 위로 올려서 흔들기
- 내 이름 꽹과리－양손 옆으로 흔들고, 위로 올려서 흔들기
- 신나게 울리네－양손 옆으로 흔들고, 위로 올려서 흔들기
- 왼손 악기 들고 오른손 채 들고－왼손 들고 오른손 들기

(4) 나는 누구일까요?

1 수수께끼 놀이

국악기중 어떤 악기인지 수수께끼를 통하여 호기심과 흥미도를 높인다. 악기의 특성을 이해하고 어휘력을 향상시키고 사고력을 높인다.

- 나는 쇳소리가 나요!
- 나는 동그란 원인데 작은 원이예요!
- 나는 사물악기 중 지휘자래요!
- 나는 방망이로 두드려요!

- 나는 울림이 경쾌하고 큰소리가 나요!
- 나는 센 박자의 악기예요!
- 나는 왼손으로 악기를 들고 손잡이에는 끈이 있어요!
- 나는 잘못 치면 시끄러워요!
- 나는 오른손에는 채를 들어요!
- 나는 운우풍뢰(雲雨風雷)중에서 뢰(雷), 즉 천둥, 번개에 속하지요!

나는 누구일까요?

2 탐색놀이

개인별, 그룹별의 활동으로 준비된 탐색상자나 커튼 또는 눈가리개 등으로 숨기는 악기 탐색시간을 갖는다. 간단한 탐색시간을 통하여 아이들에게 악기모양과 색깔, 촉감, 음색 등을 알아보게 한다.

3 탐색활동

- 교사가 꽹과리를 쳐주면 소리 알아맞히기
- 악기 소리를 다양하게 친다(막고 치기, 떼고 치기).
- 소리를 기억했으면 촉감놀이로 꽹과리를 만져보고 알아맞히기
- 탐색 물건이 무엇인지 확인한다.
- 직접 연주해 본다.

4 확장활동

- 자유선택 활동시간에 그림 그리기와 만들기, 퍼즐 맞추기 놀이로 연계한다.
- 쇳소리가 나는 양악 리듬악기를 찾고 쳐보면서 소리 비교하기

3) 북

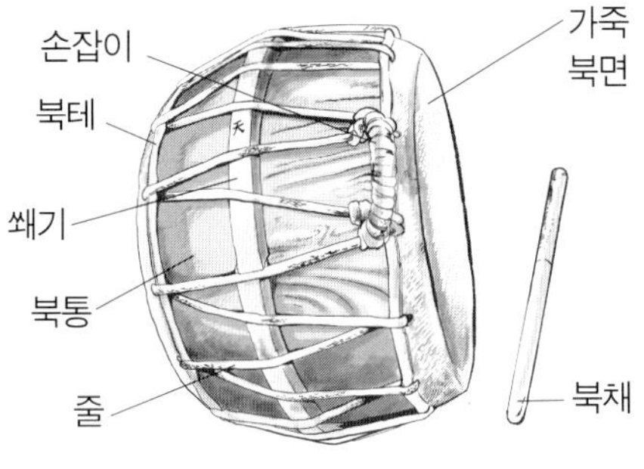

풍물북

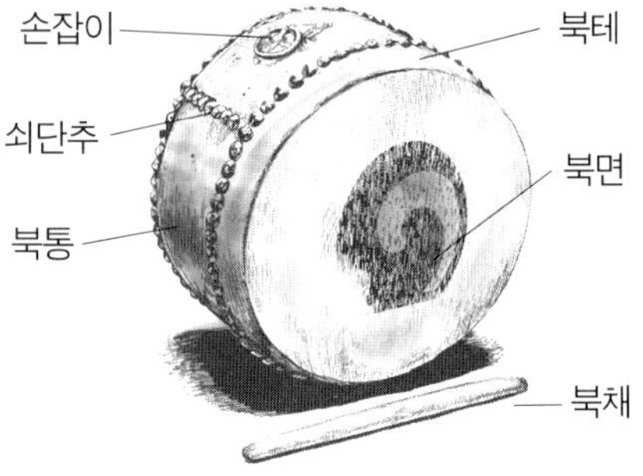

소리북

구름으로 비유되는 북은 일반적으로 풍물북과 소리북으로 나눌 수 있다. 풍물북은 풍물놀이에 사용하는 북을 말하고 소리북은 모양과 만드는 방법은 풍물북과 같지만 가죽을 댄 북 양쪽 둘레에 쇠단추가 박혀 있으며 주로 판소리 반주에 사용된다. 그러나 일반적으로 북이라 함은 풍물북을 말한다. 풍물북은 앉아서 치는 사물놀이에 주로 쓰이고, 또는 어깨에 메고 춤을 출 때도 쓰인다. 잔가락을 연주하는 악기가 아니기 때문에 장단의 중요한 원박만 힘 있게 짚어준다.

풍물북은 어린이의 타악기에 적합한 악기이다. 북의 크기를 작게 하여 어린이용 북으로 사용하고 있다. 단순한 북의 소리는 멋진 춤 동작과 곁들여 이어지는 장단으로 연주해야 한다. 어린이들이 좋아하는 둥둥거리는 북소리는 국악동요 리듬합주, 북 합주, 장구와 북 놀이, 민요와 타악놀이, 사물놀이, 풍물놀이, 북춤, 북난타 등 다양하게 활용된다.

(1) 프로젝트 접근법

1 주제 : 북

2 활동의 교육적 효과

- 우리나라 악기를 접해봄으로 친근감을 느낀다.
- 악기 이름을 안다.

- 가죽 소리의 느낌을 안다.
- 북의 연주기법을 알 수 있다.
- 쓰이는 곳을 안다.
- 악기의 재료를 안다.
- 악기에 대한 이해와 우리의 문화를 소중히 여기게 된다.

3 주제망 짜기

〈브레인스토밍〉

* 타악기 * 시작 * 알림 * 손잡이 * 가죽소리 * 둥둥둥 * 신문고 * 구름 * 나무 * 가죽 * 북채 * 전쟁 * 큰북 * 작은북 * 소리가 크다 * 울린다 * 동그라미 * 사물놀이 * 북난타 * 공연장 * 발표회 * 한복 * 바지 * 저고리 * 사물복 * 마을 * 판소리 * 사람 * 북춤 * 법고 * 단순하다 * 원시적 * 쇠단추 * 추임새 * 풍물놀이 * 대북 * 모듬북 * 둥, 두둥 * 장단(굿거리, 세마치, 자지모리, 단모리, 인사장단, 별달거리, 동살풀이, 난타) * 춤 동작 * 딱딱하다 * 단단하다 * 풍물북 * 방망이 * 웅장하다 * 둥글다 * 북면 * 자주 * 베지색 * 검정 * 흰색 * 빨강 * 노랑 * 파랑 * 여러 가지 색 * 판소리북 * 진도북 * 법고 * 북통 * 리듬보 * 구음 * 줄 * 테 * 쐐기 * 두리둥 * 따 * 농촌 * 마당 * 앉아서 치기 * 서서 치기 * 기악합주 * 동요(전래동요, 국악동요) * 민요 * 무악 * 북난타

〈유목화〉

연주법	앉아서 치기, 서서 치기
느 낌(악기, 연주)	가죽, 나무느낌, 단단하다, 딱딱하다
의 상	한복, 바지, 저고리(사물복)
음악(쓰임)	무악, 풍물놀이, 전래동요, 민요, 국악동요, 북난타, 사물놀이, 기악합주
입소리(구음)	둥, 두둥, 두리둥, 따
재 료	소가죽, 오동나무, 미루나무, 박달나무, 줄, 끈, 테, 쐐기
장 소	공연장, 마당, 농촌

장 단	굿거리, 세마치, 자진모리, 단모리, 인사장단, 별달거리, 난타, 동살풀이
색 깔	옷 : 여러가지 색, 검정, 흰색, 빨강, 파랑, 노랑 악기 : 자주, 베이지색, 나무색
소 리	멀리 울린다(신문고 소리), 둥둥둥, 크다, 웅장하다, 가죽소리
종 류	풍물북, 난타북, 대북, 모듬북, 진도북, 판소리북, 법고
구 성	북면, 북통, 손잡이, 북테, 북채
사물 · 풍물놀이 악기	장구, 꽹과리, 징, 소고(춤), 태평소
비 유	구름
악 보	리듬보, 구음
모 양	동그라미, 둥글다
타 법	테 치기, 중앙 북면 치기

4 질문 목록 작성하기

- 북은 어떤소리가 날까요?
- 북은 어떻게 구성되어 있나요?
- 오른손에 든 것은 무엇일까요?
- 북 이외에 가죽소리 나는 악기는 어떤 것이 있을까요?
- 타악기 중 가장 오래 된 악기는 무엇일까요?
- 북을 메고 추는 춤을 무엇이라 할까요?
- 북은 왜 둥근모양일까요?
- 북은 언제 만들었나요?
- 북은 어떤 종류가 있나요?
- 북과 비슷한 모양은 무엇이 있을까요?
- 북 대신 쓸 수 있는 것은 무엇일까요?
- 북은 연주할 때 어떤 자세로 칠까요?
- 북은 어디에 사용되나요?

- 북채가 아닌 다른 채로 치면 어떤 소리가 날까요?
- 북과 비슷한 서양리듬 악기는 무엇일까요?
- 북채는 왜 한 개인가요?
- 북으로 칠 수 있는 장단은?

〈주제망〉

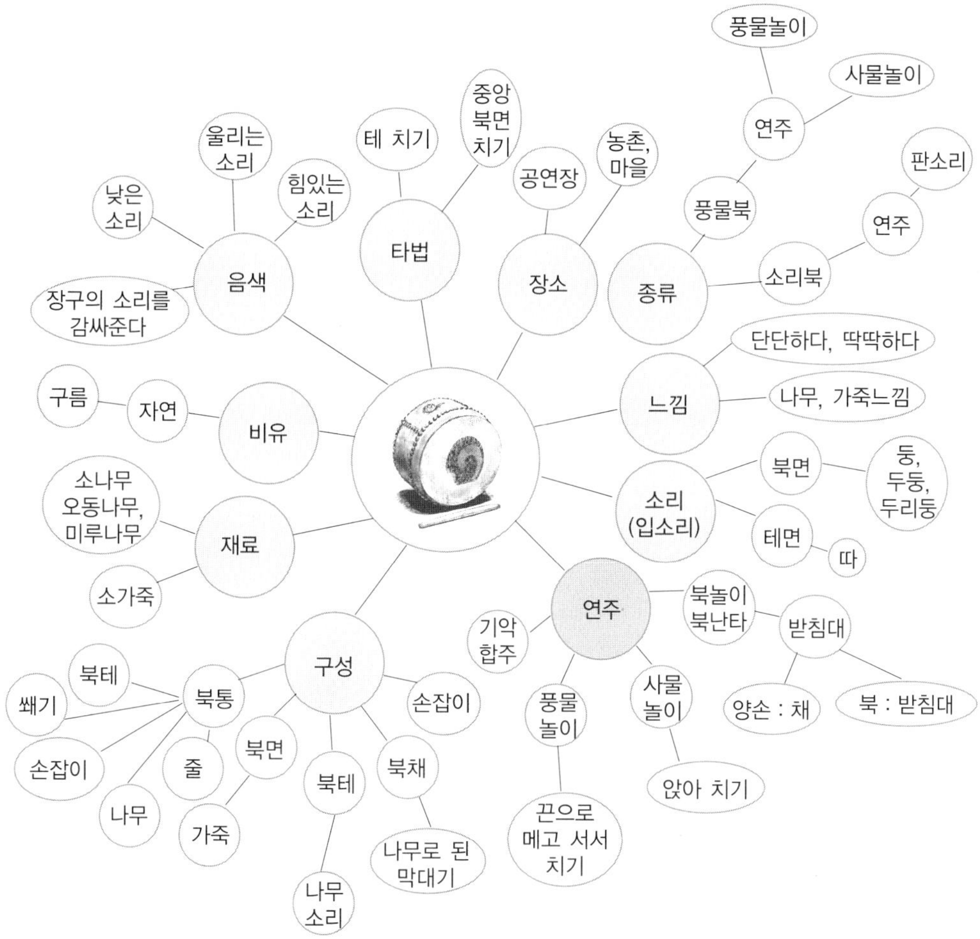

(2) 동화(신호의 수단으로 사용된 북)

국악동화

신호의 수단으로 사용된 북

창작 : 정성자, 김미정

옛날 어느 시골마을에 농사를 지으며 즐겁게 사는 사람들이 있었답니다. 그들은 넓은 들판에서 돌도 고르고 땅을 기름지게 파고 재미난 노래도 부르면서 하루하루 땅을 넓혀 가며 지내는 착한 사람들이었어요.

그런데 아버지께서 농사를 지어 놓으면 산도적들이 내려와서 물건을 뺏어가고 또 지어놓으면 뺏어가곤 했어요. 농작물을 자주 빼앗기던 것을 걱정한 아버지는 이웃 사람들을 모아 회의를 했어요. "원래 북소리는 옛부터 전쟁에서 신호를 사용했었고, 사람의 마음을 울리는 악기예요. 마음은 하늘의 구름 같아서 수시로 변화가 많은데 마음의 변화를 가장 잘 나타내는 것이 북이예요.

여러분들은 그러니깐 산도적이 나타나면 북소리를 아주 크게 칠테니 미리 막을 준비를 하도록 하세요."

그리하여 북은 적의 공격을 알리는 신호의 수단으로 사용하게 되었어요. 그날 이후 시골마을에서는 구름 아래로 울리는 북소리를 듣고 마을 회의장으로 모이기도 하고 농작물을 빼앗아가는 산도적들도 물리치고, 즐거운 메시지 전달의 통신수단으로도 사용되었어요. 그래서 마을 사람들은 북을 의지하며 행복하게 살았어요.

(3) 내 이름은 북(국악동요)

1 악보소개

쉽게 부를 수 있는 음률로 '북'이라는 악기의 특징을 살린 악보를 제시하여 음을 익힌다.

내 이름은 북

정성자 작사 · 작곡

2 노래 익히기(국악동요 '북')

- 음악 CD를 들려준다. 또는 피아노 반주로 재미있게 불러본다.
- 허밍음으로 따라 불러본다.
- 가사의 내용(재질, 운지법, 북 소리)을 이해하며 불러본다.
- 팀별 게임놀이를 하며 국악동요를 학습한다.

3 노래에 따라 악기 치면서 율동하기

북 치기

- 두둥 둥두 둥 두 둥—리듬대로 치기
- 두 둥 둥 두 딱—딱 딱—♪♩ ♪♩ ♩♪♩. 리듬 치기(♩ : 테 치기)
- 북면 치면 둥두둥—북 한 번 치고 둥두둥 치기
- 테 치면 딱—딱—테 한 번 치고 딱—딱 치기

율동

- 내 이름은 풍물 북 가죽으로 만든 소리—양팔 옆으로 벌려서 흔들고, 위로 올려서 흔들기
- 내 이름 북—양팔 옆으로 벌려서 흔들고, 위로 올려서 흔들기
- 힘 있는 북소리—양팔 옆으로 벌려서 흔들고, 위로 올려서 흔들기
- 왼손으로 북 잡고 오른손은 북 채 들고—양팔 옆으로 벌려서 흔들고, 위로 올려서 흔들기

(4) 나는 누구일까요?

1 수수께끼 놀이

국악기중 어떤 악기인지 수수께끼를 통하여 호기심과 흥미를 높이며 악기의 특성을 이해하고 어휘력을 향상시키고 사고력을 높인다.

- 나는 앉아서도 서서도 칠 수 있어요!
- 나는 몸통이 빨간색도 있고 나무 색도 있어요!
- 나는 등에 딱딱한 나무소리가 나요!
- 나는 옛날 전쟁할 때 신호로 쓰였어요!
- 나는 소리할 때와 사물놀이 할 때 두 가지 종류가 있어요!
- 나는 자연의 소리에서는 구름소리에 속하지요!
- 나는 방망이로 두드려요!
- 내 소리는 둥 두둥 소리가 나요!

나는 누구일까요?

2 탐색놀이

개인별, 그룹별의 활동으로 준비된 탐색상자나 커튼 또는 눈가리개 등으로 숨기며 악기 탐색시간을 갖는다. 간단한 탐색시간을 통해서 아이들에게 악기 모양과 색깔, 촉감, 음색 등을 알아보게 한다.

3 탐색활동

- 교사가 북을 쳐주고 소리 알아맞히기
- 소리를 기억했으면 촉감놀이로 북을 만져보고 알아맞히기
- 탐색물건이 무엇인지 확인한다.
- 직접 연주해 본다.

4 확장활동

- 자유선택 활동시간에 그림그리기와 만들기, 퍼즐 맞추기 놀이로 연계할 수 있다.
- 북 소리 나는 다른 리듬악기(양악 리듬악기)를 찾고, 쳐보면서 소리 비교하기

4) 징

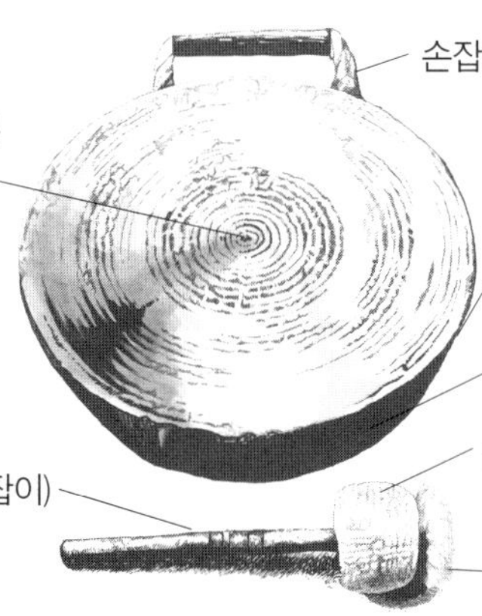

징과 징채

징은 일명 대금, 정, 금라라고도 하고 바람에 비유된다. 크고 둥근 놋쇠 판에 끈을 달고 끝을 헝겊으로 감은 채로 쳐서 소리를 낸다. 징채는 긴 막대기 끝에 천을 감아 천 위를 두꺼운 헝겊으로 싼 방망이로 되어있다.

웅장하면서 큰 쇳소리의 긴 여운을 남기는 징은 풍물놀이, 대취타, 범패, 사물놀이, 무악 등에 쓰인다. 연주할 때는 왼손으로 징의 손잡이를 잡고 오른손으로는 징채를 들고 징의 복판을 친다.

징은 어린이에게 적합한 타악기로 유아용 · 초등용으로 크기가 분류되어 제작된다. 어린이들은 징채를 들고 몸짓을 하며 리듬감 있게 첫 박에 앉았다 일어나는 등, 채 동작과 춤 동작을 흥겹게 연출할 수 있다.

징을 보관할 때에는 징 표면이 바닥에 닿지 않도록 보관하고, 될 수 있으면 징집에 넣어 보관하든지, 또는 징걸이에 걸어 보관해야 한다.

징걸이

(1) 프로젝트 접근법

1 주제 : 징

2 활동의 교육적 효과

- 우리나라 악기를 접해봄으로 친근감을 느낀다.

- 악기의 이름을 안다.
- 악기의 모양을 안다.
- 쇳소리의 느낌을 안다.
- 쓰이는 곳을 안다.
- 악기의 재료를 안다.
- 징에 대하여 관심을 갖는다.

3 주제망 짜기

〈브레인스토밍〉

* 타악기 * 시작 * 처음 * 둥글다 * 나이테 모양 * 그릇 * 무겁다 * 쇳소리 * 소리가 아주 크다 * 울린다 * 징징징 * 바람 * 쇠로 만든 악기 * 징채 * 정 * 대금 * 사물놀이 * 풍물놀이 * 굿거리 * 자진모리 * 세마치 * 휘모리 * 단모리 * 별달거리 * 난타 * 동살풀이 * 금색 * 큰그릇 * 태평소 * * 공연장 * 농촌 * 마을 * 한복 * 바지 * 저고리 * 사람 * 서서 친다 * 앉아서 친다 * 징걸이 * 손잡이 * 잔치 * 행사 * 농사 * 웅장하다 * 놋쇠 * 방망이 * 천 * 의상 * 차갑다 * 세수대야 * 단단하다 * 동요 * 민요 * 나무 * 꽃술 * 끈 * 방망이 * 금라 * 마당 * 검정 * 흰색 * 빨강 * 파랑 * 노랑 * 여러가지 색깔 * 기악합주 * 농악 * 무악 * 전래동요 * 소용돌이 모양 * 실 * 구리 * 주석 * 납 * 나 * 징 * 지잉 * 리듬보 * 구음

〈유목화〉

연주법	앉아서 치기, 서서 치기
느 낌	차갑다, 쇠느낌, 크다, 단단하다, 무겁다
의 상	한복, 바지, 저고리(사물복)
음악(쓰임)	무악, 풍물놀이, 전래동요, 민요, 국악동요, 기악합주, 사물놀이
입소리(구음)	징, 지잉
다른 이름	금라, 대금, 정, 나
재 료	놋쇠(구리, 주석, 납), 나무, 실, 천묶음(방망이), 꽃술, 끈
장 소	공연장, 마당, 농촌

장 단	굿거리, 세마치, 자진모리, 휘모리, 단모리, 별달거리, 난타, 동살풀이
색 깔	옷색깔 : 여러가지 색, 검정, 흰색, 빨강, 파랑, 노랑 악기 : 금색, 검정색
닮은 꼴	세수대야, 큰 그릇
소 리	아주 큰 쇳소리, 멀리 울리는 소리, 징징징
구 성	징(놋쇠), 손잡이, 징채
사물 · 풍물놀이 악기	장구, 꽹과리, 북, 소고, 태평소
비 유	바람
악 보	리듬보, 구음
모 양	둥글다, 나이테 모양, 소용돌이 모양
타 법	치고 막기, 복판 치기

4 질문 목록 작성하기

- 징은 어떤 소리가 날까요?
- 오른손에 들고 치는 것은 무엇일까요?
- 징을 칠 때 앉아서만 칠까요?
- 쇳소리 나는 악기는 무엇이 있을까요?
- 징은 언제 만들어졌나요?
- 징은 어떻데 보관하나요?
- 비슷한 악기는 무엇이 있을까요?
- 징을 들고 치기도 하나요?
- 징소리는 왜 멀리까지 울리나요?
- 징을 거는 것을 무엇이라 하나요?
- 징보다 작고 쇠로 만든 악기는 무엇일까요?

〈주제망〉

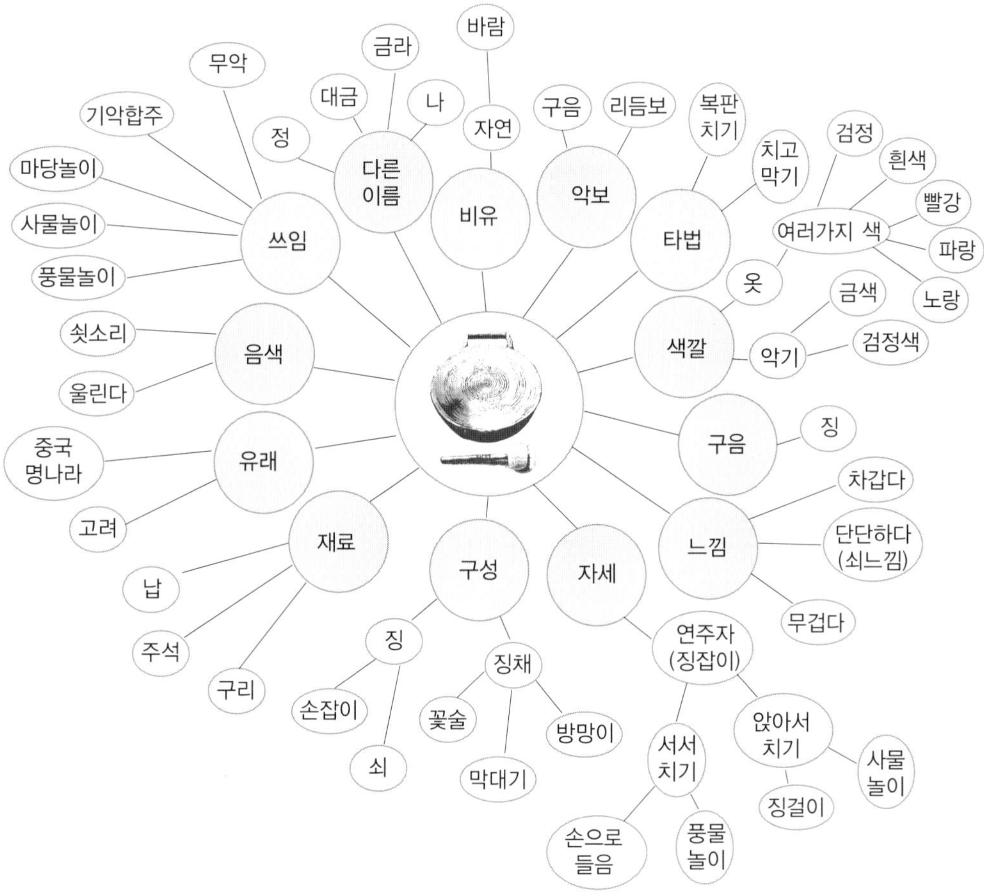
쓰임
무악
기악합주
마당놀이
사물놀이
풍물놀이
다른 이름
대금
금라
나
정
비유
자연
바람
악보
구음
리듬보
타법
복판 치기
치고 막기
색깔
여러가지 색
검정
흰색
빨강
파랑
노랑
옷
악기
금색
검정색
구음
징
느낌
차갑다
단단하다 (쇠느낌)
무겁다
자세
연주자 (징잡이)
서서 치기
손으로 들음
풍물 놀이
앉아서 치기
징걸이
사물 놀이
구성
징
손잡이
쇠
징채
꽃술
막대기
방망이
재료
납
주석
구리
유래
중국 명나라
고려
음색
쇳소리
울린다

(2) 동화(바람소리가 된 '징')

국악동화

바람소리가 된 '징'

창작 : 정성자, 김미정

복잡한 도시에 가지만 앙상히 남은 나무 한그루가 있었어요.

그 나무 밑에는 슬픈 표정을 하고 있는 친구가 있었어요.

친구의 이름은 귀염둥이에서 둥이예요.

둥이는 회사에 나가신 부모님을 기다리며 날마다 혼자만의 즐거움을 찾아야 했어요.

오늘도 외로운 시간을 보내던 둥이는 폐품처리장을 지나다가 버려진 쇳덩이를 발견했어요. 그리고는 무거운 쇳덩이를 들고 나무아래에서 혼자만의 시간을 보냈어요.

"어 이상하다 손잡이가 있네."

"어! 동그란 소용돌이도 여러 개 뭉쳐져 있네."

"긴 방망이에 끝부분은 동그란 천이 감겨져 있네."

"이게 뭐지?"

"맞다! 한번 방망이로 소용돌이 부분을 쳐 볼까?"

둥이는 왼손에 쇳덩이 손잡이를 잡고 오른손에는 동그란 모양이 있는 방망이를 들고 소용돌이가 있는 부분을 세게 두들겨 보았어요.

"지~잉"

"아이 깜짝이야" 둥이는 큰소리에 놀랐어요.

그러나 자신도 모르게 또 한번 또 한번 자꾸만 소리를 내면서 쳐보았어요.

"야! 이거 너무 신난다." 둥이는 큰소리를 치면서 즐거워했어요.

도시의 차들은 "빵빵" "부릉~" "붕~붕" 소란스럽게 지나갔어요.

사람들은 자신의 일상에서 바삐 생활하느라 둥이의 지~잉 하는 쇳덩이 소리에는 관심이 없었어요.

그래서 둥이는 다음 날도 가지만 앙상한 나무 밑에서 지~잉 소리를 내며 쇳덩이와 친구가 되어 즐거운 이야기도 나누며 놀았어요.

그렇게 많은 시간이 흘렀을 때 둥이는 앙상한 나무에게

"나무야! 너도 심심하지? 우리 함께 쇳덩이와 지~잉 소리를 내며 놀아 볼까?"하고 말했어요.

앙상한 가지만 있던 나무가 어느덧 푸르른 나뭇잎이 되어 파릇파릇 웃으며 둥이에게 "그래! 함께 놀자~내가 그늘이 되어줄께"하고 그늘이 되어 주었어요.

둥이는 지~잉 쇳덩이, 나무와 친구가 되어 신명나게 놀았어요. 그 때 지나가는 사람들도 한명씩 나무 아래에 모여들기 시작했어요. 마침내 둥이는 나뭇잎이 풍성하여 그늘이 되어주는 나무 밑에 모인 사람들과 하나되어 어느새 쇳덩이의 지~잉 울리는 소리를 들려주었어요. 모인 사람들은 어깨를 들썩들썩 몸을 흔들기 시작했어요.모두의 얼굴은 너무도 행복했어요.

그리고 이제는 버려진 무거운 쇳덩이가 아닌 악기 징이 되었어요.

징은 "지~잉"하고 웅장한 첫 음을 울리는 바람소리가 되어 복잡한 도시에 울려 퍼지고, 사람들은 바쁜 일상생활의 새 아침을 맞이하게 되었답니다.

(3) 내 이름은 징(국악동요)

1 악보소개

쉽게 부를 수 있는 음률로 '징' 이라는 악기의 특징을 살린 악보를 제시하여 음을 익힌다.

내 이름은 징

작사 · 작곡 : 정성자

2 노래 익히기(국악동요 '징')

- 음악 CD를 들려준다. 또는 피아노 반주로 재미있게 불러 본다.
- 허밍음으로 따라 불러본다.
- 가사의 내용(징소리와 채 모양)을 이해하며 불러본다.
- 팀별 놀이활동을 하며 국악동요를 학습한다.

3 노래에 따라 악기 치면서 율동하기

징 치기

- 내 이름 징–징 치기(한 번 치기)
- 지 징 징 지 큰소리– ♩. ♩. ♩. ♩. 리듬으로 치기
- 지징 징지 징지 징– ♩. ♩. ♩. ♩. 리듬으로 치기

율동

- 쇠로 만든 쇳소리–양손 옆으로 펴서 흔들기

- 신나게 울리네—양손 위로 흔들기
- 왼손으로 징 들고—왼손 드는 모습
- 오른손 채 들고—오른손 채를 올린다
- 신명나게 흔—들—양손 옆으로 펴서 흔들기
- 돌리는 채 모양—채 돌리기

(4) 나는 누구일까요?

1 수수께끼 놀이

국악기 중 어떤 악기인지 수수께끼를 통하여 호기심과 흥미를 높인다. 악기의 특성을 이해하고 어휘력과 사고력을 향상시킨다.

- 나는 쇳소리가 나요!
- 나는 동그란 원인데 아주 큰 원이에요!
- 나는 풍물악기 중 가장 멀리 울려 퍼지는 악기예요!
- 나는 방망이로 두드려요!
- 나는 장단의 첫 박을 알려주는 신호 역할을 해요!
- 나는 첫박에 울리는 악기예요!
- 나는 종소리와 비슷해요!
- 나는 음이 끊어지지 않고 울림이 긴 소리에요!
- 나는 자연의 비유에서는 바람, 즉 바람소리에 속하지요!
- 나는 앉아서도 치고, 서서도 쳐요!

나는 누구일까요?

2 탐색놀이

개인별 · 그룹별의 활동으로 준비된 탐색상자나 커튼 또는 눈가리개 등으로 숨기고 악기 탐색시간을 갖는다. 간단한 탐색시간을 통해서 아이들에게 악기 모양과 색깔, 촉감, 음색 등을 알아보게 한다.

3 탐색활동

탐색상자

- 교사가 징을 쳐주면 소리 알아맞히기
- 소리를 기억하고 촉감놀이로 징을 만져 보고 알아맞히기
- 탐색물건이 무엇인지 확인한다.
- 직접 연주해 본다.

4 확장활동

- 자유선택 활동시간에 그림 그리기와 만들기, 퍼즐 맞추기 놀이로 연계할 수 있다.
- 채의 모양을 모아서 서로 다른 점과 비슷한 점을 분석해 본다. (꽹과리채, 장구채, 소고채, 북채, 작은 북채, 큰 북채 등)

(5) 사물악기 이야기

국악동화

우리는 함께하는 친구에요!

재창작 : 정성자, 김미정
(작자 미상)

: 친구들 안녕! 오늘은 다정한 내 친구인 사물악기를 소개할게!
우리는 꽹과리, 징, 북 그리고 나 장구야!
우리는 혼자서 소리 내는 것보다 함께 소리를 내면 더 멋진 소리를 낼 수 있단다.
그래서 사물악기라고 하지! 우린 친구가 넷이라 붙여진 이름이란다.
그럼 다정한 내 친구들을 만나 볼까? "얘들아 각자 소개 부탁해"

: 얼씨구! 지화자... 안녕! 난 둥그런 가죽 옷을 입은 북이라고 해
난 구름이 둥실둥실 떠 다니는 것처럼 둥둥두둥두리둥 가슴이 두근두근 울리는 소리를 내지! 난 장구와 가장 가까운 친구야.
장구와 나는 비슷한 북소리가 난다. "쉬! 비밀이야"
장구의 아름다운 소리는 내가 감싸주고 있단다.

: 순령수! 갱개갱...! 안녕! 난 큰소리와 높은 소리를 내는 꽹과리야.
내가 신명나는 소리를 제일 먼저 내면 내 친구들이 나를 따라 소리를 낸단다. 그래서 난 사물놀이에서 지휘자의 역할을 해.

 : "지~잉" 얼쑤...안녕! 난 "징" 소리가 난다고 해서 징이라고 해.

나는 채를 잡고 나의 소용돌이가 있는 가운데를 부드럽게 치면 웅장한 소리를 내어 지~잉하고 널리 퍼져 간단다. 난 내 친구들 중 꽹과리의 소리를 안아주는 넓은 소리를 가졌단다.

난 꽹과리와 비슷하지만 크기는 훨씬 크고 낮고 긴 소리를 내는 바람소리를 가졌단다.

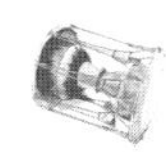 : 덩덩쿵덕쿵 얼쑤! 절쑤! 마지막으로 나를 소개할께! 난 장구야

사물악기를 하기 위해서는 대표적인 악기인 나의 리듬을 제일 먼저 익혀야 해. 그리고 우리의 리듬을 다양한 소리로 표현할 수 있어.

내 몸을 자세히 보면 난 나의 몸통을 오른쪽 왼쪽으로 된 가죽으로 연결시켜 채로 두드려서 소리를 낼수 있게 만들어져 있단다.

왼쪽 가죽은 궁편이라고 하고 궁채로 쳐서 "쿵"하는 낮은 소리가 난단다.

오른쪽 가죽은 채편이라고 하고, "덕""더러러""기덕"하는 높은 소리를 내고 또 양쪽을 함께 치면 "덩" 소리가 난단다. 여기 허리를 봐! 조롱목이라고 하는데 부전이라는 조이개가 줄 위를 왔다갔다 하면서 내 소리를 높이고 낮게 조율해 준단다.

신기하고 재미있었지! 이렇게 나와 내 친구들 모두를 네 개의 악기라고 해서 우리를 사물악기라고 부른단다. 앞으로 우리들을 만나면 흥겹게 같이 놀아줘! 어깨춤을 추면서 신명나게 말이야!

(6) 운우풍뢰란 무엇일까요?

우리조상들은 늘 자연과 더불어 함께 순응하면서 살아왔고 자연을 보존해 왔다. 그런 연유로 자연의 소중함을 인지하여 악기에도 자연의 소리를 비유하여 소리의 뜻을 자연스럽게 나타내고 있다.

우리나라 음악중에서 사물놀이는 자연에 비유하여 운우풍뢰라고도 한다.

풍물놀이에서 상쇠인 꽹과리는 소리가 크고 높은 소리가 나서 마치 천둥번개와 같다고 하여 뢰(雷)에 비유된다. 같은 쇳소리를 나타내는 징은 소리를 감싸듯 낮은 음이 나기 때문에 바람과 비슷하다 하여 풍(風)에 비유된다. 또한 리듬을 잘게 나누는 장구는 소낙비가 내리듯 음을 잘게 나누어 연주한다 하여 우(雨)에 비유된다. 분위기를 상승 시키고 소리의 울림이 하늘에 둥둥 떠가는 구름을 연상시킨다 하여 북은 운(雲)에 비유된다. 즉, 운우풍뢰는 구름을 상징하는 북, 비를 상징하는 장구, 바람을 상징하는 징, 천둥, 번개를 상징하는 꽹과리를 말한다.

요즘은 운우풍뢰라는 동화도 만들고, 팀구성원의 이름을 운우풍뢰로 하기도 하고, 노래로 작사 · 작곡하기도 하여 사물악기와의 친근감을 줄 수 있는 대중화에 앞장서고 있다. 어린이들에게는 그림 자료나 교구를 활용하여 재미있게 제시할 수 있다.

[교수 예시활동]

비밀상자 안에 운 · 우 · 풍 · 뢰 그림을 넣고 한 어린이가 한 장씩 꺼내어 그림에 해당하는 악기를 알아 맞힌 다음 그림을 보고 자연의 소리를 연상하면서 직접 연주하는 활동이다.

[놀이활동 순서]

① 운우풍뢰가 그려진 그림 자료를 비밀상자 안에 넣어둔다.
② 실제의 사물악기를 제시한다.
③ 비밀상자 안에 있는 그림 자료를 꺼내어 본다.
④ 이야기 나누기 시간에 했던 운우풍뢰를 찾아보도록 한다.
⑤ 꺼내는 그림 자료를 높이 들고 "무엇일까요?" 하며 크게 외치면 어린이들이 알아맞히기를 한다.
⑥ 운우풍뢰를 알아 맞힌 어린이가 나와 악기로 직접 연주해 본다.
⑦ 그림 자료를 들고 소리에 해당하는 악기에 그림 붙이기

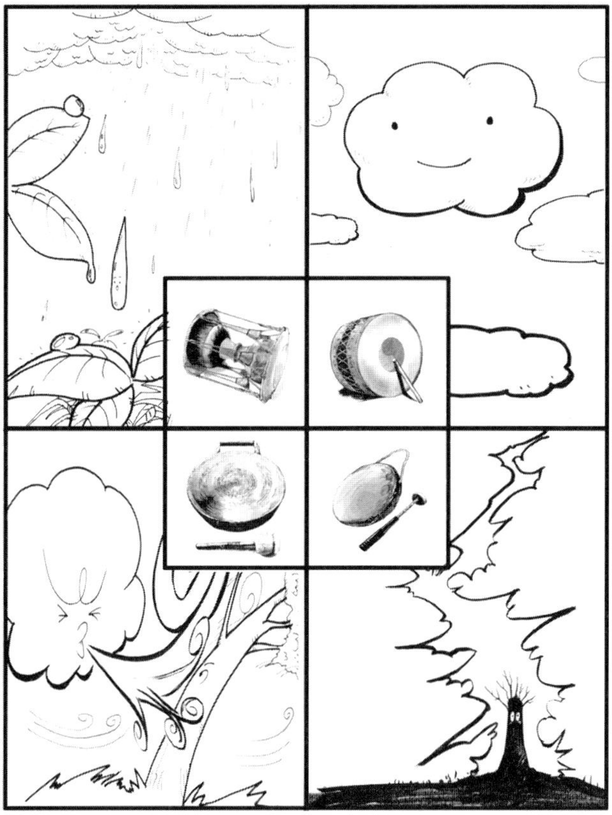

5) 소고

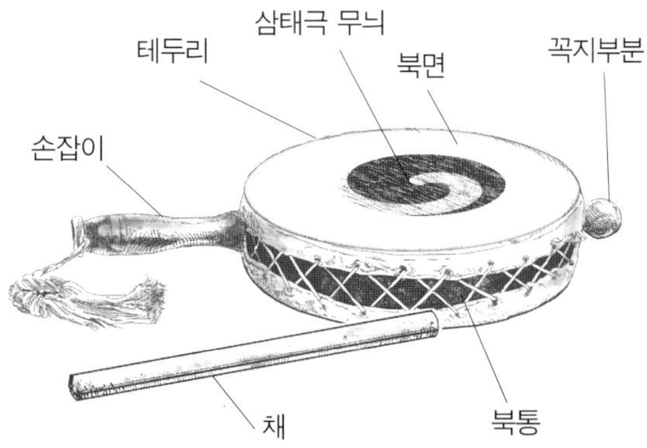

소고와 채

일명 '매구북' 이라고도 하며 매굿, 즉 농악과 민속무에 쓰인다. 작고 얇은 북통의 양면에 가죽을 씌우고 북통에 손잡이를 달아서 만든 북 종류의 작은 타악기이다. 왼손으로 손잡이를 쥐고 오른손에 작은 방망이 채를 들어 앞 · 뒤로 두드리며 치는 악기이다. 소고는 어린이에게 적합한 리듬악기로 교육용으로 많이 활용된다.

소고는 옛날 농부들이 논밭에서 일할 때 농사일을 즐겁게 하기 위해 농악놀이를 할 때 장구, 꽹과리, 북, 징 뒤에서 소고춤을 추는데서 비롯한 타악기이다. 동요의 리듬합주나 민요와 소고놀이, 소고 합주, 소고춤, 민요와 타악 놀이 등에서 춤 동작과 함께 다양하게 쓰이고 있다. 작고 가볍고 손쉬운 악기이기 때문에 유치원과 초등학교 저학년에서 많이 활용되고 있다.

(1) 프로젝트 접근법

1 주제 : 소고

2 활동의 교육적 효과

- 우리나라 악기를 접해봄으로 친근감을 느낀다.
- 악기의 이름을 안다.
- 악기의 구조를 안다.
- 음악적(리듬감, 소리의 강약 조절) 능력을 키운다.
- 언어의 발달과 인지발달을 도울 수 있다.
- 소고감상을 통해 정서적인 풍요로움과 심미적 발달을 키운다.
- 연주를 통해 또래와의 상호작용이 이루어지며 역할놀이를 통해 협동심과 리더십을 키운다
- 소고를 통해 다양한 동작을 해 봄으로써 눈과 손의 협응력을 기르고 소근육 발달이 이루어진다.
- 소고의 다양한 동작을 익힌다.

3 주제망 짜기

〈브레인스토밍〉

*벅구 * 소고옷 * 꼬깔모자 * 작다 * 예쁘다 * 동그랗다 * 원모양 * 농사 * 삼태극 무늬 * 손잡이 * 북면 치기 * 소고합주 * 소고춤 * 사당패 * 서서 치기 * 앉아서 치기 * 궁, 따 * 구궁 * 매구북 * * 꼭지 * 동요 * 소고놀이 * 수술 * 작은북 * 손잡이 * *소고채 * 템버린 * 손거울 * 테면 * 기악합주 * 풍물놀이 * 장단 * 북소리 * 공연장 * 딱딱하다 * 한복 * 바지 * 저고리 * 앞면 치기 * 뒷면 치기 * 리듬보 * 구음 * 여러가지 색 * 인사장단 * 난타 * 굿거리 * 자진모리 * 세마치 * 단모리 * 노끈 * 나무 * 플라스틱 * 가죽끈 * 소가죽 * 마당 * 농촌

〈유목화〉

연주법	앉아서 치기, 서서 치기
느 낌	작다, 예쁘다, 딱딱하다
의 상	한복, 바지, 저고리(사물복)
음악(쓰임)	풍물놀이, 소고합주, 소고춤, 국악동요, 기악합주
입소리(구음)	궁, 따, 구궁
다른 이름(일명)	매구북, 벅구
재 료	노끈, 나무, 소가죽, 플라스틱, 가죽끈
장 소	공연장, 마당, 농촌
장 단	인사장단, 난타, 굿거리, 세마치, 자진모리, 단모리
색 깔	옷색깔 : 여러가지 색(한복) 악기 : 베이지색, 빨강·파랑, 노랑, 나무색
닮은 꼴	템버린, 손거울
소 리	예쁜소리, 작은 소리, 북소리
구 성	북통(나무, 노끈, 북테), 북면(소가죽, 삼태극 무늬), 꼭지(나무, 수술), 손잡이(나무),

사물 · 풍물놀이 악기	장구, 꽹과리, 징, 북, 태평소
악 보	리듬보, 구음
사 람	소고잽이
모 양	동그라미, 원모양
타 법	북면 치기, 나무테면 치기, 앞 · 뒷면 치기

〈주제망〉

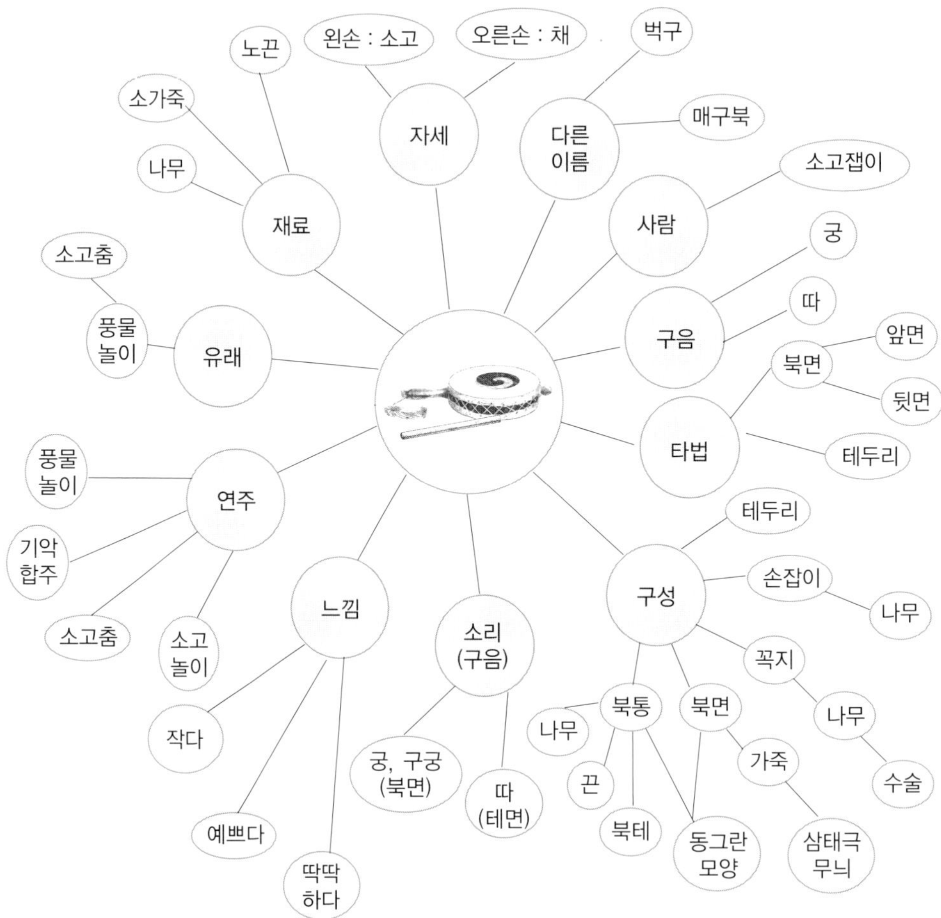

4 질문 목록 작성하기

- 소고는 어떤 소리가 날까요?
- 소고는 어떻게 치는 걸까요?
- 소고는 무엇으로 만들었나요?
- 소고는 어느나라 악기인가요?
- 소고는 옛날에도 있었나요?
- 소고의 다른 이름은 무엇인가요?
- 소고는 왜 둥근모양일까요?
- 네모난 소고도 있나요?
- 소고의 크기는 다 똑같은가요?
- 소고치는 사람을 뭐라고 부르나요?
- 소고가 거울이었다면?
- 소고 공연은 어디서 하나요?
- 소고는 왜 작은가요?
- 소고춤을 출때 기분은 어떠한가요?
- 소고에는 왜 태극모양이 있는가요?

(2) 동화(춤추는 소고)

국악동화

춤추는 '소고'

창작 : 정성자, 김미정

어느 마을에 조그마하면서도 단단하고 둥근 모양의 가죽으로 된 소고소녀가 있었어요.

소고 소녀는 "난 소리가 작고 모양도 작아서 다른 친구보다 좋은 소리를 낼 수 없어"하고 투정을 부리곤 했어요.

그러던 어느날 꿈속에서 소고채가 나타나 소고보고 속삭였어요.

"소고야! 소리가 작다고 너무 실망하지마. 넌 비록 소리가 작지만 작기 때문에 아름다운 여러 가지 춤동작을 만들어서 연습하면 이쁘게 보일 수 있을거야" 꿈에서 깬 소고는 기분이 좋아졌어요. 그리고는 소고채로 소리내면서 여러 가지 뛰고, 걷고, 뒹굴고, 흔들고 하는 예쁜 동작을 매일매일 연습했어요.

소녀는 너무 행복해서 열심히 연습한 동작을 익혀 동네 운동장으로 나갔어요.

그때 어디선가 "삐리리~"하며 나팔소리가 들려왔어요.

소녀는 그 소리에 맞추어 소고 무동춤을 추기도 하고 소고춤을 추기도 하고 풍물놀이 열두발 상모돌리기 놀이도 하였어요.

너무 신나게 연습하느라 누군지도 모르고 땀을 뻘뻘 흘렸어요.

소고는 금방 들린 나팔소리를 찾아 인사하러 갔어요.

"안녕하세요! 저는 소고예요"

"안녕, 난 태평소야"

"넌 춤을 잘 추는 춤추는 소고구나! 반가워!"태평소가 말하였어요.

소고 소녀와 태평소 소년은 둘의 소리가 너무 잘 어울린다고 좋아했어요.

태평소는 "소고야! 우리 이러지 말고 큰 소리를 내는 내 친구들이 있으니 같이 재미있게 놀아보자"하고 말하였어요.

그리하여 소고와 태평소는 좋은 친구가 되었고, 다른 악기친구인 북, 장구,징, 꽹과리도 잘 어울리는 사이좋은 친구가 되었어요.

(3) 내 이름은 소고(국악동요)

1 악보

쉽게 부를 수 있는 음률로 '꽹과리' 악기의 특징을 살린 악보를 제시하여 음을 익힌다.

내 이름은 소고

정성자 작사 · 작곡

2 노래 익히기(국악동요 '소고')

- 음악 CD를 들려준다. 또는 피아노 반주로 재미있게 불러본다.
- 허밍음으로 따라불러본다.
- 가사의 내용(운지법, 악기소리)을 이해하며 불러본다.
- 팀별 게임놀이를 하며 국악동요를 익힌다.

3 노래에 따라 악기 치면서 율동하기

소고 치기

- 혹, 앞에—테면 한 번 치기
- 알록달록 색동옷 입은(궁궁따따—궁따따)— ♪♩ ♪♩ ♪♩ ♪♩

  (♪ : 테면 치기, 리듬대로 치기)
- 그 이름 소——고— ♩♪ ♩♪ ♩♪ ♩♪ 리듬으로 치기

율동

- 동그란 얼-굴에(예쁘게 땋~은)-오른손, 왼손 올려 원을 만들고 흔들기
- 톡 튀어난(머리-를)-오른손 올린 후 치기
- 나머지 부분-가사에 따른 동작하기

(4) 나는 누구일까요?

1 수수께끼놀이

국악기 중 어떤 악기인지 수수께끼를 통하여 흥미를 갖도록 악기의 특성을 이해하고 어휘력과 사고력을 높인다.

- 나는 궁 따 소리가 나요!
- 나는 동그란 원이예요
- 나는 손잡이가 길게 있어요
- 나는 북면에는 태극무늬가 있어요
- 나는 길고 날씬한 방망이로 두드려요
- 나는 왼손으로 악기를 들 때 손잡이를 잡아요
- 나는 이것을 들고 춤을 추기도 해요

2 탐색놀이

- 개인별 · 그룹별의 활동으로 준비된 탐색상자나 커튼 또는 눈가리개 등으로 숨기고 악기 탐색시간을 갖는다. 간단한 탐색시간을 통해서 아이들에게 악기모양과 색깔, 촉감, 음색 등을 알아보게 한다.

3 탐색활동

- 교사가 소고를 쳐주고 소리 알아맞히기
- 악기 소리를 기억하고 촉감놀이로 소고 만져보고 알아맞히기
- 탐색물건이 무엇인지 확인한다.
- 직접 연주해 본다.

4 확장활동

- 자유선택 활동 시간에 그림 그리기와 만들기, 퍼즐 맞추기 놀이로 연계할 수 있다.
- 작은 북소리가 나는 악기가 있는지 양악 리듬악기에서 찾아보기

(5) 장단별 도입

—각 장단을 노래로 부른 후 소고로 장단을 친다—

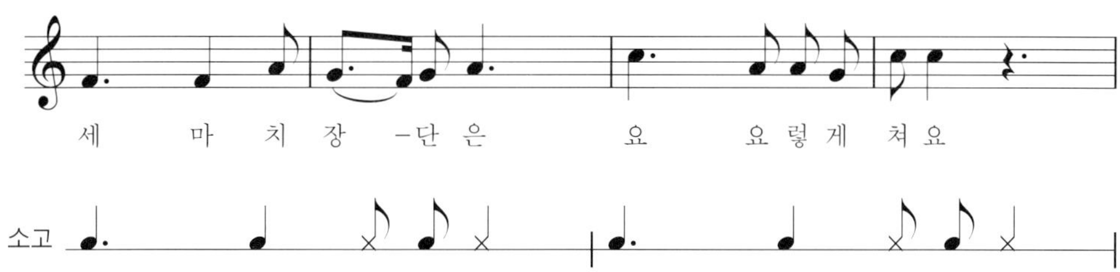

1 인사장단

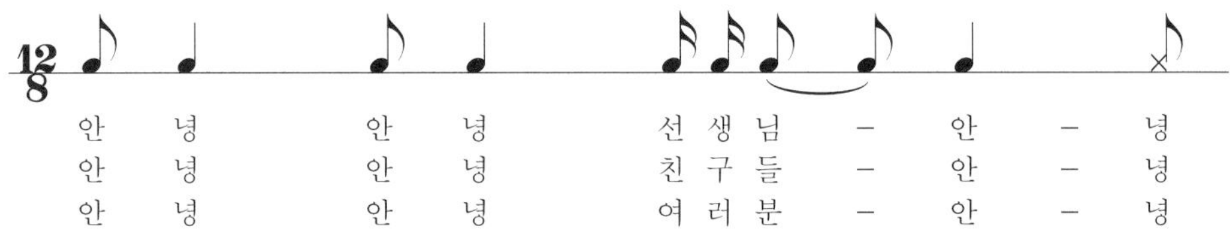

2 굿거리장단(1장단 후)

①
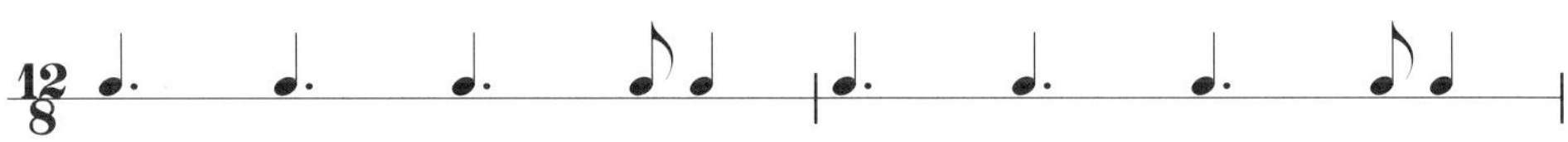

②
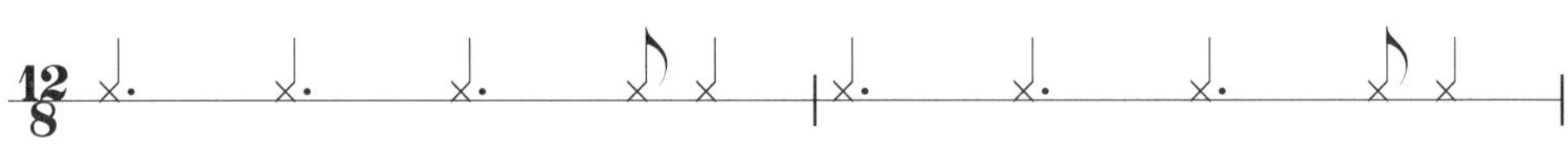

③
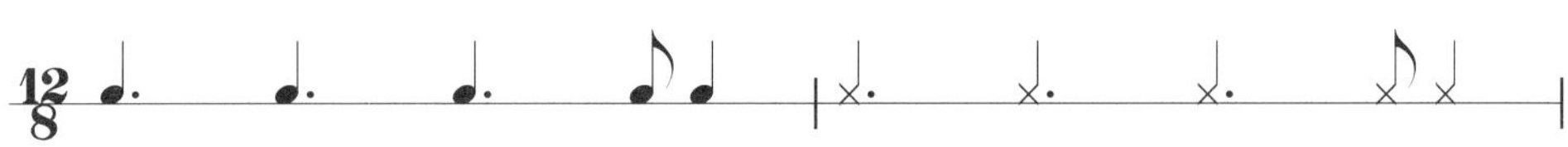

④
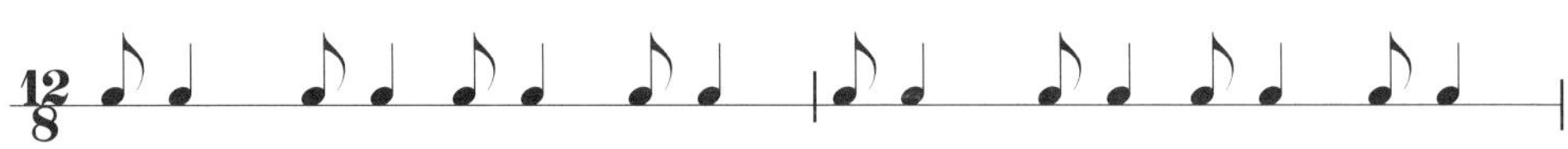

⑤
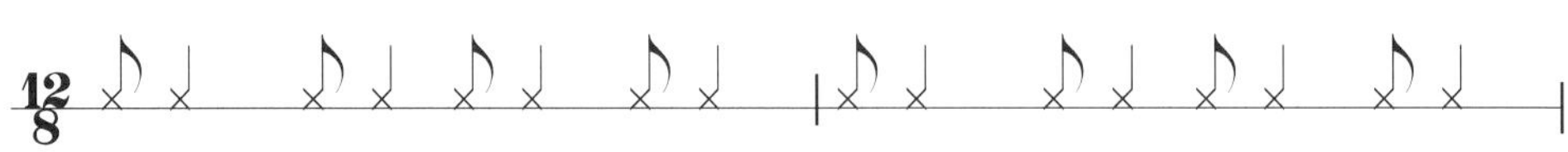

⑥

3 자진모리장단(2장단 후)

①  ×4(장단)

②  ×4

③ 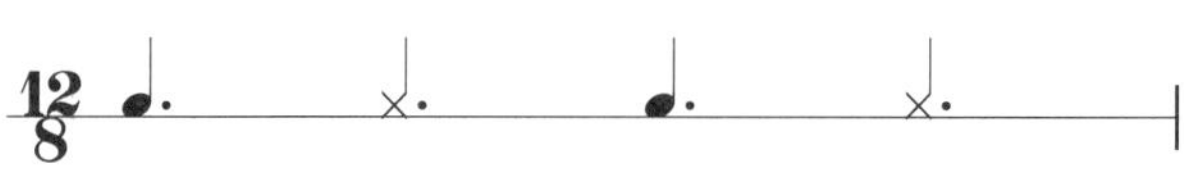 ×4

④  ×4

⑤ 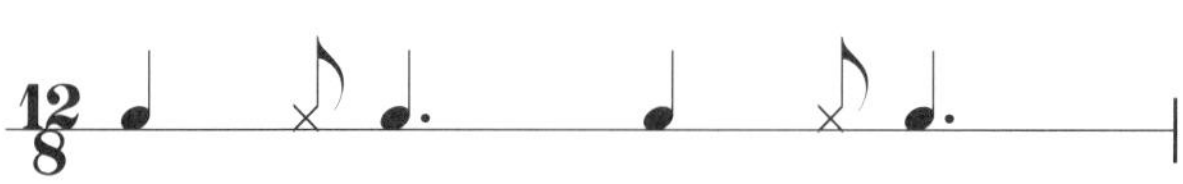 ×4

유치원 가자(국악동요와 소고놀이)

자진모리장단

(6) 소고장단

1 인사장단

소고놀이나 기악 합주 시 음악의 처음과 끝을 알리는 신호로 인사할 때 치는 가락으로 난타와 번갈아 사용할 수 있다.

리듬				
입장단 (구음)	궁궁 (허이)	궁궁 (허이)	구구궁궁	궁-따
몸 동작	두 번 치고 오른손 올리기(허이)	두 번 치고 오른손 올리기(허이)	리듬대로 치고	오른손 높이 들어서 테 치기

[소고 부분 동작]

허이

궁-따

※ 참고사항 : 소고 전체 말장단은 장구장단을 참고

2 난타(일채)

소고놀이를 할 때 호흡을 맞추어 보는 가락으로 음악의 시작과 끝을 알리는데 사용한다.

리듬					
입장단 (구음)	궁궁궁……………………………궁궁궁…………궁구구구…………따!!				
몸동작	⌒ 소고 치고 몸을 숙이면서 돌리기	⌒ 소고 치고 몸을 숙이면서 돌리기	한 번 치기	빨리 치면서 몸을 숙였다가 들면서	오른손의 채를 올리면서 테 치기

3 굿거리장단

12/8박으로 되어 있고 조금 느리게 흥겹게 치는 가락으로 국악동요와 기악 합주, 민요와 소고놀이 등에 쓰인다.

리듬	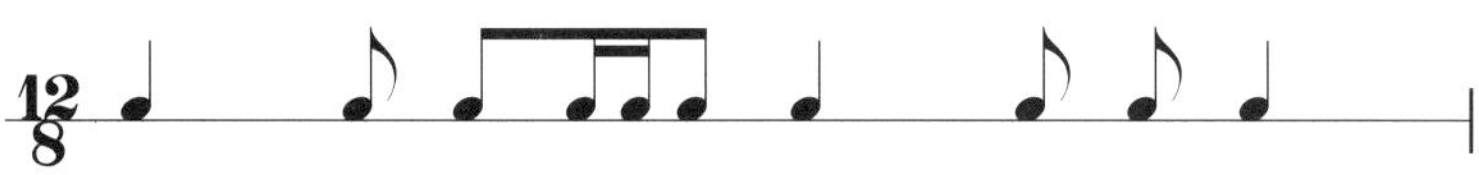			
입장단 (구음)	궁 구	궁 구구구	궁 구	궁 궁
소고 치기	궁 따 ♩ ♪ (테 치기)	궁 따 ♩ ♪	궁 따 ♩ ♪	궁 궁 ♪ ♩
몸동작	몸 숙이고	들고	숙이고	두 번 궁 치고 오른손 옆으로 벌리기

[변형장단]

①
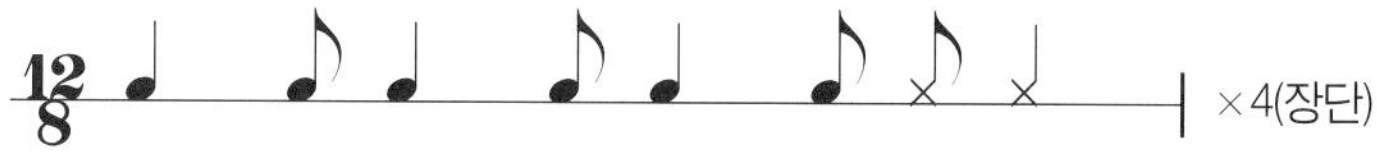

②

③
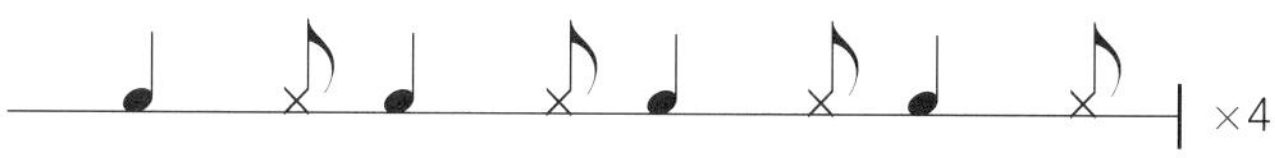

④

⑤

4 세마치장단

$\frac{9}{8}$박으로 보통빠르기로 연주한다. 소고놀이와 동요 기악 합주 등에 쓰인다.

리듬			
입장단 (구음)	궁	궁 구	구 궁
소고 치기	궁 * 변형장단 참고	궁 구	구 궁
몸동작	몸 숙이고 소고 채를 돌린다.	몸 들면서	궁 따 치고 오른손 위로 들기

[변형장단]

①  ×4(장단)

②  ×4

③ 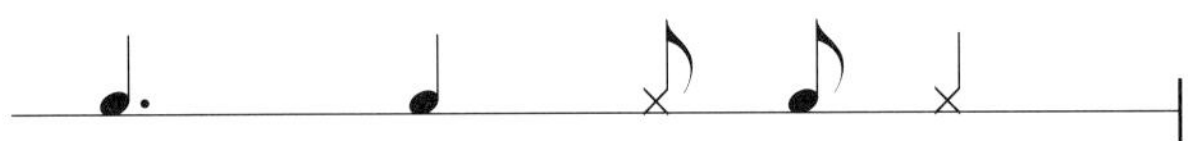 ×4

④ 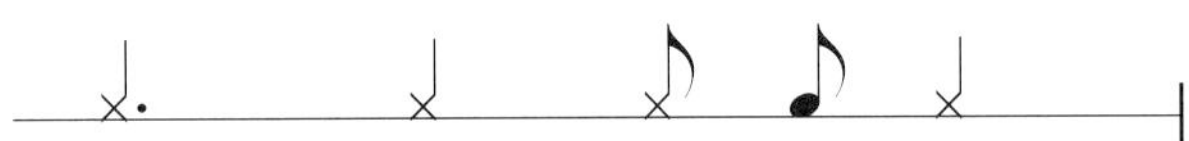 ×4

⑤  ×4

5 자진모리장단(삼채)

$\frac{12}{8}$ 박으로 조금 빠르고 신명나게 몸의 리듬을 타는 흥겨운 느낌의 장단이다. 굿거리장단과 더불어 자진모리장단은 흔히 국악에 많이 쓰이는 장단으로 민요와 소고놀이, 동요 기악 합주 등에 쓰인다.

리듬		
입장단 (구음)	궁 구 구 궁	궁 구 구 궁
몸동작	몸을 앞으로 숙이고 리듬대로	들고 리듬대로 친다.

[변형장단]

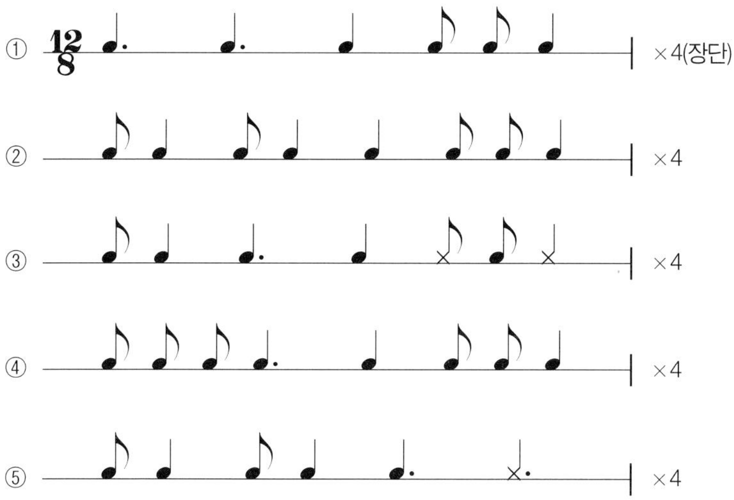

6 별달거리장단

$\frac{4}{4}$박으로 단모리와 같이 빠르게 친다.

별달거리장단은 동요 기악 합주나 민요소고 놀이에서 중간에 사용하면 효과적이다.

리듬	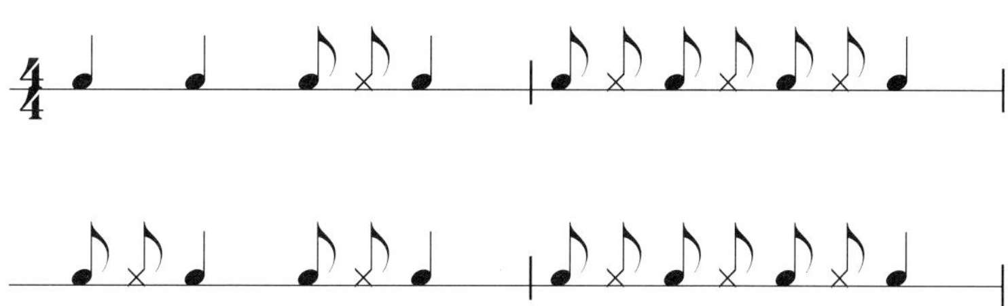	
입장단 (구음)	궁 궁 궁 따 궁 궁 따 궁 궁 따 궁	궁 따 궁 따 궁 따 궁 궁 따 궁 따 궁 따 궁
몸동작	• 몸을 숙이고 일어나면서 친다. • 첫 박 · 셋째 박에 세게 치면서 고개를 약간 숙인다.	• 첫 박에 세게 치면서 몸을 위 · 아래로 움직인다. • 첫 박에 세게 치면서 몸을 위 · 아래로 움직인다.

7 동살풀이장단

$\frac{4}{4}$ 박으로 단모리장단과 방법이 비슷하나 동살풀이장단의 특징은 리듬을 잘게 자르면서, 절도있게 장구를 치는 특징이 있듯이, 소고도 같은 방법으로 친다. 소고는 장단놀이에 많이 활용된다.

리듬 (도입장단)				
입장단 (구음)	궁 구	궁 구	궁 구	궁 따
몸동작	몸을 앞으로 숙이고	들고	숙이고	들면서 친다.

※ 악센트를 매 박마다 넣어주어야 리듬이 산다.

[변형장단]

①  ×4(장단)

②  ×4

③ 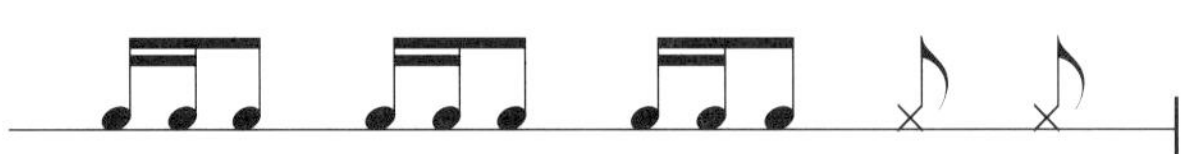 ×4

8 단모리장단

$\frac{4}{4}$박으로 빠르게 또는 아주 빠르게 몰아가며 경쾌하고, 재미있고 신명나는 장단으로 장단놀이와 동요와 기악합주, 민요 등에 널리 쓰인다.

리듬	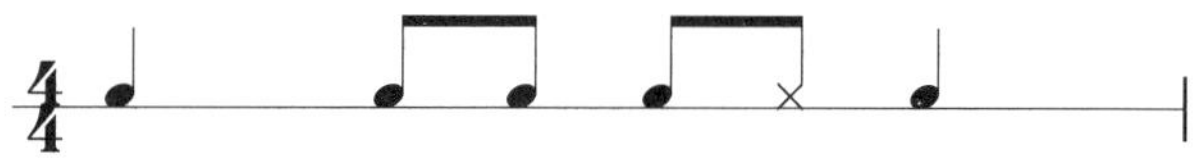			
입장단 (구음)	궁	구 구	궁 따	궁
몸동작	첫 박에 몸을 숙이고 친다		들면서	친다

[변형장단]

① 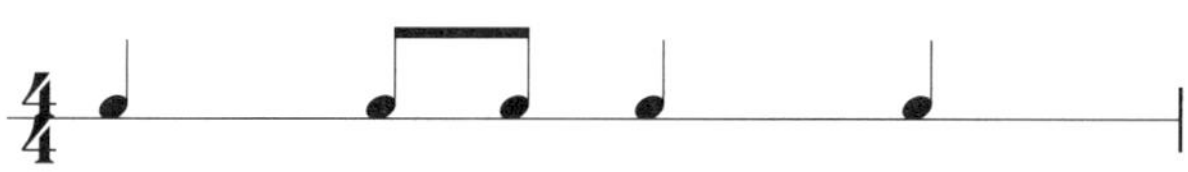 ×4(장단)

②  ×4

③  ×4

④ 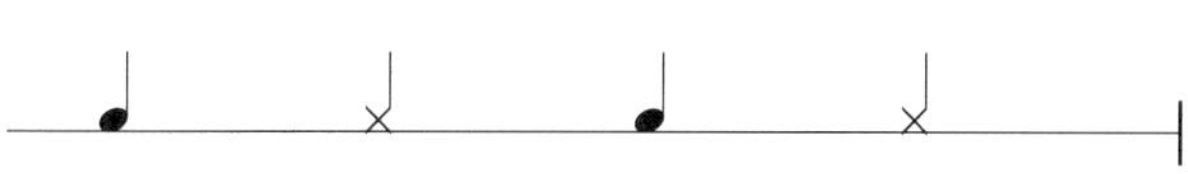 ×4

⑤  ×4

6) 바라

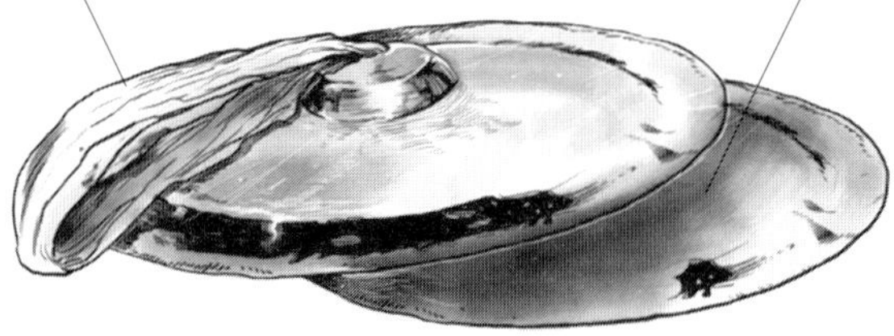

바라

바라는 일명 '자바라' 또는 '제금' 이라고도 부른다. 얇은 놋쇠로 된 2개의 원형 쇠악기를 양손에 들고 서로 부딪쳐서 소리 내는 타악기이다.

촬촬거리면서 큰 소리가 나는 바라는 매 박의 강박에 사용하기도 하고 바라춤의 무구로도 쓰인다. 바라는 어린이의 악기로도 크기가 축소되어 제작되고 서양의 심벌즈와 대치하여 소리의 유사성으로 교육되고 있다.

바라는 어린이에게 적합한 리듬악기로, 강 · 약의 소리를 조절할 수 있어서 리듬합주에 많이 쓰인다. 주로 강박에 쓰이고 있는 바라는 장단별 다양한 멋진 춤 동작을 연출할 수 있는 악기이다.

심바춤

(1) 연주법

1 굿거리장단

※ 마무리 : 치고 V자형으로 양손을 위로 든다.

2 자진모리장단

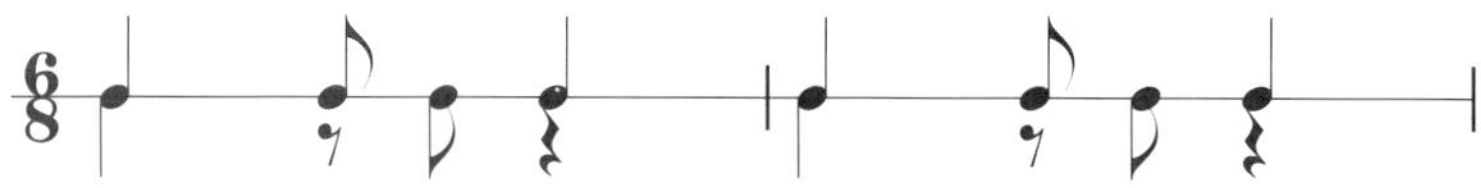

①  ×2(장단)

치고 오른쪽으로 돌리고 / 치고 왼쪽으로 돌리기

② 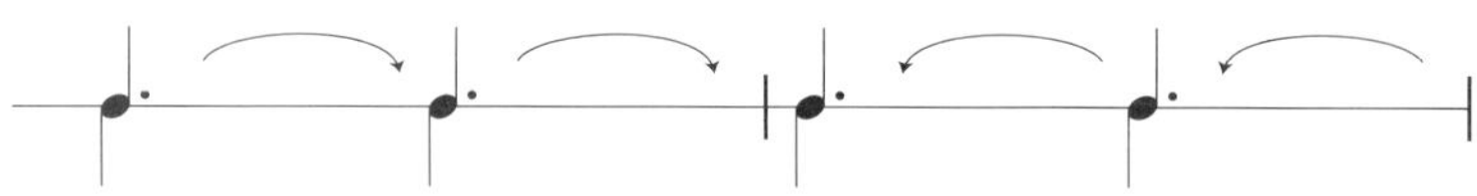 ×2

오른쪽에서 2번 치기 / 왼쪽에서 2번 치기

③ 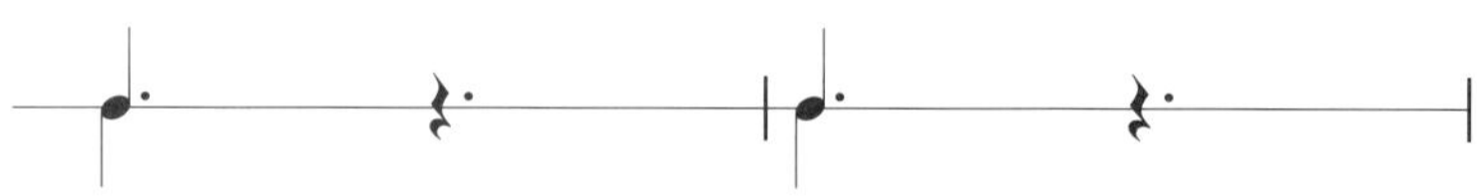 ×2

양손으로 치고 오른손은 위로 왼손은 앞으로 / 양손으로 치고 왼손 위로 오른손을 앞으로

※ 마무리 : 양손 위로 올려서 V자 만들기

치고 오른쪽으로 돌리기

치고 양손 들기

제 3 부

작품편

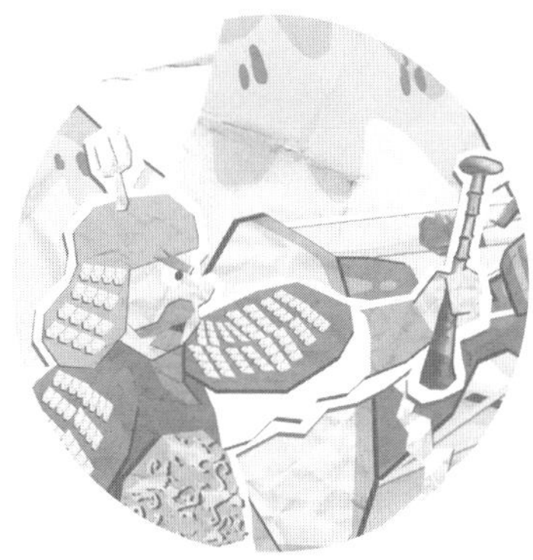

제 3 부 작품편

제 5 장

유아 · 아동의 노래

1. 민요

민요는 그 민족이 살아온 삶의 모습을 담은 소박한 민중의 노래로 구전(口傳)되어온 전통적인 노래를 뜻한다.

민요는 일정한 지방에서만 불려지는 토속민요와 전문소리꾼에 의해서 불려지는 통속민요로 구분된다. 토속민요는 그 기능에 따라 농요, 의식요, 부녀요, 어요, 노동요, 동요 등으로 구별된다. 통속민요는 전국적으로 퍼져있는 세련된 음악, 즉 대중적으로 불려지고 있는 일반적인 민요들을 말한다. 민요는 지방마다 다른 음계와 꾸밈음들이 있어 각 지방의 특색을 담고 있다.

민요의 장단은 굿거리장단, 세마치장단, 타령장단, 도드리장단, 중모리장단, 중중모리장단, 자진모리장단, 단모리장단 등으로 구성되어 있다.

장구 반주로 불려지는 민요의 대부분은 3박 계통의 장단으로 되어 있고, 메기고 받는 유절형식과 평으로 내는 소리, 꺾어 내는 소리, 흘려 떨어뜨려 내는 소리 등 다양한 농현음을 구사한다.

민요는 각 지방마다 토리(선법)가 있으며, 민요의 후렴구는 별 뜻이 없는 구음(口音)으로 되어 있다.

우리나라의 민요를 지방별로 구분하면 경기민요, 서도민요, 동부민요, 남도민요, 제주민요 권으로 분류된다.

어린이에게 적합한 민요

어린이 민요는 감상으로서의 민요, 즉 민요를 듣고 국악 활동으로 이어지는 과정이라 볼 수 있다. 어린이에게 활용되는 민요는 아리랑, 밀양아리랑, 도라지타령, 군밤타령, 천안삼거리, 경복궁타령, 진도아리랑, 옹헤야, 늴리리야, 풍년가, 몽금포타령, 꼭두각시 등을 들 수 있다.

이러한 민요는 주로 춤 동작이나 율동놀이(인체를 통한 놀이활동), 장구놀이, 소고놀이, 기악 합주, 부채춤, 북춤, 북 놀이, 장구난타, 두드림, 가야금 합주 등 폭넓게 쓰이고 있다.

1) 지도로 본 민요분포와 특성

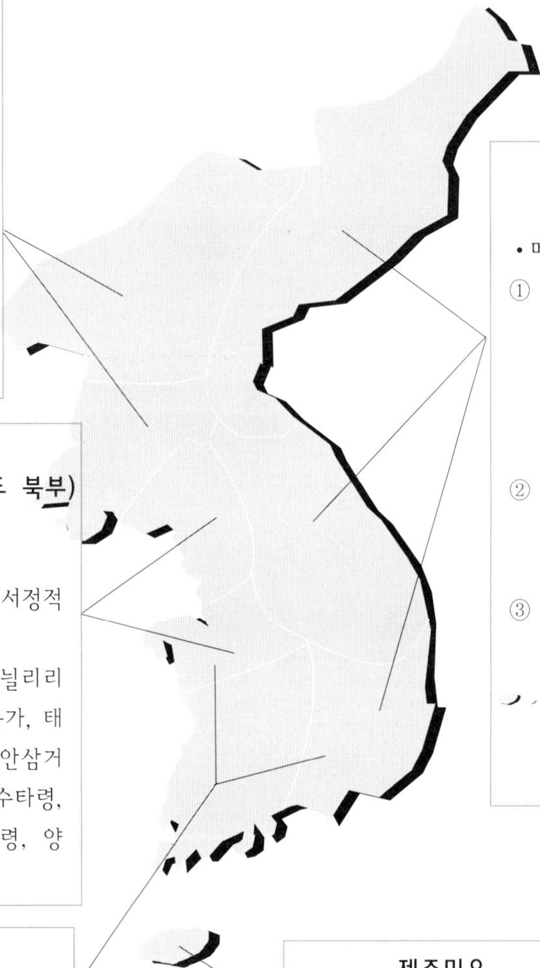

서도민요(황해도, 평안도)

- 수심가토리
- 애수적, 감상적, 콧소리조로 떠는 민요풍
- 수심가, 엮음 수심가, 산염불, 몽금포타령, 긴난봉가, 자진난봉가, 안주애원성, 배따라기, 산염불, 긴아리, 자진아리

동부민요

- 메나리토리

① 함경도
- 빠르고 꿋꿋함, 탄식조풍
- 신고산타령, 애원성, 궁초댕기

② 강원도－애처롭고 처량함
- 강원도아리랑, 정선아리랑, 한오백년

③ 경상도－빠르고 흥겹고 경쾌함
- 밀양아리랑 울산아가씨, 쾌지나칭칭나네, 보리타작(옹헤야)

**경기민요
(서울, 경기도, 충청도 북부)**

- 경토리, 창부타령조
- 온화, 명랑, 경쾌한 서정적 민요풍
- 아리랑, 창부타령, 늴리리야, 도라지타령, 베틀가, 태평가, 군밤타령, 천안삼거리, 노랫가락, 한강수타령, 경복궁타령, 방아타령, 양산도

**남도민요
(전라도, 충청남도,
경상남도 일부지역))**

- 육자배기토리
- 굴곡이 심하고 극적이며 억양의 폭이 격심한 민요풍
- 진도아리랑, 새타령, 까투리타령, 강강술래, 육자백이, 자진육자백이, 농부가, 자진농부가, 남원산성

제주민요

- 제주사투리의 독특한 억양으로 구성된 민요
- 오돌또기, 이야홍타령, 이여도사나

2) 민요작품(춤 동작편)

가. 아리랑(5~6세 지도안)

[활동목표]

- 손뼉치기 활동을 통하여 장단의 흐름을 이해한다.
- 손뼉치기 활동을 통하여 박자의 크기를 이해한다.
- 무릎치기 활동을 통하여 세마치장단을 이해한다.
- 인체 활동을 통하여 3박계의 리듬을 이해한다.

[준비물]

음악 CD, 장구

[대상 연령]

5~6세

[활동방법]

- 도입
  - 우리나라의 대표적인 경기민요의 아리랑을 설명하고 지도를 보면서 각 지방별로 많은 민요가 있음을 이해한다.
  - 손뼉치기 동작을 3박계로 쳐본다(오른쪽, 왼쪽으로).
  - 무릎치기 동작을 해본다.
  - 오른쪽, 왼쪽으로 치면서 머리 숙이고 들기 활동을 한다.
  - 몸 흔들어 보기 연습하기
- 전개

아리랑

세마치장단
아 – 리랑 – 아 – 리랑 – 아 라 – 리 요 – – – – –
1절
(오른쪽으로 손뼉치기)
(왼쪽으로 손뼉치기)
2절
(고개 숙이면서 들기)
아 – 리랑 – 고 – 개 – 로 – 넘 – 어간 다 –
나 를 버 리 고 가 시 는임 – 은 – – – –
(양손 위로 흔들기)
(무릎 치기)
십 – 리– 도 못 – 가 – 서 – 발 – 병난 다 –
(양손 위로 흔들기)
(무릎 치기)
(양손 위로 흔들면서)
야!
(손뼉 치고 V자 만들기)

- 마무리
  - 춤 동작 주요부분 연습하기
  - 아리랑 음악에 맞추어 인체 활동을 한다.

나를 버리고(무릎치고 오른쪽으로 양발 들고 양손 펴기)

[변형 및 확장 활동]

- 손뼉치기 대신 앉아서 책상 치기 활동으로 해본다.
- 무릎치기 대신 발구르기 활동으로 해본다.
- 세마치장단에 맞추어 동작 표현하기를 해본다.

의자에 앉아서 책상 치기

발구르기

나. 아리랑(7~9세 지도안)

[활동목표]

- 세마치장단을 손뼉장단으로 익힌다.
- 손뼉장단과 무릎치기 활동을 통해 세마치장단의 흐름을 느낀다.
- 인체장단에 따른 율동(춤 동작)을 체험한다.

[준비물]

음악 CD, 장구(교사용)

[대상연령]

7~9세

[활동방법]

- 도입
  - 손뼉치기 리듬을 다양한 형태로 처본다.
  - 손뼉장단에 따른 몸동작 나타내기
- 전개

아리랑

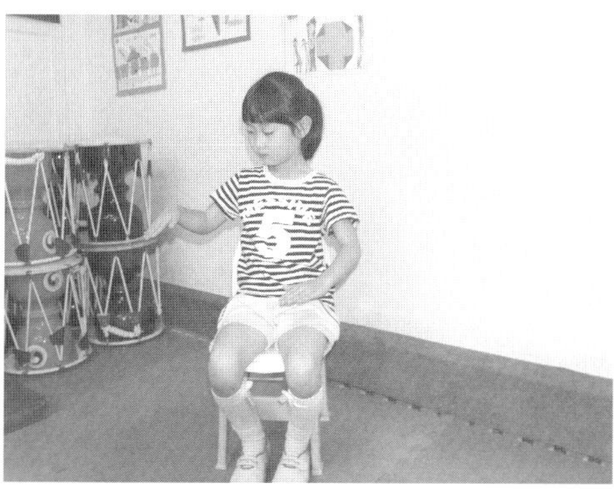

오른손 들기(무릎치기)

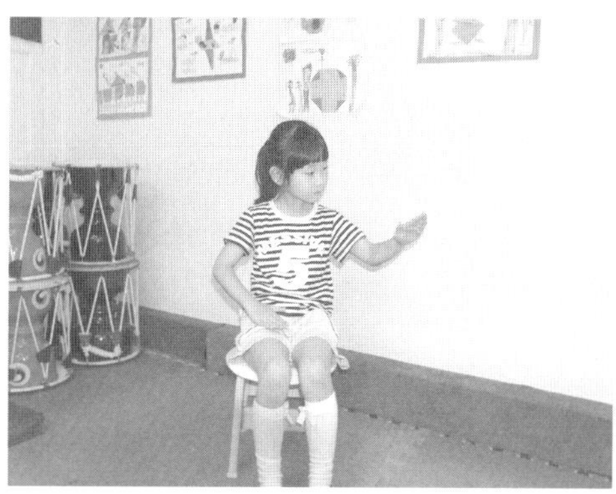

왼손 들기(무릎치기)

● 마무리

– 손뼉 치면서 움직이는 방향 정확히 하기

– 손뼉 칠 때 첫 박에 숙여서 원을 만들면서 치기에 유의하기

– 음악을 듣고 활동하기

[변형 및 확장 활동]

● 세마치장단의 다른 음악(민요, 동요)에 맞추어 활동해 본다.

● 세마치 손뼉장단을 쳐본다.

● 세마치 무릎장단을 쳐본다.

다. 밀양아리랑, 진도아리랑

[활동목표]

● 세마치장단의 다양함을 인지한다.

● 친구(짝)와의 활동으로 협력정신을 갖는다.

● 공동체 활동을 통하여 우리 민요의 즐거움을 느낀다.

[준비물]

장구(교사), 음악 CD

[대상연령]

6세~9세

[활동방법]

● 도입

– 지도를 보고 어느 지역의 민요인지 찾아본다.

– 형태 : 두 원 형태에서 서로 마주본다. 짝과의 춤 동작으로 민요의 흥을 돋운다.

– 두 원 형태에서 다양한 활동을 지도함으로 흥미를 유발한다.

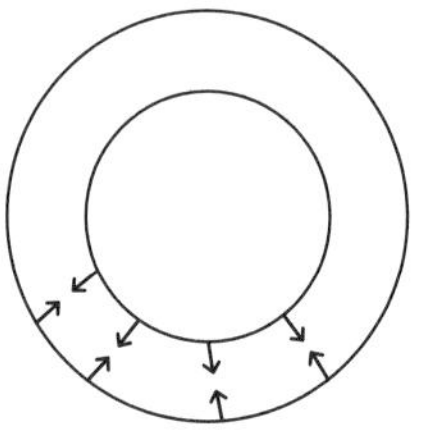

● 전개

밀양아리랑

세마치장단

날좀 보--소 날좀 보--소 날 좀--보-- 소 ----
정든 님--이 오셨 는--데 인 사-도못-- 해 ----

(무릎, 손뼉, 양손 펴기) (얼굴 앞에 양손 펴서 오른쪽, 왼쪽으로 움직인다)

(오른쪽) (왼쪽)

동지 섣 달-- 꽃본 듯 이-- - 날 좀--보-- 소 - --
행주 치 마-- 입에 물 고-- - 입 만--방-- 긋 - --

(무릎, 손뼉, 양손 펴기) (얼굴 앞에 양손 펴서 오른쪽, 왼쪽으로 움직인다)

(오른쪽) (왼쪽)

아 리아 리랑 쓰 리쓰 리랑 아라 리-가났-- 네 ----

(무릎, 손뼉 마주 치기) (양손 마주대고 오른쪽, 왼쪽으로 움직인다)

아 리 랑-- 고 개 -로 - 날 넘-겨주-- 소 - --

(서로 비껴서 마주 본다) (왼손 올려 감으면서 다음 짝으로 이동한다)

(양팔 왼쪽으로) 어깻짓(3번)

진도아리랑

※ 춤 동작은 밀양아리랑과 같다.

춤 동작활동

- 마무리
  - 부분적으로 어려운 동작 연습하기
  - 음악에 맞추어 활동하기

[변형 및 확장 활동]

- 세마치장단인 진도아리랑에 맞추어서 같은 방법으로 활동한다.
- 세마치장단인 밀양아리랑, 진도아리랑 외에 다른 민요를 찾아서 활동해 본다.

2. 국악동요

1) 국악동요란 무엇인가?

동요는 자연이나 동물, 곤충 등을 주제로 하여 어린이들의 생활감정과 심리 등을 아동문학 용어로 표현한 정형적인 시로 된 노래를 말한다.

음악교육에 있어서 어린이들의 본질은 노래와 놀이라 할 수 있으며, 어린이에게 기쁨과 즐거움을 주는 놀이는 노래를 통해 자발적으로 이어지는 학습과정이라 할 수 있다. 이 시기의 노래는 리드미컬하고 흥겨워야 한다. 즉, 어린이의 신체리듬이 느껴져야 한다. 따라서 동요의 가사는 어린이들이 알 수 있도록 간단하고 음률의 반복이 있는 것이 효과적이라 할 수 있다. 곡의 길이도 짧은 것이 적합하고 우리의 리듬을 탈 수 있는 국악의 음계를 활용해서 작곡하여야 한다.

동요는 크게 국악동요와 전래동요로 분류된다.

국악동요는 최근에 작곡된 어린이의 노래로 전래동요와 민요를 기초로 하여 작곡되었다. 어린이 언어에 적합한 가사와 춤 동작을 자연스럽게 활동할 수 있도록 리드미컬한 리듬을 탈 수 있어야 한다. 국악동요는 현시대적 감각에 맞는 가사와 속도, 느낌으로 작곡된 노래라 할 수 있다.

국악동요는 1900년도 초에 국악 창작작업활동이 진행되면서부터 서양음악기법과 양악식이 국악의 오선보로 채보되고 동요는 1980년부터 몇몇 작곡가들에 의해 작곡되어 1987년에는 국립국악원이 주관하는 국악동요제가 처음으로 개최되었다.

저자는 1988년에 국악동요를 수 십 여곡을 작곡하여 책으로 출판함으로 본격적인 국악동요 활동이 시작되었다고 볼 수 있다. 그 후 EBS 교육방송과 국립국악원, 삼성문화재단 등이 공동으로 개최하는 창작국악동요제가 실시되었다.

국악동요는 전래동요에 비해 가사가 현대적이고 작사 · 작곡자가 있으며, 노래와 놀이, 기악연주, 춤 동작 등을 다양하게 활용할 수 있는 특징이 있다.

민요와 전래동요를 토대로 하여 작곡된 국악동요는 주로 5음계로 구성되어 있고 국악장단의 리듬을 그대로 느낄 수 있다. 현시대의 감각에 맞는 이린이의 언이로 작곡된 국악동요는 국악기 외에 피아노 반주만으로도 흥겹게 우리의 리듬을 표현할 수 있는 악보로 되어 있고 악곡이 장단화 된 음악적 특징을 지니고 있다.

이 책에서 다루어지는 국악동요는 저자가 작사 · 작곡한 동요로 현재 전국적으로 각 현장에서 다루어지고 있다. 전래동요는 원본 그대로 또는 기존에 있는 전래동요를 편곡 · 작곡하여 작품으로 만들었다.

어린이에게 접목되고 있는 국악동요를 소개하면 다음과 같다.

(1) 국악동요

1 어린이 국악동요 : 예원미디어 국악동요 CD 1~4집

- 국악동요 2집 : 아침 해, 시계, 꽃나무, 손을 씻어요, 식사기도, 유치원 가자, 나처럼 해봐요, 손가락이 춤춰, 어깨춤, 앞으로 앞으로, 흔들어 봅시다. 악기 소리, 개구리, 연필, 개미, 골목길, 사랑하는 엄마 아빠, 저녁식사, 엄마손, 즐거운 우리 집, 시골길, 송아지, 엄마돼지 아기돼지, 아롱다롱 나비, 고추잠자리, 귀뚜라미, 전선줄 정거장, 연, 비눗방울, 딸기, 농촌, 연못, 풍년놀이, 내 고향, 꼬부랑 할머니, 가을 길, 안경, 생일, 바람

2 어린이 국악마당 : 예원미디어 국악마당 CD 1~4집

- 국악마당 1집(국악동요) : 수박소리, 고드름, 누룽지, 오리의 행진, 타작, 봄바람, 가야금타령, 내 얼굴, 장구소리, 금붕어, 풍년가, 뱃노래, 대추나무, 불조심, 할머니 안경, 무지개, 낙엽, 산들바람, 소방차, 귀뚜라미, 아기염소, 별나라, 뛰뛰자, 바닷가, 농부가, 잠자리, 허수아비, 물레방아, 나비, 둥근달, 손 놀이, 부모님, 장단놀이, 꿀벌, 고향 가는 날

가. 손 율동

1 정리합시다

정리합시다

깨–끗이 예–쁘게

[손 율동과 교사 장단]

가사	정리합시다	정리합시다
손 율동	양손 앞에서 흔들면서 오른쪽으로 움직인다.	양손 앞에서 흔들면서 왼쪽으로 움직인다.
교사 장구장단	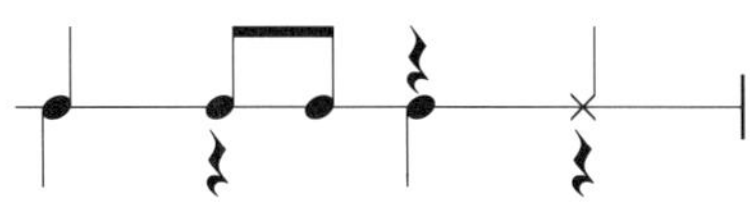	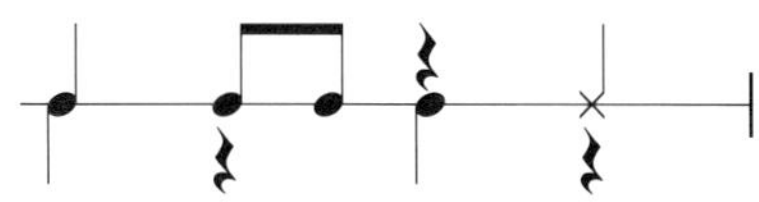
가사	모두 모두 제자리로	깨–끗이 예–쁘게
손 율동	오른손, 왼손 위로 올린다.	양손 흔들면서 내려오기
교사 장구장단		
가사	정리합시다	정리합시–다
손 율동	양손 흔들면서 오른쪽으로 (물결모양)	왼쪽으로 움직인다. (물결모양)
교사 장구장단	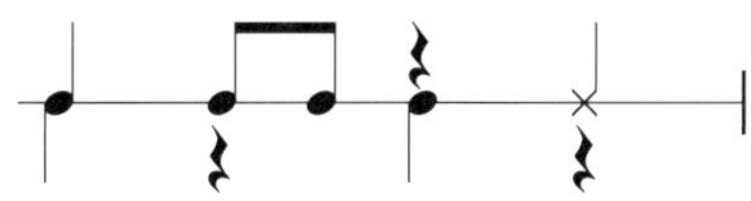	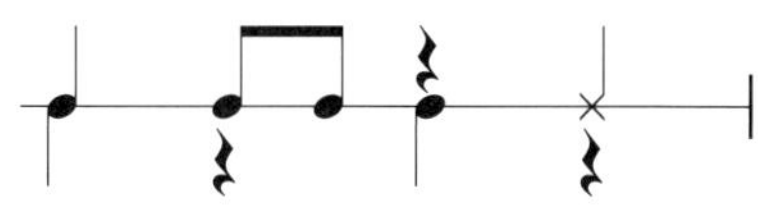

2 안녕

세마치장단

모두 모두 안—녕

[손 율동과 교사 장단]

가사	선생님 안녕	친구들 안녕
손 율동	오른손 · 왼손 가슴으로 ×로 포개서 인사	왼손 · 오른손 앞으로 내밀고 인사
교사 장구장단		
가사	모두 모두	즐겁게
손 율동	양손 옆으로 펴서 어깨춤 추기	
교사 장구장단	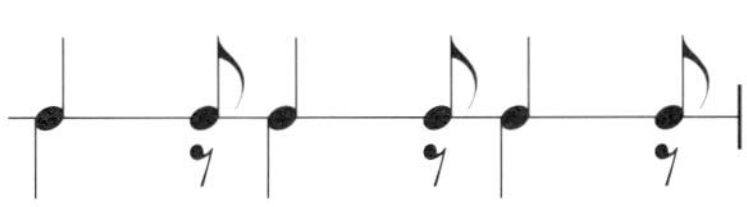	
가사	오늘도 안녕	내일도 안녕
손 율동	오른손 · 왼손 가슴으로 ×로 포개서 인사	왼손 · 오른손 앞으로 내밀고 인사
교사 장구장단		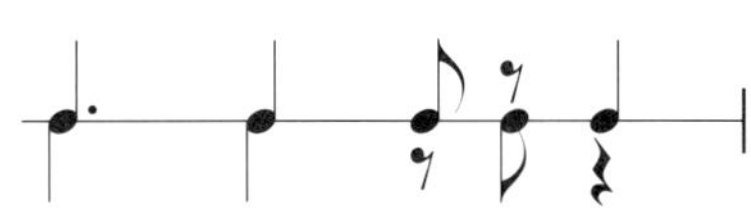

가사	모두 모두	안–녕
손 율동	양손 위로 원을 만들고 인사하면서 양손 뒤로 가기	
교사 장구장단	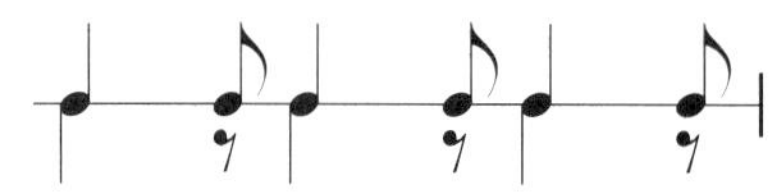	

3 준비됐나요

굿거리장단

[손 율동과 교사 장단]

가사	준비 됐–나–요(교사)	준비 됐–어–요(유아)
손 율동	양팔 펴서 어깨춤 추기	양손 위로 흔들면서 올라가기
교사 장구장단	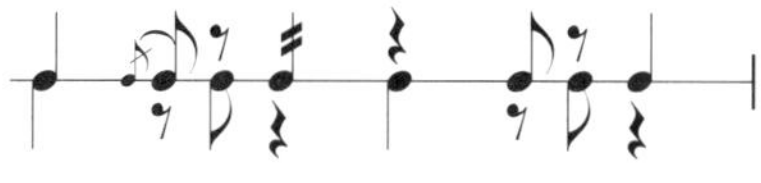	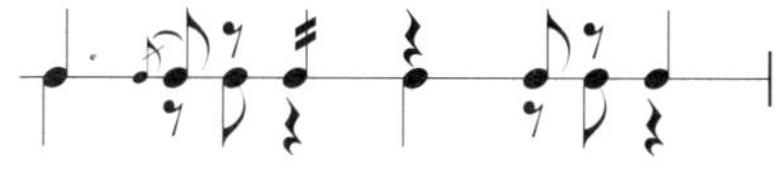

가사	지금부터 국악 수-업	재미있게 해 볼 까-요 (교사)
손 율동	오른손, 왼손 앞가슴으로 포개어 오른쪽, 왼쪽으로 흔든다	왼손, 오른손 위로 올려서 흔들기
교사 장구장단	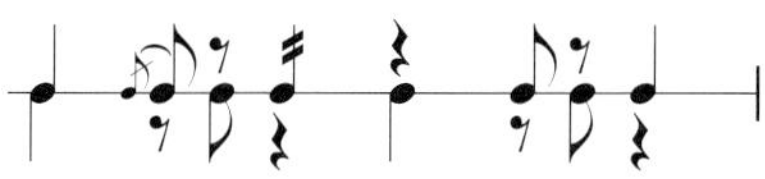	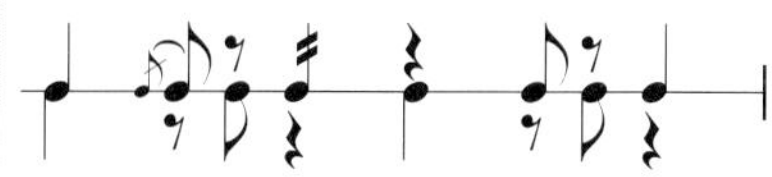
가사	예 이-(유아)	
손 율동	손뼉치고 양손 V자로 뻗는다	
교사 장구장단	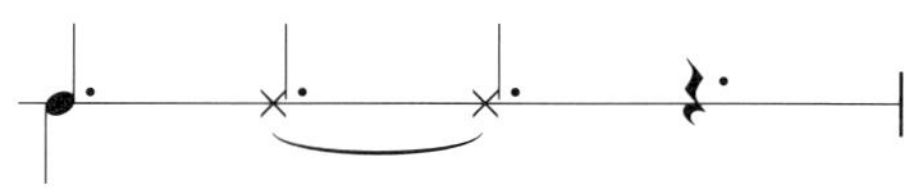	

나. 율동극시리즈 '유치원(학교)에서'

율동극 시리즈는 동요와 한국춤사위를 현장에서 어린이들이 수업하는 형태를 축소화 시켜 극으로 꾸며본 율동극이라 할 수 있다.

몸동작 놀이형태를 이용한 걷기, 뛰뛰기 등을 중심으로 하여 국악장단과 동요가 서로 조화되어 어린이들로 하여금 즐거움 속에서 자연스럽게 국악리듬을 느끼며 율동극으로 표현할 수 있도록 지도한다.

정성자 작사 · 작곡

- 율동 1 : 유치원(학교) 가자
- 율동 2 : 사랑하는 엄마 아빠
- 율동 3 : 손놀이
- 율동 4 : 뛰뛰자
- 율동 5 : 앞으로 앞으로
- 율동 6 : 꿀벌

1 율동 1 : 유치원 가자

[활동목표]

동요를 통해 유치원 또는 학교 가는 모습을 흥겨운 자진모리장단으로 재미있는 동작과 말장단을 통해 전달 · 지도한다.

[준비물]

동요 CD, 교사장구, 그림자료

[대상연령]

5~8세

[활동방법]

- 도입
  - 그림 자료를 보면서 가사를 붙여본다.

아침 해가 떴어요

유치원(학교로) 가자

선생님이 우리를

기다리신다

- 전개

  – 교사 (내레이션) : 친구들~, 반가워요! 오늘도 아침 해가 높이 떴지요? 즐거운 유치원(어린이집, 학교)생활 시작하도록 해요!

  – 교사 (말장단 활동) : 아침 해가 떴어요 유치원에서 예! / 선생님이 너희들을 기다리신다 예!

유치원(학교)에서

예!

선생님이

너희들을

기다리신다

〈유치원(학교) 가자 춤 동작 활동〉

유치원 가자

자진모리장단

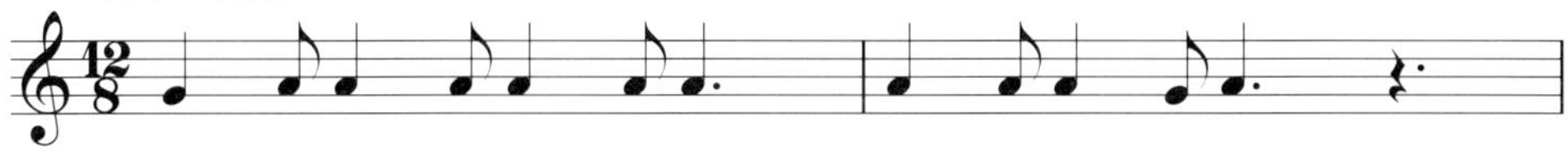

아 침해 가떴 어요 유 치원 가자
(학 교로)

춤 동작(율동): (양팔로 둥근원을 그리면서 뛰어나간다) | (양팔을 앞뒤로 흔들면서 뛰며 걷는 모습을 한다)

선 생님 이우 리를 기 다리 신다
친 구들 이우 리를 기 다리 – 네
흥 – 겨 운노 래를 배 우러 가자

(왼팔 · 오른팔은 ×자로 가슴 앞으로 포갠다) | (오른쪽, 왼쪽으로 흔들어준다(엉덩이 흔들기))

- 마무리
  - 말장단(랩) 동작 연습하기
  - 율동을 복습해 본다.
  - 음악에 맞추어 활동한다.

[놀이활동]

- 전주－양쪽에서 뛰어나오기
- 1절－율동(전진하기)
- 2절－율동(제자리로 가기, 후진하기)
- 3절－율동(전진하기) 야!

2 율동 2 : 사랑하는 엄마, 아빠

[활동목표]

굿거리장단을 통해 어머니와 아버지의 모습을 춤 동작으로 표현한다.

[준비물]

동요 CD, 그림 자료(어머니, 아버지)

[대상연령]

5~8세

[활동방법]

- 도입
  - 역할극 : 1팀 2팀으로 나누어 역할극을 한다. (어머니, 아버지)
  - 어머니, 아버지 그림을 보고 이야기하기
- 전개

〈춤 동작활동〉

사랑하는 엄마, 아빠

- 마무리
  - – 어머니(엄마) 동작을 해본다.
  - – 아버지(아빠) 동작을 해본다.
  - – 같이 해본다.
  - – 음악에 맞추어 활동한다.

3 율동 3 : 손놀이

[활동목표]

느린 단모리장단에 맞추어 손 모양에 따른 발 동작을 다양하게 표현한다.

[준비물] 동요 CD

[대상연령] 5~8세

[활동방법]

- 도입

– 손동작 표현해 보기 : 앞으로 내기, 손 뒤집기, 위로 올리기, 무릎치기

- 전개

손놀이

춤 동작 (율동): 오른손, 왼손 앞으로 내면서 멈추기 (오른발, 왼발 굴리면서) | 손바닥을 오른쪽, 왼쪽으로 흔들면서 뒤집는다 (발 굴리면서)

춤 동작 (율동): 오른손, 왼손 위로 올리면서 멈추기 (오른발, 왼발 굴리면서) | 위에서 오른쪽, 왼쪽으로 흔든다 (발 굴리면서)

춤 동작 (율동): 오른손, 왼손 무릎을 치고 멈추기 (오른발, 왼발 굴리면서) | 오른쪽, 왼쪽 무릎을 2번 친다 (발 굴리면서)

춤 동작 (율동): 손뼉치고 왼쪽으로 돌다가 | 어깨춤 추면서 마무리 동작 (기본자세)

● 마무리

– 손동작을 표현해 본다.

– 발 동작을 표현해 본다.

– 손뼉 치고 돌면서 어깨춤 추고 마무리 자세를 연습한다.

– 음악에 맞추어 활동한다.

4 율동 4 : 뛰뛰자

[활동목표]

뛰뛰자는 놀이활동으로 줄넘기, 널뛰기, 제기차기 등으로 극화시켜 자진모리장단과 노랫말에 맞추어서 재미있게 놀이형태로 엮어서 활동한다.

[준비물] 동요 CD, 줄넘기 줄, 널판과 받침대, 제기

[대상연령] 5~8세

[활동방법]

● 도입

〈내레이션〉

– 교사 : 이 시간에는 선생님을 따라서 국악놀이 중에서 줄넘기도 해보고, 널뛰기도 해보고, 제기차기도 해보도록 해요! 누가 누가 잘 뛰고, 많이 차는지, 내기 해볼까요?

– 어린이 : 야! 신난다!

– 교사 : 참, 재미있겠네!

● 전개

〈뛰뛰자 놀이활동〉

– 음악에 맞추어서 줄넘기, 제기차기, 널뛰기 형태를 나타내면서 활동한다.

〈놀이활동〉

– 1절, 2절 : 줄넘기

– 1절, 2절 : 줄넘기+제기차기

뜀뛰자

● 마무리

– 놀이활동팀으로 나누어서 팀별로 연습해 본다. (줄넘기, 제기차기, 널뛰기)

– 음악에 맞추어 활동한다.

5 율동 5 : 앞으로 앞으로

[활동목표]

노래에 맞추어 각 악기(국악기, 양악기)를 들고 행진해 봄으로 단모리장단의 흐름을 이해한다.

[준비물]

- 국악기 : 태평소, 북, 바라, 장구
- 양악기 : 작은북, 심벌즈
- 동요 CD, 지휘봉

[대상연령] 5~8세

[활동방법]

- 도입
  - 대형형태 연습하기

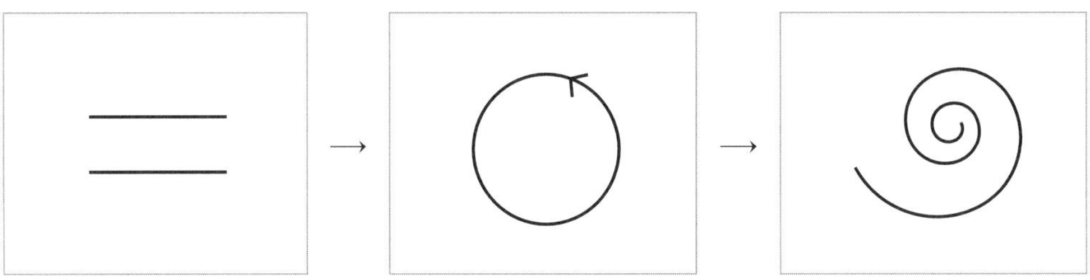

이자진 → 원진 → 달팽이진

〈내레이션〉

- 교사 : 신나는 국악놀이도 배워 보았으니, 이번에는 국악기와 양악기를 사용해서 선생님과 신나게 앞으로 앞으로 행진해 볼까요?

- 전개

〈행진놀이 활동〉

- 음악에 맞추어서 악기(태평소, 북, 바라, 장구, 작은북, 심벌즈)를 들고 치면서 대형을 만들며 악기 치기 활동을 한다.

앞으로 앞으로

– 리듬 치기 –

① ②

〈놀이활동〉

– 1절 : 입장

– 2절 : 대형 바꾸기

– 3절 : 개인놀이

– 4절 : 퇴장

– 대형형태(진짜기) : (이자진)→ (원진)→ (달팽이진)

● 마무리

– 각자 악기를 들고 쳐본다. (행진하면서 간단한 리듬 치기)

– 태평소 부는 모습과 행진하기 연습

– 진짜기 대형을 해본다.

– 음악에 맞추어 행진한다.

행진놀이

6 율동 6 : 꿀벌

[활동목표]

꿀벌노래를 통해 꿀벌의 모습을 한국 춤 형태로 재미있게 표현한다.

[준비물]

동요 CD, 꿀벌 머리띠, 꿀벌그림 자료

[대상연령]

5~8세

[활동방법]

● 도입

– 꿀벌에 대해 그림 자료를 통해 관찰한다.

– 어린이 : 야! 꿀벌이다. 친구야! 우리도 꿀벌처럼 날아볼까?

● 전개

〈춤 동작활동〉

– 양팔 앞으로 돌리기, 엉덩이 올리기, 양손 날개짓 하기, 손 들고 돌기 등

꿀벌

〈놀이활동〉

– 2개의 원을 만들어서 활동하기

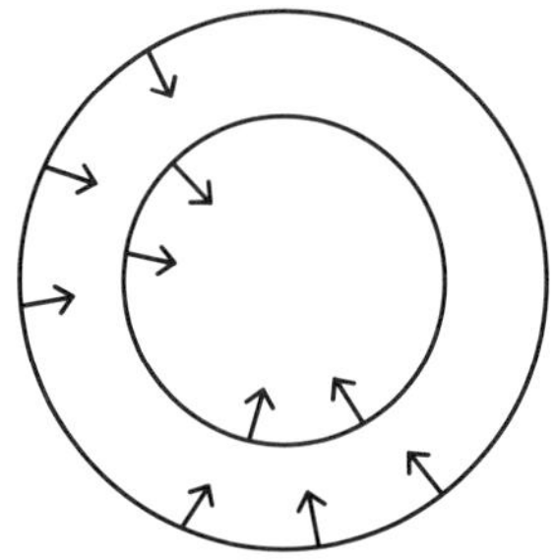

● 마무리

– 어려운 동작을 해본다.

– 꿀벌 동작을 해본다.

– 음악에 맞추어 활동을 해본다.

붕붕붕붕

아침부터 저녁까지

나네

3. 전래동요

1) 전래동요란 무엇인가

전래동요는 옛날부터, 오랜 역사 속에서 전통적으로 입에서 입으로 전해내려 오는 구전(口傳) 동요로 그 시대 어린이들의 노래라 할 수 있다. 또한 민요와 더불어 우리 음악의 어법이 담긴 노래로 비교적 국악동요에 비해 음정이 단순하고 흥겨움이 조금 떨어지는 느낌은 그 시대의 음악 정서가 담겨있기 때문이다.

작사 · 작곡자가 없이 자연발생적으로 파생된 어린이들의 노래로 독특한 문학예술의 한 형태라 할 수 있다. 어린이들은 노래를 부르면서 놀이를 하는 생활 그 자체가 즐거운 놀이라 할 수 있다.

가사 말은 주로 4 · 4조, 3 · 4조를 기본으로 한 정형시의 형식을 갖고 있다.

전래동요는 가사를 통해 우리 민족의 문화와 관습을 알 수 있는 음악정서가 담긴 노래라 할 수 있으며, 민요와 같이 지역마다 가락과 노랫말이 독특한 지역의 특수성을 지니고 있다.

전래동요는 우리 민족의 문화적 특수성이 낳은 한국인만의 자녀 양육법과 전통적인 어린이들의 노래로서 그 시대의 양육과정의 삶을 보여준 노래이다.

(1) 전래동요(어린이 국악동요 예원미디어 CD 4집에 수록)

전래동요는 노래로서만 불리워지는 것과 놀이활동을 하면서 불리워지는 것이 있다. 이외에도 저자는 춤 동작과 기악놀이 활동으로 춤과 악기연주를 통해 전래동요를 재미있게 접할 수 있도록 장단을 넣어서 엮어보았다. 어린이에게 접목되고 있는 전래동요를 소개하면 다음과 같다.

꿩꿩 장서방, 두껍아 두껍아, 잠자리, 앞니 빠진 중강새, 대문놀이, 찐득아 찐득아, 남생아 놀아라, 숨바꼭질, 바람, 나무노래, 꼬방꼬방; 여우야 여우야, 꼭꼭 숨어라, 실구대소리, 어깨동무, 우리 마을, 가마솥의 누룽지, 이거리 저거리, 쥐야 쥐야

(2) 동요의 교육적 가치

동요의 교육적 가치는 다음과 같다. (전래동요, 국악동요)

- 언어를 바탕으로 그 시대의 문화를 알 수 있다.
- 가사를 통하여 언어발달을 성장시킨다.
- 장단을 익힘으로 우리의 음악을 알게 한다.
- 장구장단과 동요를 통해 우리의 리듬(장단)을 알 수 있다.
- 리듬을 통하여 우리 음악의 호흡을 느낀다.
- 정서적인 안정감을 갖게 한다.
- 우리의 음악을 이해함으로 한국인의 긍지를 갖게 한다.
- 우리 음악의 음악적 발달을 가져다준다.
- 노래를 불러봄으로써 공동체 질서를 알 수 있는 사회성 발달을 부여한다.

- 노래에 이어 리듬을 탈 수 있는 춤 동작의 느낌을 알 수 있다.
- 창의적인 사고를 부여한다.

가. 남생아 놀아라

[활동목표]

전래동요를 통하여 남생이에 대해 알아보도록 하고 재미있는 춤 동작으로 표현해 봄으로 한국무용의 표현방법을 터득케 한다.

[준비물]

전래동요 CD, 교사 장구, 동물 관련 자료

[대상연령]

5~8세

[활동방법]

- 도입
  - 남생이에 대하여 알아보기
  - 남생이는 무엇이고 어디에서 살까요?
  - 무얼 먹고 살까요?
  - 어디에서 알을 낳을까요?
  - 생김새는 어떻게 생겼을까?
  - 거북이와는 어떻게 다를까요?

출처 : 문화재청

● 전개

〈춤 동작활동〉

– 어깨춤 추기, 양팔 올려서 흔들기, 양손 앞뒤로 흔들고 뛰기, 고개 흔들기 등

남생아 놀아라

자진모리장단

꽹과리

양팔 옆으로 펴서 오른쪽, 왼쪽 흔든다(어깨춤)
양팔 위로 올려서 오른쪽, 왼쪽 흔든다(양팔 흔들기)

꽹과리

뛰면서 양손 앞뒤로 흔든다(뛰기)
양손을 얼굴 옆으로 비스듬히 놓고 머리와 어깨를 흔든다 (고개 흔들기)

– 메기고 받는 형식으로 노래와 리듬을 익힌다.

. 메→교사, 받→어린이

. 메→남아, 받→여아(또는 교대로 바꾸어서 해본다.)

– 교사가 메기면 어린이는 받으면서 춤 동작을 한다. (창의적 동작을 자유롭게 한 뒤 한국 무용의 춤 동작을 익혀본다.)

– 남생이 대신 여러 가지 동물을 알아보고 한 어린이 씩 동물의 이름을 정하여 그 동물 이름을 부를 때 나와서 춤 동작을 한다.

– 교사는 전체 동물을 부르면('동물아 나와라') 각자 자기의 춤 동작을 한다.
(예 코끼리, 고양이, 병아리, 호랑이, 강아지, 나비 등)
– 동물 이름 대신 교사는 어린이의 이름을 불러 적용해 본다. (어린이가 춤 동작을 할 땐 항상 노래를 부르면서 움직이게 한다.)

〈어린이에게 적합한 춤 동작〉

– 팔 구부렸다 펴기 : 오른팔, 왼팔을 교대로 구부리고 푸는 동작
– 발 들기 : 뛰고 왼발 들고, 뛰고 오른발 들기
– 치마 잡고 뛰기
– 양팔 펴서 돌기
– 엉덩이 흔들기

〈놀이활동〉

– 입장은 양쪽에서 뛰어 나온다.

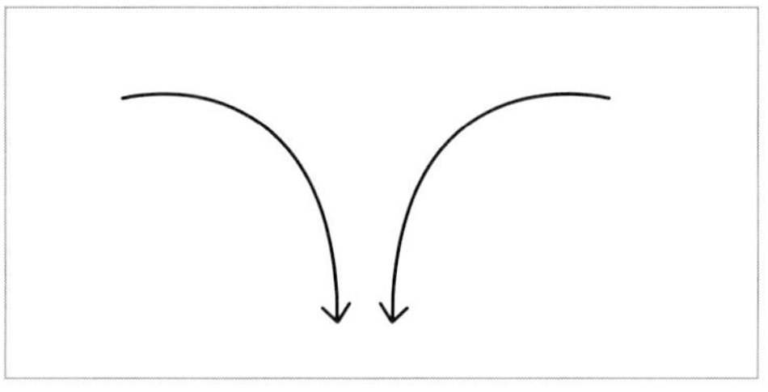

– 어린이 수에 따라 2~4개의 원대형을 만든다.

– 지명된 이름이나 동물이 원안으로 들어가서 율동하면서 원 위치로 나간다.

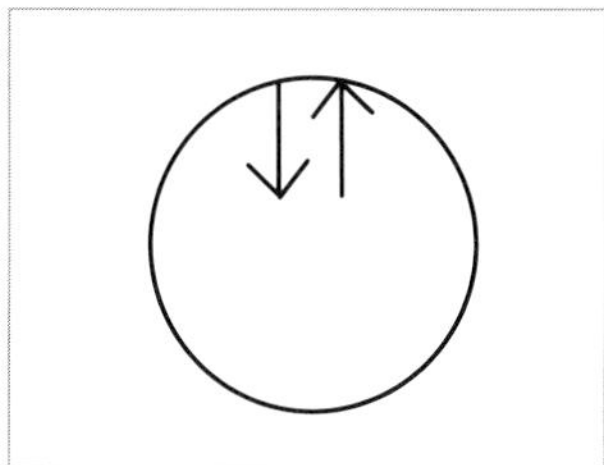

[변형 및 확장 활동]

손동작과 발동작 활동을 노래가사를 바꾸어 활용한다.

	교사		어린이	
노래	남생아	놀아라	촐래촐래가	잘 논다
손동작 가사	1. 오른손 2. 양손–	앞으로 올려서	흔들흔들– 흔들흔들–	흔들고 흔들고
발동작 가사	1. 오른발 3. 양발	앞으로 뛰어라	흔들흔들– 껑충껑충–	흔들고 잘 뛴다
노래	남생아	놀아라	촐래촐래가	잘 논다
손동작 가사	1. 왼손– 2. 양손–	앞으로 옆으로	흔들흔들– 흔들흔들–	흔든다 흔든다
발동작 가사	1. 왼발– 3. 양발–	앞으로 돌아라	흔들흔들– 뱅글뱅글–	흔든다 잘돈다

놀이활동

나. 진드기 타령

[활동목표]

진드기에 대해 알아보고 국악의 메기고 받는 형식으로 자진모리장단에 맞는 신체표현 활동을 익힌다.

[준비물]

전래동요 CD, 교사 장구, 그림 자료

[대상연령]

5~8세

[활동방법]

● 도입

〈진드기에 대하여 알아보기〉

– 진드기는 어떻게 생겼을까?

– 진드기는 곤충일까요?

– 진드기에 기생하는 동물은 어떤것이 있을까요?

진드기

출처 : www.naver.com

● 전개

〈춤 동작활동〉

– 양팔 벌리기, 고개 위 · 아래로 숙이고 들기, 손뼉치면서 흔들기 등

찐드기 타령

자진모리장단
찐 득 아 찐 득 아 츳 츳 츳 츳 뭘 먹 고 살 았 나 츳 츳 츳 츳
시 커 먼 피 ㅡ 가 (입 술 타 령) 찔 ㅡ 끔 났 ㅡ 네
1팀 (손뼉) 2팀 (양팔 벌려서 고개를 아래 위 숙였다 들기) 1팀 (손뼉) 2팀 (양팔 벌려서 고개를 아래 위 숙였다 들기)
오 뉴 월 염 천 에 쇠 잔 등 밑 에
단 ㅡ 개 미 ㅡ 는 잔 ㅡ 상 보 고
(손뼉) (동작) (손뼉) (동작)
대 롱 대 롱 달 렸 다 가
왕 개 미 는 상 여 메 고
1팀 (손뼉) 2팀 (동작) 1팀 (손뼉) 2팀 (동작)
비 바 람 에 뚝 떨 어 지 니
쉬 파 리 는 만 ㅡ 상 제 요
(위로 올려서 손뼉치기) (양팔 위로 올려서 흔들면서 고개짓하고 손바닥 뒤집기) (손뼉) (양팔 위로 올려서 흔들면서 고개짓하기)

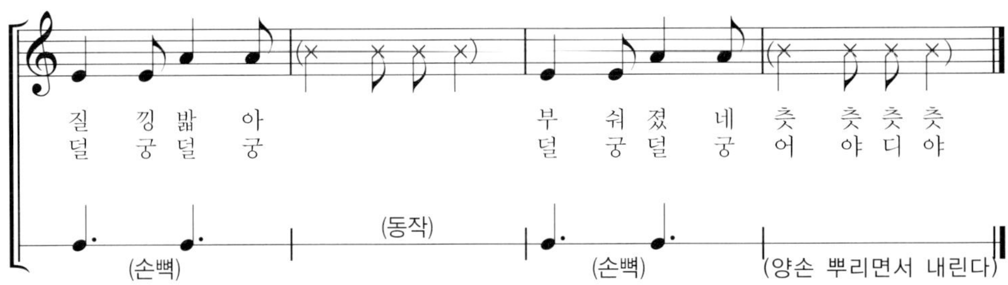

– 음악을 먼저 들어본다.

– 가사를 따라해 보도록 한다. (선생님→어린이)

– ♪♪♪ 리듬을 몸(어깨)을 움직이면서 익히도록 한다.

– 입술타령 부분의 ♩♪♩♪ 리듬을 익히도록 한다.

– 입술타령에 들어갈 가사의 종류를 말해본다.
  '치치치치', '쯧쯧쯧쯧', '대롱대롱', '달랑달랑', '어야디야' (여러 가지 의성어, 의태어로 지어내보기.)

– 메기고 받으면서 노래를 불러보기. (선생님이 메기고–어린이가 받고, 남아 메기고–여아 받고)

– 동작활동 : 메기는 부분과 받는 부분의 동작을 배워보기.

〈노래에 맞추어 동작하기〉

	메기고	받고
노래	찐득아 찐득아 뭘먹고 살았나 오뉴월 염천에 쇠등잔 밑~에 대~롱 대~롱 달~렸다가	치치치치(입술타령) 치치치치(츳츳츳츳) 치치치치 치치치치 치치치치 치치치치
몸동작	몸 중앙에서 손뼉 2번 치고 양팔 앞에서 흔들기	양팔 벌려 손바닥을 위아래로 뒤집기(고개 숙이고 들기)
노래	비~바람~에 뚝 떨어지~니 가~는 행~인 오~는 행~인 질~껑 밟아 부~서 졌~네	치치치치(츳츳츳츳) 치치치치 치치치치 치치치치 치치치치 치치치치
몸동작	양손 위에서 손뼉치고 흔들기(위로 보면서)	양팔 위에서 흔들면서 손바닥을 위아래로 뒤집기 (고개 숙이고 들기)

〈유의점〉

- 몸동작을 재미있게 표현해야 한다.
- 2절 마지막 입술타령에서는 메기고 받는 사람 모두 위에서 양쪽으로 뿌려서 둥글게 내린다.

● 마무리

- 교사가 장구를 치며 어린이는 몸동작을 정리해 본다.
- CD를 듣고 전체적인 몸동작을 해보고 받는 부분의 입술타령은 어린이들이 직접 부르면서 표현해 본다.
- 전체적으로 메기고 받는 부분 동작을 연습한다.

[변형 및 확장 활동]

- 진드기 대신 다른 동물로 바꾸어 불러보기

  예 염소야 염소야— '음매 음매'

  돼지야 돼지야— '꿀꿀꿀꿀'

  개 야 개 야— '멍멍멍멍'

- 율동은 같은 방법으로 하거나 동물의 특성에 맞게 동작을 바꾸어서 표현해 본다.

다. 어깨동무

[활동목표]

어린이들이 잘 알고 있는 전래동요인 어깨동무를 통해 장구, 소고 도입과정과 놀이활동의 도입과정으로 엮어봄으로써 다양한 국악놀이를 체험하게 한다.

[준비물]

전래동요 CD, 장구, 소고, 교사 장구

[대상연령]

5~8세

[활동방법]

- 도입
  - 친구와 동무에 대해 설명하기
  - 친구와 어깨동무하고 걸어보고 앉아보기
  - 친구와 놀 수 있는 다양한 활동해 보기

어깨동무

정성자 편곡

1 장구도입과정

어깨동무의 노래를 장구 가사로 바꾸어 불러본다.

장구 장구 내 친구 우리 모두 쳐보자

- 준비! : 허이!

어깨동무	내 동무	미나리 밭–에	앉았다
1. 장구 앞에 2. 오른쪽은 3. 채편소리	놓–고 높은 소리 덕덕덕	아빠다리 왼–쪽은 궁편 소리	하–자 낮은 소리 쿵쿵쿵
동무동무	**씨동무**	**보리가 나도록**	**씨동무**
1. 조이개는 2. 오른손은 3. 양–손은	오른쪽 채들고(채편!) 합장단	모두 다 왼–손은 덩덩덩덩	올리자 궁채 들고(궁편!) 쳐보자

- 전개

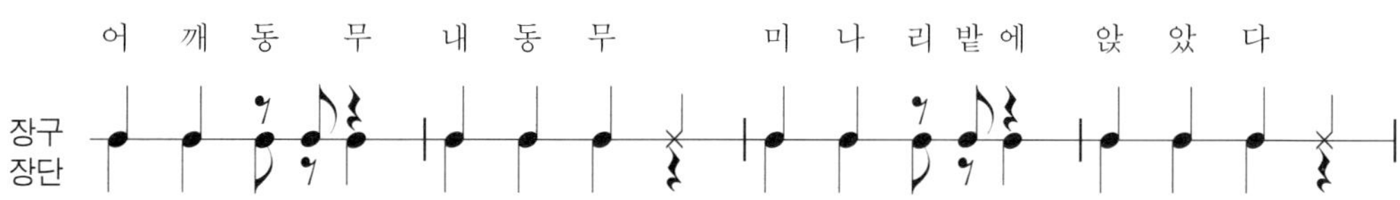

동 무 동 무 씨 동 무 보리 가 나 도 록 씨 동 무

장구
장단

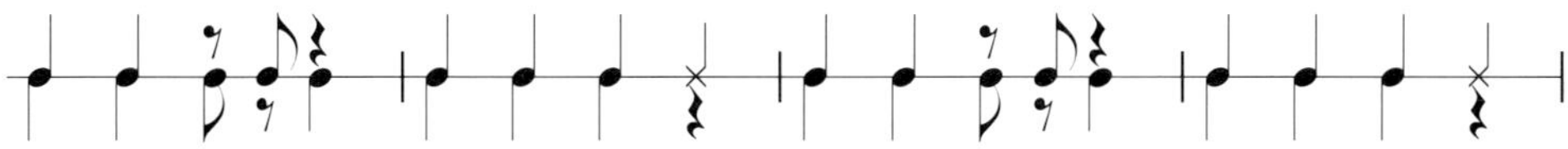

(장구채로 변죽을 치고 왼쪽으로 사선형태로 높이 든다)

2 소고도입 과정

소고 소고 내 친구 우리 모두 쳐보자

● 준비 ! : 허이 !

어깨동무	내 동무	미나리 밭—에	앉았다
1. 소고 앞에 2. 동—그란 3. 손—잡이	놓—고 원 속에 위—로	아빠다리 알록달록 톡—나온	하—자 색동 옷 도깨비 뿔
동무동무	**씨동무**	**보리가 나도록**	**씨동무**
1. 왼—손에 2. 북—소리 3. 그 이름	소고 잡고 궁궁궁 운—두(꼭—지)	오른손에 테—소리 테—소리	채 잡고 따따따 ×자 끈

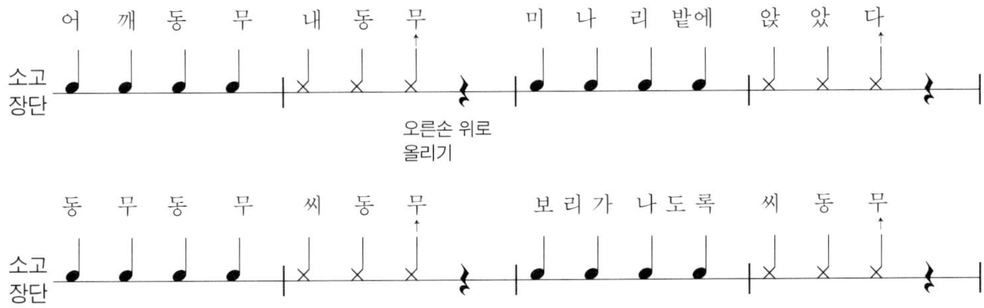

● 소고 합주

단모리장단

※ 장구 · 소고 합주 지도

3 놀이활동

● 도입

〈어깨에 팔 얹어놓고 놀기〉

– 둘씩 앉아 보고 서로 팔을 어깨에 얹고 나란히 앉아 이야기 나눈다.

– 팔이 어디에 얹어져 있는지 확인하기.

- 옆에 있는 친구의 얼굴을 보고 웃어보기
- 우리는 사이좋은 반 친구지요! 라고 서로 말해보기.
- 팔을 내리고 어깨동무에 대하여 이야기 나누기
- 친구 어깨에 팔을 얹어 놓으니 기분이 어떤지 느낌을 말해 본다.

〈'친구'의 개념 알아보기〉

- 우리 반 친구들은 나이가 몇 살이지?
- 그래요! 나이가 비슷하고 친한 사람 또 어릴 때 친하게 지내던 사람을 친구 또는 동무라고도 해요.

〈속담 알아보기〉

- 동무 따라 강남 간다는 속담 알려주기(자기는 하고 싶지 않은데 친구에게 끌려서 덩달아 같이 행동함을 이르는 말을 일컫는 뜻)
- 큰소리로 속담을 말해 보도록 한다.

● 전개

- 2~3명의 어린이가 나와서 입가에 양손을 모으고 친구를 부르는 모습
- '친구 친구 내 친구 동무 동무 내 동무' 라고 하면 징을 크게 친다.
- 한쪽 모퉁이에서 또는 다른 모퉁이에서 여러 명의 어린이가 친구의 어깨에 손을 얹고 어깨동무한 상태로 노래를 부르고 같이 여기저기 다니다가 '미나리 밭에 앉았다, 보리가 나도록 씨동무' 부분에서는 노래를 부르고, 같이 앉는다.
- 어깨동무한 친구들이 원을 만들어서 앉은 후 서로 짝을 지어 등을 두드려 주기 (노래 반복 시에는 바꾸어서 등 두드리기)

[변형 및 확장활동]

'미나리 밭에 앉았다', '보리가 나도록 씨동무' 부분에 여러 가지 재미있고 다양한 활동을 한다.

예 1팀 : 앉아서 노래 부르기(어깨동무 한 상태)

2팀 : 일어났다 앉기(어깨동무 한 상태)

어깨동무

라. 쥐야 쥐야(몸동작 놀이활동)

[활동목표]

노래의 특징을 살려 굿거리장단으로 리듬합주와 몸동작 놀이활동을 하면서 말장단의 조화를 느끼게 한다.

[준비물]

전래동요 CD, 장구, 북, 소고, 마라카스, 탬버린, 꽹과리, 징, 동물(쥐)의 그림 자료

[대상연령]

5~8세(5세 : 놀이활동)

[활동방법]

- 도입
  - 동물에 대해 알아본다.

〈쥐에 대하여 알아보기〉

- 쥐는 어떻게 생겼을까?
- 쥐는 어디에서 살까?
- 쥐는 무엇을 먹고 살까?
- 쥐는 사람에게 어떤 피해를 줄까?
- 쥐에 관한 속담 알기

  "낮말은 새가 듣고 밤말은 쥐가 듣는다"

  "쥐죽은 듯 조용하다" 등

● 전개

쥐야 쥐야

정성자 작곡

굿거리장단

〈기악합주〉

– 리듬연습(리듬 익히기)

– 악보 이해하기 

(마라카스, 방울 연주 : 양손 · 오른손, 양손 · 오른손)

– 마지막 시에 징 치기 : 4번 친 후 징채로 돌리면서 막기

– 자진모리장단 중 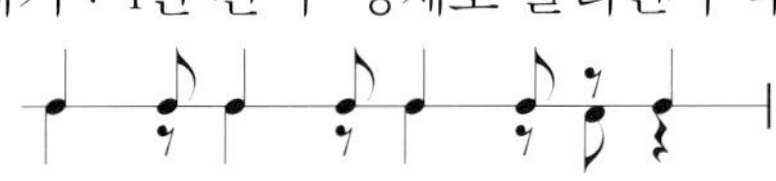 장단과

 리듬 익히기

〈말장단 몸동작 활동〉

– 단모리장단 –

쥐야 쥐야 어디서 잤니 / 부엌에서 잤다
뭐 덮고 잤니 / 행주 덮고 잤다
뭐 베고 잤니 / 젓가락 베고 잤다
뭐가 깨물더냐 / 고양이가 깨물더라
무슨 피가 났니 / 빨간 피가 났다

	메기고 (주고)	받기
말장단	쥐야 쥐야 어디서 잤니	부엌에서 잤다
몸동작	오른손, 왼손 앞으로 내고 양손바닥 펴서 어깻짓 두 번	고개를 오른쪽으로 숙이면서 오른팔 내고 왼손을 얹어 놓는다 (잠자는 모습)
교사 장구	 2장단	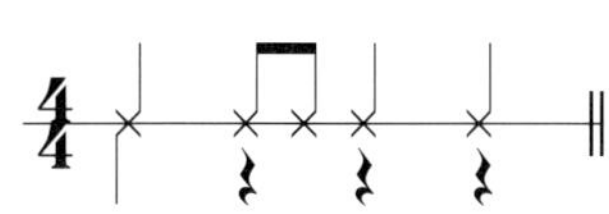
말장단	뭐 덮고 잤니	행주 덮고 잤다
몸동작	오른팔, 왼손 손뼉 치듯이 포갠다	고개를 왼쪽으로 숙이면서 왼팔 내고 오른손을 얹어 놓는다 (잠자는 모습)

교사 장구		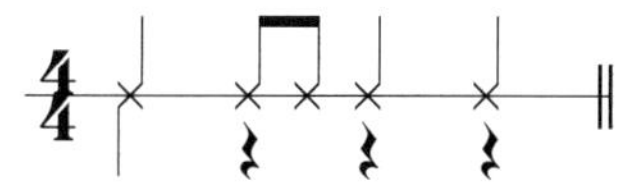
말장단	뭐 베고 잤니	젓가락 베고 잤다
몸동작	오른쪽으로 오른손, 왼손 포개고 잠자는 모습	왼손을 들고 왼쪽으로-선을 만들고 오른손으로 포개면서 자는 모습
교사 장구	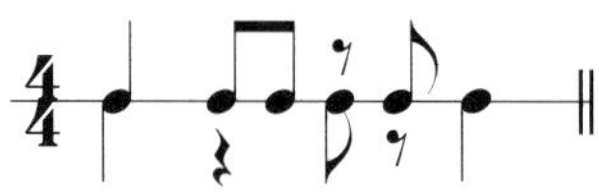	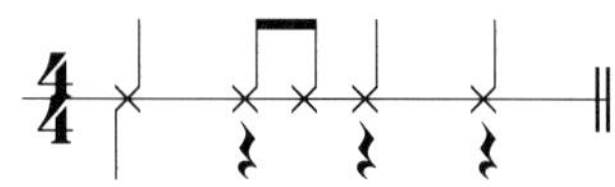
말장단	뭐가 깨물더냐	고양이가 깨물더라
몸동작	양손 앞으로 내고 미는 동작	양손가락 둥글게 눈앞에 놓고 양손 바닥을 펴서 앞으로 밀면서 친다
교사 장구		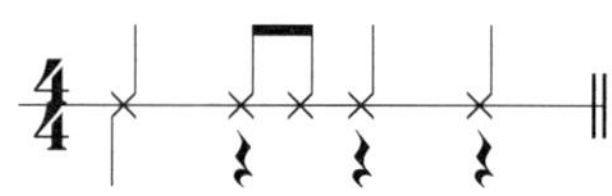
말장단	무슨 피가 났니	빨간 피가 났다
몸동작	양손 오른쪽 위에서 사선을 왼쪽으로 내려오면서 흔든다	양손 머리 위에서 둥글게 원을 그리면서 펼쳐 나간다
교사 장구	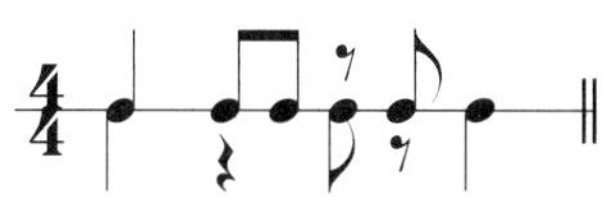	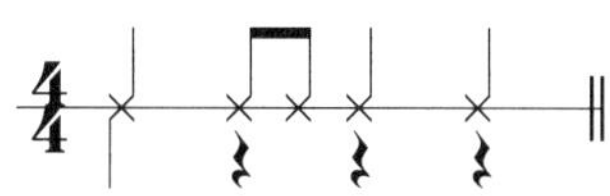

- 마무리
  - 기악 합주 시 동작에 유의한다.
  - 놀이활동 시 메기고 받는 부분은 교사와 어린이 또는 남아와 여아로 교체하여 활동한다.
  - 음악을 듣고 기악 합주와 놀이활동을 한다.

  ∴ 기악 합주 : 6~7세

  ∴ 놀이활동 : 5~6세

[변형 및 확장 활동]

- 쥐야 쥐야 대신에 다른 동물 이름 부르기(예 토끼야 , 멍멍아, 개굴아, 다람쥐, 참새야 등)
- 쥐야쥐야 대신에 친구 이름 부르기
- 장구, 북, 소고 대신 다른 양악 리듬악기 사용하기
- 악기별 단모리장단, 굿거리장단 치기

메모

메모

참고문헌

강봉규(2006). 교사를 위한 아동발달. 서울 : 태영출판사.

강소영(2008). 전래동요와 창작국악 동요의 분석연구. 충남대 교육대학원 석사논문.

교육부(2000~). 즐거운 생활. 음악교과서.

교육인적자원부(1999). 유치원 교과과정.

국립국악원(1991). 국악기 제작기 과학화 연구(보고서).

국립국악원(1999). 초 · 중등교사를 위한 우리 음악의 이론.

기청 · 정세문(1986). 유아의 음악교육. 서울 : 창지사.

김준호 · 손심심(1997). 우리 소리 우습게 보지 말라. 서울 : 이론과 실천.

김혜정 · 이명진(2003). 한국무용사의 이해. 형설출판사.

류경화 · 하순련 · 박진희(2006). 유아놀이지도. 서울 : 태영출판사.

모형오 · 전송배(2003). 유아국악교육. 서울 : 양서원.

문혜옥 · 박경선(1996). 유아음률 교육. 서울 : 창지사.

반혜성(1999). 전통음악이론. 서울 : 두남출판사.

백대웅 · 김해숙 · 최태현(1995). 전통음악개론. 서울 : 어울림.

서한범(1998). 국악통론. 서울 : 태림출판사.

심성경 · 이희자 · 이선경 · 김경의 · 이효숙 · 박주희(2003). 유아음악교육. 서울 : 양서원.

염철현(2004). 교사의 리더십. 서울 : 문음사.

월간 유아(2008). 교육계획안.

윤명원(1994). 한국의 악기대관. 서울 : 숭례문.

이미영(2008). 놀이활동을 통한 전래동요 지도안의 개발 및 적용. 건국대 교육대학원 석사논문

이성천 · 권덕원 · 백일형 · 황현정(1994). 알기 쉬운 국악개론. 서울 : 풍남.

정성자(1988). 어린이 국악교육. 서울 : 창지사.

정성자(1990). 어린이 국악동요. 서울 : 예원미디어.

정성자(1994). 어린이 국악교육의 실제. 서울 : 창지사.

정성자(1996). 어린이 국악마당. 서울 : 예원미디어.

정성자(2000). 교육현장에 필요한 어린이 국악작품집. 서울 : 창지사.

조윤미(2004). 함께 즐기는 유아국악 교육. 서울 : 창지사.

지옥정(1997). 유아교육현장에서의 프로젝트 접근법. 서울 : 창지사.

한국어린이 국악교육협회(2005). 3급 연수교재.

한국어린이육영회(1998). 유아기 전통 음률활동.

한명희(1994). 우리 가락 우리 문화. 서울 : 따비밭.

허순선(2005). 한국의 춤사위와 무보틀. 서울 : 형설출판사.

현정환(2005). 아동발달의 이해. 서울 : 창지사.

Daum 통합검색

NAVER 백과사전

브리태니커(Daum)

정성자

- 유아국악(어린이국악) 28년 선구자
- 명지대학교 사회교육원 유아 · 아동국악과(국악과) 주임교수
- 명지대학교 사회교육대학원 출강(아동국악 담당)
- 수원여자대학교 유아교육과, 아동보육과 출강
- 한국어린이국악교육협회장
- 전 사단법인 한국어린이국악교육협회장 및 이사장
- 전 이대교육대학원, 중앙대학교 교육대학원 출강
- 전 국악교육협의회 이사 및 유아분과위원장(1993~1998 문화관광부, 국립국악원)
- 전 중앙대사범대학, 사회과학대 생활과학대 출강
- 전 전국 국악동요대회 심사위원(국립국악원 삼성재단)
- 유아국악 전국 특강활동 25년
- 전국 유아 · 아동국악강습회 12회(주최 : 한국어린이국악교육협회)
- TV 및 신문 잡지 기사 등 매스컴 활동(1995~현재)
- 전국 유아국악발표회 7회(주최 : 한국어린이국악교육협회, 명지대학교 사회교육원 국악과)
- 저서 : 어린이 국악교육(창지사, 1988년)

  어린이 국악교육의 실제(창지사, 1994년)

  교육현장에 필요한 어린이 국악 작품집(창지사, 2000년)

  어린이 국악동요(악보, CD집) : 예원미디어 1990년

  어린이 국악마당(악보, CD집) : 예원미디어 1996년

– 정리및 삽화 –

김미정

- 명지대학교 사회교육대학원 아동국악 전공
- 명지대학교 사회교육원 유 · 아동국악과 지도교수
- 현장경력 15년

변혁근

- 경민대 만화 애니매이션과 졸업
- 현「그림나무」회사의 데생작가로 활동중

– 도움주신 기관 –

- 한국어린이국악교육협회「명지국악강사단」
- 자연유치원
- 선정유치원
- 바다의별 어린이집

유아국악교육

–유아 · 아동을 위한 이론 · 실제 · 작품

초판 1쇄 발행 2009년 2월 25일
초판 2쇄 발행 2011년 7월 15일

지 은 이 | 정성자
펴 낸 이 | 김기섭
책임편집 | 박연순

펴 낸 곳 | 창지사 www.changjisa.com
121-809 서울시 마포구 대흥동 161
전화 (02)719-2211~3
팩스 (02)701-9386
등　록 | 1977년 4월 28일 · 제1-421호

ISBN 978-89-426-0483-8 (93370)

값 14,000원